Rätsel Biologie

Rätselhaftes aus der Biologie zur Wiederholung und Vertiefung

- Kommentierte Kopiervorlagen für S I und S II -

2. Auflage 2025

© Kohl-Verlag, Kerpen 2022
Alle Rechte vorbehalten.

Inhalt: Hannelore Rössel
Umschlagbild: © Alekss, Shawn Hempel, Alexey – AdobeStock.com
Illustrationen: Hannelore Rössel
Redaktion: Kohl-Verlag
Grafik & Satz: Kohl-Verlag
Druck: Druckerei Flock, Köln

Bestell-Nr. 12 845

ISBN: 978-3-98558-322-5

Bildquellen © AdobeStock.com
S. 42: olllikeballoon, akininam, Al, setory, Pedro, luisrftc, Visual Generation (2x), Anna Frajtova, Rudie, Natalie Adams, Shorena Tedliashvili, Mykyta, mochipet, SMUX, Anna Rassadnikova, Anna Putina, Alfmaler, mehsumov, rosinka, setory (2x), bsd studio, Marta Jonina, Miceking, Anastasiia; **S. 55:** janista, Moofer, Marina, Visual Generation (3x), jenesesimre, NYgraphic, arkadiwna, amin268, Elena Panevkina, Kebon doodle, Art_freeman, Antonina, SMUX, olllikeballoon, Al, Moofer, veekicl, Gstudio, tayyab, roman bykhalov, vit003, Miceking, CharlieNati; **S. 59:** veekicl, mochipet, amin268, Visual Generation, Franzi draws, Shorena Tedliashvili (3x), olllike-balloon, Rudie, Elena, maradaisy, stockakia, mdennah, Amarc, vit003, rosinka, Marija Piliponyte, Elala 9161, studioworkstock, jabkitticha, branchecarica, JazzaInDigi; **S. 101:** bsd studio, Visual Generation, drawlab19; **S. 114+115:** Torbz;

Das vorliegende Werk und seine Teile sind urheberrechtlich geschützt. Jede Nutzung in anderen als den gesetzlich zugelassenen Fällen bedarf der vorherigen schriftlichen Einwilligung des Verlages. Hinweis zu § 52a UrhG: Weder das Werk noch seine Teile dürfen ohne eine solche Einwilligung eingescannt und in ein Netzwerk oder das Internet eingestellt werden. Dies gilt auch für Intranets von Schulen und sonstigen Bildungseinrichtungen.

Kontakt: Kohl-Verlag, An der Brennerei 37-45, 50170 Kerpen
Tel: +49 2275 331610, Mail: info@kohlverlag.de

Unsere Lizenzmodelle

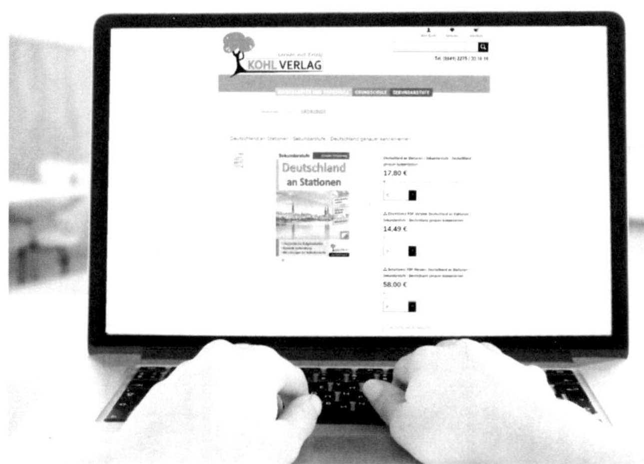

Der vorliegende Band ist eine Print-Einzellizenz

Sie wollen unsere Kopiervorlagen auch digital nutzen? Kein Problem – fast das gesamte KOHL-Sortiment ist auch sofort als PDF-Download erhältlich! Wir haben verschiedene Lizenzmodelle zur Auswahl:

	Print-Version	PDF-Einzellizenz	PDF-Schullizenz	Kombipaket Print & PDF-Einzellizenz	Kombipaket Print & PDF-Schullizenz
Unbefristete Nutzung der Materialien	x	x	x	x	x
Vervielfältigung, Weitergabe und Einsatz der Materialien im eigenen Unterricht	x	x	x	x	x
Nutzung der Materialien durch alle Lehrkräfte des Kollegiums an der lizensierten Schule			x		x
Einstellen des Materials im Intranet oder Schulserver der Institution			x		x

Die erweiterten Lizenzmodelle zu diesem Titel sind jederzeit im Online-Shop unter www.kohlverlag.de erhältlich.

Vorwort Seite 1

Liebe Kolleginnen, liebe Kollegen,

auf der Suche nach nicht alltäglichem Unterrichtsmaterial, mit dem Sie Ihre Biologiestunden bereichern und Ihre Schüler in besonderer Weise aktivieren können, werden Sie hier fündig: Die **45 kopierfertigen Biologierätsel** der vorliegenden Rätselsammlung, darunter auch **drei rätselartige Spiele** (Nr. 8, 12, 16), liefern Ihnen zahlreiche Möglichkeiten, den Unterrichtsalltag aufzulockern und so das Lernverhalten Ihrer Schüler positiv zu beeinflussen. Je nach pädagogischem und fachlichem Vorhaben finden Sie Rätsel ...

- ... zur **Einführung** in ein Thema oder zu dessen **Zusammenfassung**,
- ... zur **Stoffwiederholung** und **Wissensfestigung**,
- ... zur **Vorbereitung** auf einen schriftlichen Leistungsnachweis,
- ... zur **Vertiefung** eines Aspekts oder zum **Hinweis** auf ein Spezialgebiet.

„RÄTSEL BIOLOGIE“ ist in **vier Kapiteln** unterteilt: Pflanzenkunde, Tierkunde, Menschenkunde und Allgemeine Biologie (mit Rätseln zur Cytologie, Genetik, Evolution und Ökologie sowie zu einigen weiteren Themen mit biologischer Ausrichtung). Die Eignung der Rätsel für bestimmte Klassenstufen können Sie bereits dem Inhaltsverzeichnis entnehmen.

Alle Rätsel sind **themen- und altersspezifisch** angelegt, sie reichen von der **5. bis zur 13. Klasse** und können je nach Inhalt und Umfang in der Unterrichtsstunde selbst oder als Hausaufgabe gelöst werden; manche Rätsel eignen sich besonders für Projekttage, andere für letzte Stunden vor Ferienbeginn oder unvorhergesehene Vertretungsstunden.

Viele **unterschiedliche Rätselarten** – z. B. Kreuzworträtsel und Silbenrätsel, Kammrätsel und Zuordnungsrätsel, Rätselspiralen, Bilderrätsel, Suchwort-Puzzles – sorgen durch ihre verschiedenartigen Konstruktionen auch optisch immer wieder für Abwechslung und verstärken so den **Motivationsschub**, den das Beschäftigen mit einem Rätsel per se mit sich bringt. In der Regel wird zum Schluss ein **Lösungswort** gesucht, das zum Rätselthema passt und mitunter weiterführende Unterrichtsmöglichkeiten eröffnet.

Jedem Rätsel folgen **Lehrerseiten**, die neben der **Lösung** und einer **Kurzinfo** mit Richtwerten zu geeigneter Klassenstufe, Schwierigkeitsgrad und Zeitbedarf auch eine Fülle an **Tipps und Hinweisen** enthalten sowie zusätzliche Abbildungen oder Zahlenangaben, die im Zusammenhang mit dem Rätsel oder dem betreffenden Lösungswort hilfreich sein können.

Vorwort Seite 2

Für **„RÄTSEL BIOLOGIE"** habe ich einen Teil meiner Rätsel aus zwei seit einiger Zeit vergriffenen Rätselbänden (Quellen 1 und 2) und ebenfalls nicht mehr lieferbaren Fachzeitschriften (Quelle 3) ausgewählt, überarbeitet und zusammen mit eigens für die vorliegende Sammlung neu entwickelten Biologierätseln zu dem jetzt vorliegenden, thematisch besonders breit gefächerten Rätselangebot kombiniert.

Der Kauf der Rätselsammlung (Printversion oder PDF-Versionen) schließt das Recht zum **Vervielfältigen** in Klassenstärke für den eigenen Unterrichtsbedarf mit ein.

Meinem Mann, Herrn OStR Dr. Fritz Rössel, gilt mein herzlicher **Dank** für die vielfältige Unterstützung beim Zustandekommen der neuen Rätselsammlung. Ebenso danke ich dem Kohl-Verlag für die Herstellung des vorliegenden Bands.

Viel Freude beim Rätseln wünschen der Kohl-Verlag und

Hannelore Rössel, OStR

Quellen:

1. **Rössel, Hannelore**: „Rätsel im Biologieunterricht – Kommentierte Kopiervorlagen für die aufgelockerte Biologiestunde", 3. Auflage, Aulis-Verlag Deubner, Köln 2007
   – vergriffen seit 2022 –

2. **Rössel, Hannelore**: „Ein Blick über den Tellerrand – Fächerübergreifende naturwissenschaftliche Rätsel", Aulis-Verlag Deubner, Köln 2006
   – vergriffen seit 2014 –

3. **Rössel, Hannelore** in: „Praxis der Naturwissenschaften – Biologie in der Schule", Aulis-Verlag Köln/Hallbergmoos: Hefte 2007(4), 2008(5), 2010(5), 2011(1), 2012(5), 2013(4), 2013(5), 2014(3), 2014(6), 2015(3), 2016(5)
   – vergriffen seit 2017 –

Inhaltsverzeichnis Seite 1

I. PFLANZENKUNDE

II. TIERKUNDE

III. MENSCHENKUNDE

KOHL VERLAG Rätsel Biologie
Kommentierte Kopiervorlagen für S I und S II – Bestell-Nr. 12 845

Inhaltsverzeichnis Seite 2

SCHÜLERSEITE

1 Pflanzennamen

Ein Suchwort-Puzzle

Waagrecht und senkrecht sind **34 Feld-, Wald- und Wiesenpflanzen** versteckt. Ihre Namen können von links nach rechts geschrieben sein oder von rechts nach links, von oben nach unten oder von unten nach oben (Ä = AE, Ö = OE, Ü = UE, ß = SS). Rahme alle gefundenen Pflanzennamen ein und notiere sie auch. Viele Buchstaben werden mehrfach benutzt, 30 Buchstaben bleiben übrig. Wenn du sie (in waagrechter Reihenfolge) nacheinander liest, erhältst du als **Lösung** des Rätsels **die Namen von sechs Bäumen**; diese sind:

________ ________ ________ ________ ________ ________

A	S	T	E	R	E	I	D	E	S	S	I	Z	R	A	N	C
H	T	H	C	I	N	N	I	E	M	S	S	I	G	R	E	V
S	O	A	K	I	R	E	S	E	E	N	Z	I	A	N	R	E
P	R	I	M	E	L	L	T	B	U	H	C	H	E	I	O	I
R	C	I	R	I	S	K	E	E	S	O	I	B	A	K	S	L
I	H	F	I	E	C	E	L	H	T	M	O	O	S	A	E	C
N	S	C	H	L	U	E	S	S	E	L	B	L	U	M	E	H
G	C	E	E	E	E	S	S	U	F	N	E	N	H	A	H	E
K	H	R	T	K	F	I	N	G	E	R	H	U	T	R	L	N
R	N	A	T	A	N	R	A	F	H	C	I	R	E	G	E	W
A	A	N	E	H	C	M	E	U	L	B	E	S	N	E	A	G
U	B	E	L	E	K	E	M	U	L	B	L	L	O	R	T	I
T	E	M	K	E	N	E	U	R	G	R	E	M	M	I	F	E
G	L	O	C	K	E	N	B	L	U	M	E	E	R	T	U	E
L	M	N	E	N	R	O	P	S	N	E	H	C	R	E	L	L
L	O	E	W	E	N	Z	A	H	N	E	L	L	I	M	A	K

Rätsel Biologie
Kommentierte Kopiervorlagen für S I und S II – Bestell-Nr. 12 845

Pflanzennamen

1

Lösung und Hinweise zu Nr. 1

Waagerecht (21 Namen):
Aster
Narzisse
Vergissmeinnicht
Erika
Enzian
Primel
Iris
Skabiose
Moos
Schluesselblume
Hahnenfuss
Fingerhut
Farn
Wegerich
Gaensebluemchen
Trollblume
Immergruen
Glockenblume
Lerchensporn
Loewenzahn
Kamille

Senkrecht (13 Namen):
Springkraut
Storchschnabel
Anemone
Klette
Akelei
Nelke
Distel
Mohn
Arnika
Margerite
Rose
Veilchen
Klee

Lösungswörter:
EICHE
BUCHE
FICHTE
ERLE
KIEFER
ULME

A	S	T	E	R	E	I	D	E	S	S	I	Z	R	A	N	C
H	T	H	C	I	N	N	I	E	M	S	S	I	G	R	E	V
S	O	A	K	I	R	E	S	E	E	N	Z	I	A	N	R	E
P	R	I	M	E	L	L	T	B	U	H	C	H	E	I	O	I
R	C	I	R	I	S	K	E	E	S	O	I	B	A	K	S	L
I	H	F	I	E	C	E	L	H	T	M	O	O	S	A	E	C
N	S	C	H	L	U	E	S	S	E	L	B	L	U	M	E	H
G	C	E	E	E	E	S	S	U	F	N	E	N	H	A	H	E
K	H	R	T	K	F	I	N	G	E	R	H	U	T	R	L	N
R	N	A	T	A	N	R	A	F	H	C	I	R	E	G	E	W
A	A	N	E	H	C	M	E	U	L	B	E	S	N	E	A	G
U	B	E	L	E	K	E	M	U	L	B	L	L	O	R	T	I
T	E	M	K	E	N	E	U	R	G	R	E	M	M	I	F	E
G	L	O	C	K	E	N	B	L	U	M	E	E	R	T	U	E
L	M	N	E	N	R	O	P	S	N	E	H	C	R	E	L	L
L	O	E	W	E	N	Z	A	H	N	E	L	L	I	M	A	K

Klassenstufe: 5. – 10.
Schwierigkeitsgrad: ★
Zeitbedarf: 15 Minuten

Das Suchwort-Puzzle kann man im Rahmen der Pflanzenkunde zur Auflockerung der **Unterrichtsstunde** lösen lassen, ebenso als **Hausaufgabe**, an **Projekttagen** mit entsprechender Themenstellung oder vorbereitend auf einen **Lehrausflug**. Auch **Vertretungsstunden** bei fremden Schülern gelingen mithilfe des Rätsels problemlos.

Die im Rätsel versteckten Namen dürften den Schülern größtenteils bekannt sein, sie werden sie deshalb leicht finden. Dass sie die genannten Pflanzen auch weitgehend kennen, ist eher zu bezweifeln, weswegen man einiges Anschauungsmaterial, eventuell in Bildform, bereithalten sollte.

Je nach Unterrichtssituation und Vorhaben und in Abhängigkeit vom Alter der Schüler kann man das Rätsel durch einige Arbeitsanweisungen oder Fragen **auswerten**, z. B. diese:

- Nenne (einige) gelbe, blaue, ... Blütenpflanzen!
- Suche Frühblüher, Waldpflanzen, Korbblütler, ... heraus!
- Welches ist die einzige Zwiebelpflanze, die das Rätsel enthält?
- Welche beiden Pflanzen sind keine Blütenpflanzen?
- Stelle typische Merkmale für Eiche, Buche, Fichte, ... zusammen!

Rätsel Biologie
Kommentierte Kopiervorlagen für S I und S II – Bestell-Nr. 12 845
KOHL VERLAG

SCHÜLERSEITE 1

2 Von der Blüte zur Frucht

Teil 1: Der Bauplan einer Blüte – Ein Kreuzworträtsel

Die Zeichnung zeigt das Schema einer zwittrigen Blüte. Wenn es dir gelingt, die Blütenteile zu benennen, hast du das Rätselgitter schnell ausgefüllt und das **Lösungswort** gefunden. Beachte: Ä = AE, Ü = UE.

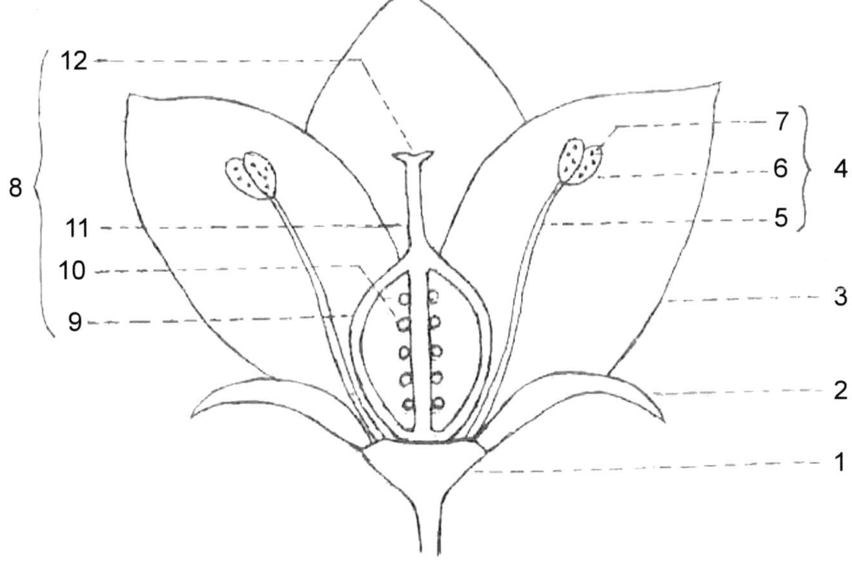

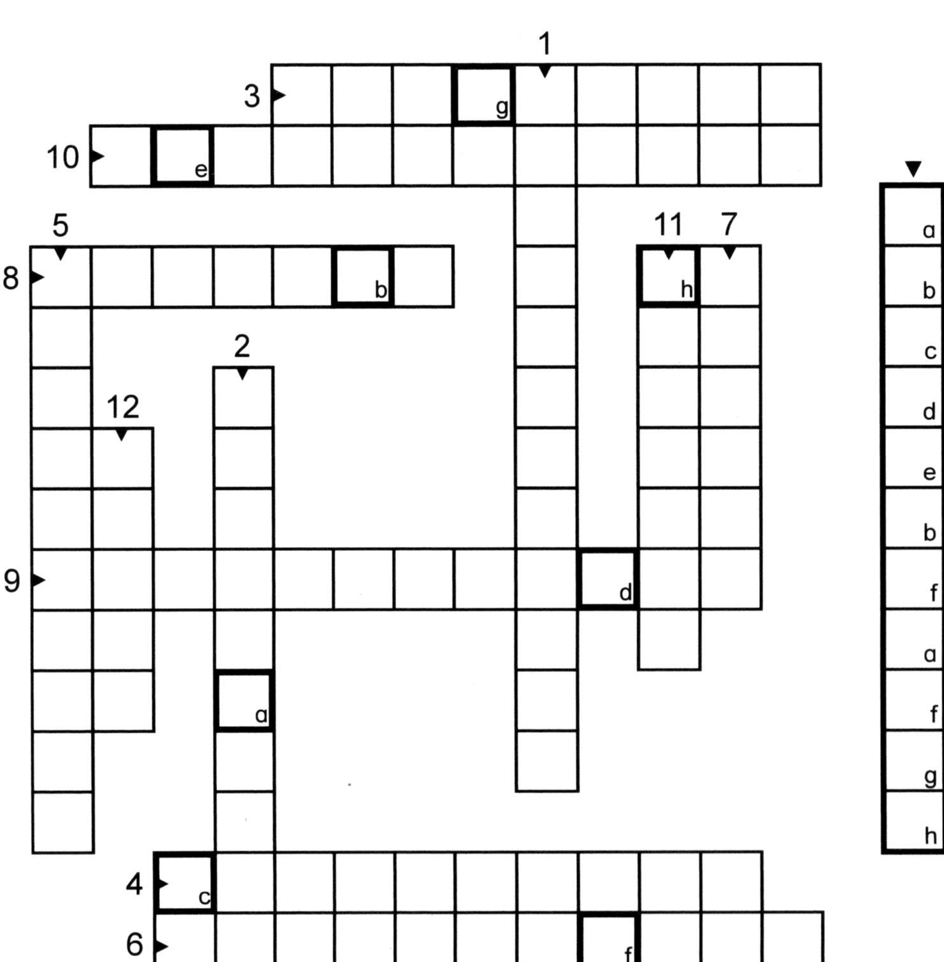

Rätsel Biologie
Kommentierte Kopiervorlagen für S I und S II – Bestell-Nr. 12 845
KOHL VERLAG

Von der Blüte zur Frucht

2

Teil 2: Eine Biene auf Nahrungssuche – Ein Zettelkasten

Die Zettel im Zettelkasten sind leider völlig durcheinandergeraten. Finde die richtige Reihenfolge der Zettel und beziffere sie entsprechend. Die zugehörigen Buchstaben ergeben dann das **Lösungswort** des Rätsels; trage es unten ein.

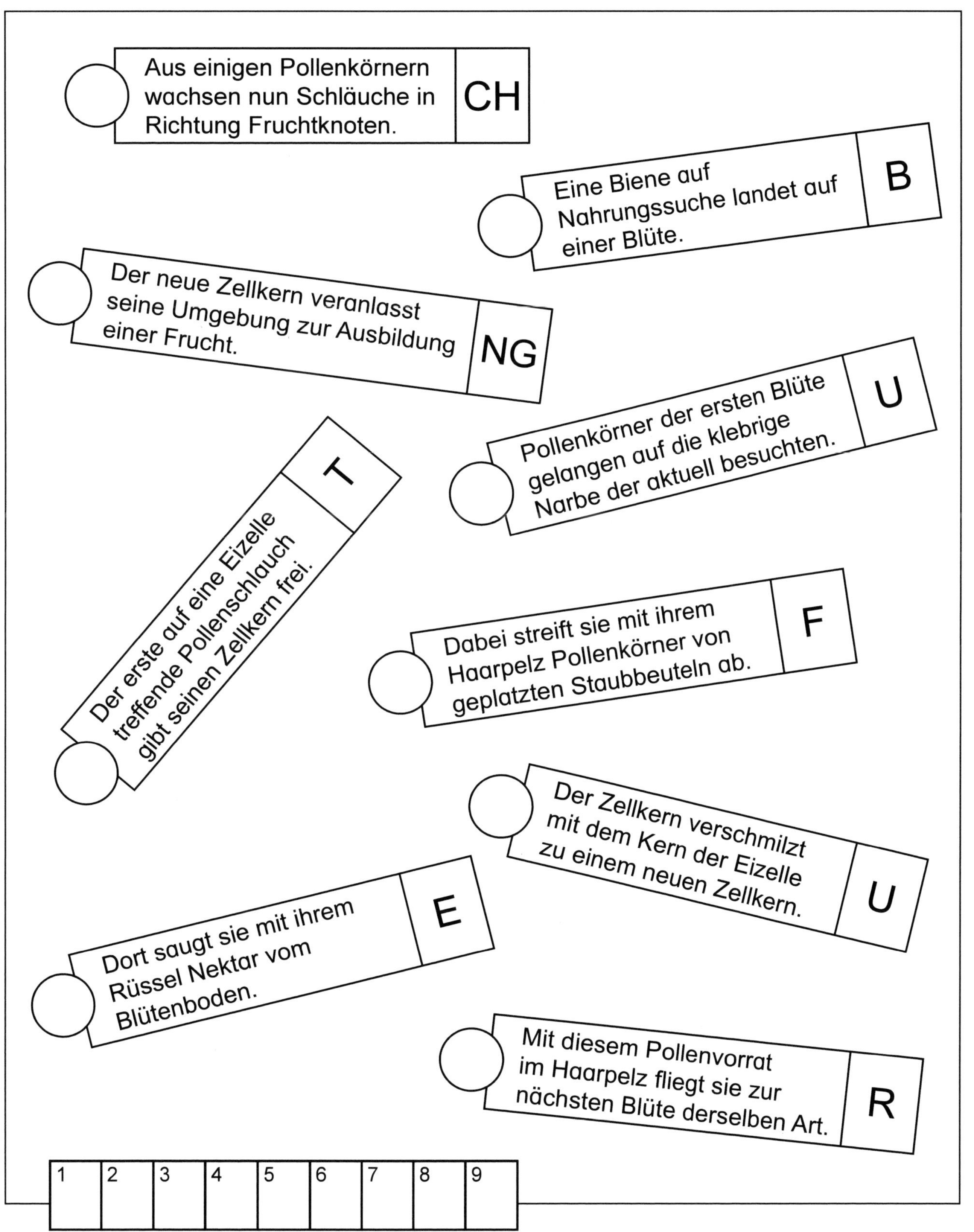

1	2	3	4	5	6	7	8	9

SCHÜLERSEITE 2

Rätsel Biologie
Kommentierte Kopiervorlagen für S I und S II – Bestell-Nr. 12 845
KOHL VERLAG

2 Von der Blüte zur Frucht

Lösung und Hinweise zu Nr. 2

Teil 1

Rechte Seite der Abbildung:

1. Bluetenboden
2. Kelchblatt
3. Kronblatt
4. Staubblatt
5. Staubfaden
6. Staubbeutel
7. Pollen

Linke Seite der Abbildung:

8. Stempel
9. Fruchtknoten
10. Samenanlagen
11. Griffel
12. Narbe

Lösungwort (Teil 1):

BESTAEUBUNG

Teil 2

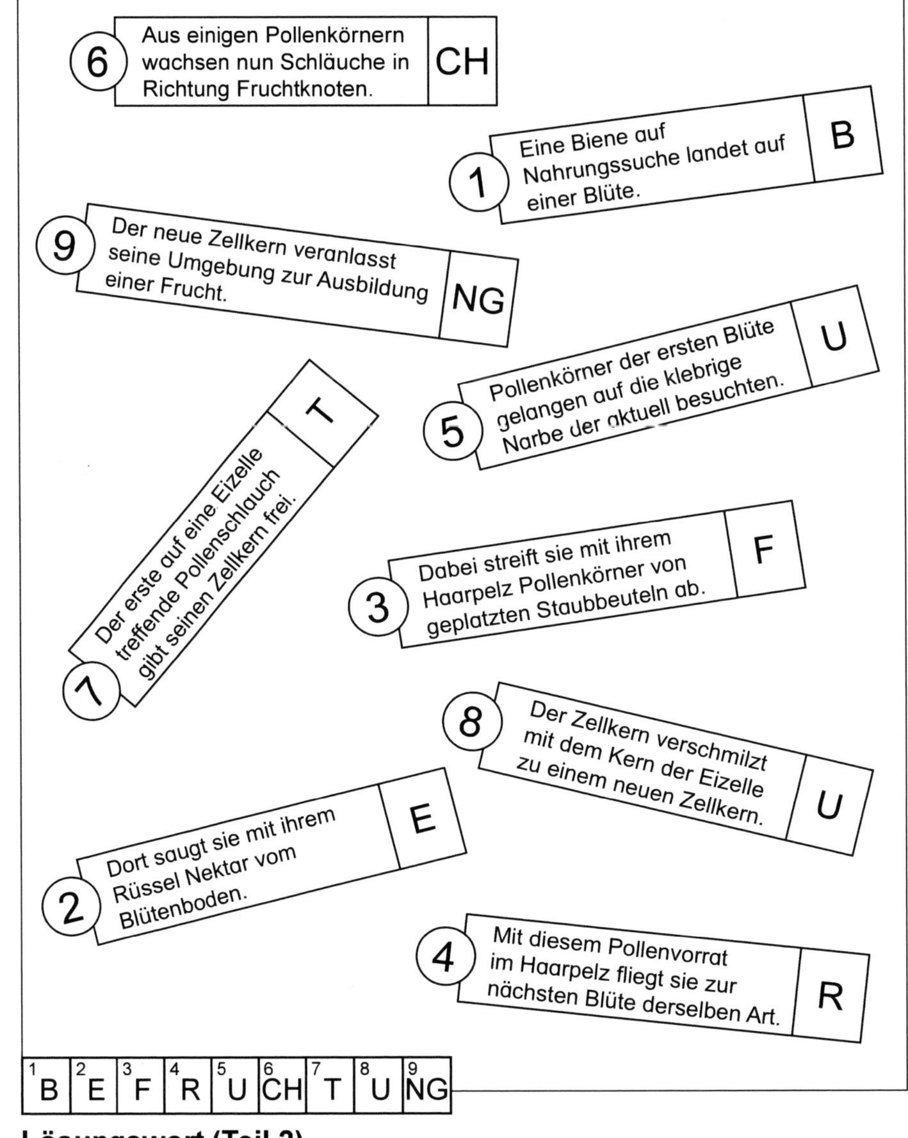

Lösungswort (Teil 2)

Klassenstufe:	5. – 6.	
Schwierigkeitsgrad:	★ (Teil 1)	★★★ (Teil 2)
Zeitbedarf:	5 Minuten	15 Minuten

Die beiden Kopiervorlagen enthalten typische **Wiederholungsrätsel**, die erfragten Lerninhalte sind wichtig für das Verständnis weiterer Aspekte zu Blütenbau, Bestäubung und Befruchtung. Noch bevor andere Baupläne von Blüten besprochen werden, stellt sich für Schüler z. B. die Frage, ob bei zwittrigen Blüten **Fremd**bestäubung überhaupt nötig ist (und wenn ja, warum) und ob sie einen Vorteil auch dann bietet, wenn **Selbst**bestäubung möglich ist.

Zu Teil 1: Wurde statt „KRONblatt" der allgemeine Begriff „BLUETENblatt" eingeführt, ergänzt man bei 3) links drei Karos (die Stelle für das eingerahmte N bleibt dadurch erhalten).
Zu Teil 2: Das Lösen erfordert ein hohes Maß an Konzentration, um die logische Aufeinanderfolge der Zettel erkennen zu können; es ist als Hausaufgabe besonders geeignet.

Rätsel Biologie
Kommentierte Kopiervorlagen für S I und S II – Bestell-Nr. 12 845

Vom Korn zum Brot

3

Ein Kreuzworträtsel über Getreide und Getreideprodukte

50-mal geht es in diesem Rätsel um „Getreide“ – um das **Erkennen** der verschiedenen Getreidearten und ihre **Verbreitung** ebenso wie um die unterschiedlichsten **Nahrungsmittel** auf Getreidebasis und deren **Zubereitung**. Beim Eintragen der Antworten ist zu beachten, dass Umlaute als zwei Buchstaben geschrieben werden und ß als SS.
Die **eingekreisten Buchstaben** ergeben der Reihe nach das **Lösungswort**; es handelt sich um das Ergebnis einer Kreuzung von Weizen und Roggen, in der Fachsprache von „Triticum x Secale“.

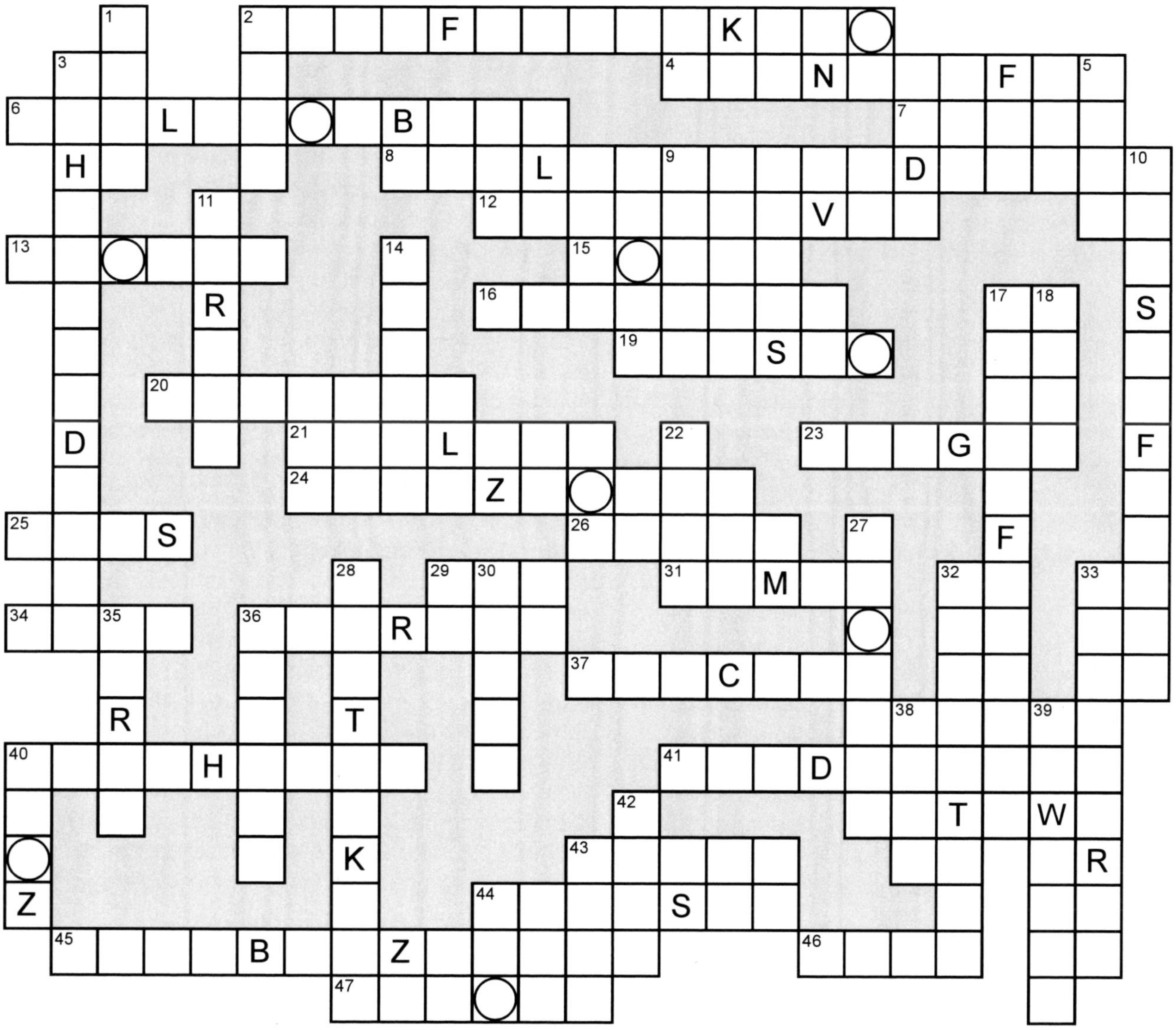

Lösungswort: 

Rätsel Biologie
Kommentierte Kopiervorlagen für S I und S II – Bestell-Nr. 12 845

3 Vom Korn zum Brot

Ein Kreuzworträtsel über Getreide und Getreideprodukte

Waagrecht (28 Fragen):
2. eine für die Herstellung von Backwaren wichtige Eigenschaft des Getreides, hängt vom Eiweißgehalt des Mehls ab; **4.** weltweit verbreiteter Schädling der Getreidevorräte, Insekt, legt seine Eier in Getreidekörner, die Larven zerstören das Korninnere; **6.** eine Backware, die alle Teile des ungeschälten Korns enthält, auch den Keimling; **7.** die beim Mahlen der Getreidekörner abfallenden Schalen und Randschichten einschließlich der Keimlinge, reich an Eiweiß und Vitamin B; **8.** Gas, das sich während des Lockerns des Teigs, beim sog. „Aufgehen", im Teig entwickelt; **12.** ein Treibmittel (Lockerungsmittel) z.B. für Kuchenteig; **13.** weltweit wichtigstes Brotgetreide; auch unsere Teigwaren werden im Wesentlichen daraus hergestellt; **15.** trockene Blätter und Stängel der fruchtentleerten Getreidepflanze, Bedeutung vor allem als Viehfutter und Stallstreu, wurde und wird in manchen Gegenden auch als Dachabdeckung genutzt; **16.** Sammelbezeichnung für Weizen, Roggen, Hafer, Gerste usw.; **19.** beliebtes nähr- und ballaststoffreiches Frühstücksgericht, enthält außer Getreideflocken z. B. auch Nüsse und Rosinen und wird mit Milch angerührt; **20.** Hauptnährstoff im Getreidekorn; **21.** die Hülsen der Getreidekörner; **23.** früher in Deutschland die wichtigste Getreideart, hat begrannte, überhängende Ähren, liefert dunkles Brot („Schwarzbrot"), Bedarf weltweit rückläufig; **24.** Abbauprodukt der Stärke, Zweifachzucker; **25.** Getreideart von kräftiger Wuchsform, am reifen Kolben sitzen einige hundert gelbe Körner in mehreren Reihen und spiralig angeordnet; stammt aus Zentralamerika; **26.** Getreide mit rispenförmigem Fruchtstand, vor allem Futtergetreide (Pferde-, Geflügelfutter); stellt geringe Bodenansprüche, benötigt ein feuchtkühles Klima; **29.** Abkürzung für „Food and Agriculture Organization", die Fachorganisation der Vereinten Nationen für Ernährung und Landwirtschaft, zu deren wichtigsten Aufgaben die Verbesserung, Sicherung und Erweiterung der Nahrungsmittelversorgung der Weltbevölkerung zählen; **31.** sehr alte Weizensorte, älter als Nr. 14 senkrecht; **34.** fein gemahlenes Getreideprodukt, das wichtigste Getreideerzeugnis; man unterscheidet verschiedene Ausmahlungsgrade; **36.** Name für die Getreidefrüchte; **37.** beliebtes, aus Maiskörnern hergestelltes Naschwerk; **40.** Brot aus Weizen- und Roggenmehl, auch „Graubrot" genannt; **41.** Bezeichnung für eine 1965 gezüchtete tropische Getreidesorte mit besonders standfesten Pflanzen und stark erhöhtem Ernteertrag; **43.** Fruchtstand von Hafer, Reis, auch einer Hirseart; **44.** Pflanzengruppe, zu der die Getreidepflanzen gehören; **45.** der bekannteste Einfachzucker, Abbauprodukt der Stärke; **46.** seine Zubereitung erfolgt durch Kneten oder Rühren; vor der Weiterverarbeitung muss er je nach Art mitunter „ruhen", für die Brotherstellung enthält er nur Wasser, Mehl, Salz und ein Treibmittel; **47.** verhältnismäßig fein gemahlenes Getreideprodukt, wird meist aus Gerste, aber auch aus Weizen hergestellt, eignet sich z. B. für die Zubereitung von Suppen, Brei und Pudding

---

Senkrecht (22 Fragen):
1. Teil der Getreidepflanze (Sprossachse), wird durch Querwände unterteilt, was Festigkeit verleiht; **2.** die wichtigste Backware, Grundnahrungsmittel; **3.** chemische Bezeichnung für die Stoffgruppe, zu der Stärke, Cellulose und die verschiedenen Zuckerarten gehören; **5.** tropisches Getreide, Anbaugebiete vor allem in Asien, von besonderer Bedeutung der Anbau in überschwemmten Feldern; Körner kommen bei uns i. Allg. geschält, meist auch geschliffen und poliert, in den Handel; **9.** das beim Ausdreschen der Getreidekörner abfallende Material (die leichten Teile der Getreidepflanze); **10.** veraltetes Gerät zum Herausschlagen der Körner aus dem Fruchtstand; **11.** Getreide mit überhängenden Ähren und sehr langen Grannen, Ausgangsmaterial für so unterschiedliche Produkte wie Graupen, Malzkaffee, Bier; Getreidefelder in vollreifem Zustand sind leuchtend gelb; **14.** alte Weizensorte, wird heute wieder verstärkt angepflanzt wegen ihrer besonders hochwertigen Eiweißzusammensetzung, Ernteertrag geringer als bei Saatweizen; **17.** enthülste und gequetschte Körner einer bestimmten Getreideart, lassen sich roh oder gekocht sehr vielseitig verwenden; **18.** Bezeichnung für das wichtigste Getreide eines Lands oder einer Region, z. B. in Frankreich für Weizen, in Deutschland (historisch begründet) für Roggen; **22.** Pilz, Treibmittel für manche Kuchenteige und bestimmte Brotsorten; **27.** die langen Fortsätze der Spelzen; **28.** Phase des Verzweigens junger Getreidepflanzen; **30.** Fruchtstand von Weizen, Roggen, Gerste; **32.** das althergebrachte Treibmittel für die Brotherstellung; **33.** eine aus Weizenmehl mit Hilfe von Hefe hergestellte Backware; **35.** sehr anspruchslose Getreideart, in vielen Ländern Afrikas das Hauptnahrungsmittel, auch in Asien (Indien, China) von großer Bedeutung für die Ernährung der Bevölkerung; nicht backfähig, wird zu Brei, Suppen und Fladenbrot verarbeitet; im Mittelalter in Deutschland verbreitet; **36.** Inhaltsstoff der Getreidekörner, bewirkt die Backfähigkeit, besteht aus bestimmten Eiweißen; **38.** Getreidespeise, von besonderer Bedeutung bei nicht backfähigem Getreidematerial; **39.** zweithäufigster Bestandteil der Getreidekörner; **40.** Bezeichnung für die frisch gekeimte Gerste; **42.** alkoholisches Getränk, das aus Getreide, bei uns meist aus Gerste, hergestellt und mit Hopfen gewürzt wird

Rätsel Biologie
Kommentierte Kopiervorlagen für S I und S II – Bestell-Nr. 12 845
KOHL VERLAG

Vom Korn zum Brot

3

Ein Kreuzworträtsel über Getreide und Getreideprodukte (Kurzform)

25-mal geht es in diesem Rätsel um „Getreide" – um das **Erkennen** der verschiedenen Getreidearten und ihre **Verbreitung** ebenso wie um die unterschiedlichsten **Nahrungsmittel** auf Getreidebasis. Findest du die passenden Begriffe? Schreibe Umlaute als zwei Buchstaben und ß als SS.
Die eingekreisten Buchstaben ergeben der Reihe nach das **Lösungswort**; es handelt sich um das Ergebnis einer Kreuzung von Weizen und Roggen, in der Fachsprache von „Triticum x Secale".

Waagrecht: 1. Hauptnährstoff im Getreidekorn; **4.** sehr alte Weizensorte, älter als Dinkel; **6.** wichtigste Backware, Grundnahrungsmittel; **7.** zweithäufigster Bestandteil der Getreidekörner; **9.** tropisches Getreide, Anbaugebiete vor allem in Asien, besondere Bedeutung der Anbau in überschwemmten Feldern; **10.** Getreide mit überhängenden Ähren und sehr langen Grannen, Ausgangsmaterial für z. B. Graupen, Malzkaffee, Bier; **11.** Getreideart von kräftiger Wuchsform, am reifen Kolben einige hundert gelbe Körner in mehreren Reihen; **12.** die langen Fortsätze der Spelzen; **14.** für die Herstellung von Backwaren wichtige Eigenschaft des Getreides, hängt vom Eiweißgehalt des Mehls ab; **15.** sehr anspruchslose Getreideart, in vielen Ländern Afrikas Hauptnahrungsmittel, auch in Asien (Indien, China) große Bedeutung, nicht backfähig, wird zu Brei, Suppen, Fladenbrot verarbeitet; **16.** Abbauprodukt der Stärke, Zweifachzucker; **17.** Inhaltsstoff der Getreidekörner, bewirkt die Backfähigkeit, besteht aus bestimmten Eiweißen; **18.** früher in Deutschland wichtigste Getreideart, begrannte, überhängende Ähren, liefert dunkles Brot („Schwarzbrot"), Bedarf weltweit rückläufig; **19.** Name für die Getreidefrüchte; **20.** Getreide mit rispenförmigem Fruchtstand, vor allem Futtergetreide (für Pferde, Geflügel), stellt geringe Bodenansprüche, benötigt feuchtkühles Klima; **21.** weltweit wichtigstes Brotgetreide, auch wichtigstes Getreide für Teigwaren (z. B. Nudeln); **22.** trockene Blätter und Stängel der fruchtentleerten Getreidepflanze, Bedeutung vor allem als Viehfutter und Stallstreu; **23.** Pflanzengruppe, zu der die Getreidepflanzen gehören; **24.** die beim Mahlen der Getreidekörner abfallenden Schalen und Randschichten einschließlich der Keimlinge, reich an Eiweiß und Vitamin B; **25.** Bezeichnung für eine 1965 gezüchtete tropische Getreidesorte mit besonders standfesten Pflanzen und stark erhöhtem Ernteertrag

Senkrecht: 2. weltweit verbreiteter Schädling der Getreidevorräte, Insekt, legt seine Eier in Getreidekörner; **3.** wichtigstes Getreideerzeugnis, hat verschiedene Ausmahlungsgrade; **5.** Brot aus Weizen- und Roggenmehl, heißt auch „Graubrot"; **8.** das althergebrachte Treibmittel für die Brotherstellung; **13.** die Hülsen der Getreidekörner

Rätsel Biologie
Kommentierte Kopiervorlagen für S I und S II – Bestell-Nr. 12 845

3 Vom Korn zum Brot

Lösung und Hinweise zu Nr. 3

Waagrecht: 2. Backfaehigkeit, 4. Kornkaefer, 6. Vollkornbrot, 7. Kleie, 8. Kohlenstoffdioxid, 12. Backpulver, 13. Weizen, 15. Stroh, 16. Getreide, 19. Muesli, 20. Staerke, 21. Spelzen, 23. Roggen, 24. Malzzucker, 25. Mais, 26. Hafer, 29. FAO, 31. Emmer, 34. Mehl, 36. Koerner, 37. Popcorn, 40. Mischbrot, 41. Wunderreis, 43. Rispe, 44. Graeser, 45. Traubenzucker, 46. Teig, 47. Griess

Senkrecht: 1. Halm, 2. Brot, 3.Kohlenhydrate, 5. Reis, 9. Spreu, 10. Dreschflegel, 11. Gerste, 14. Dinkel, 17. Haferflocken, 18. Korn, 22. Hefe, 27. Grannen, 28. Bestockung, 30. Aehre, 32. Sauerteig, 33. Weissbrot, 35. Hirse, 36. Kleber, 38. Brei, 39. Eiweiss, 40. Malz, 42. Bier

Kurzform: Waagrecht: 1. Staerke, 4. Emmer, 6. Brot, 7. Eiweiss, 9. Reis, 10. Gerste, 11. Mais, 12. Grannen, 14. Backfaehigkeit,15. Hirse, 16. Malzzucker, 17. Kleber, 18. Roggen, 19. Koerner, 20. Hafer, 21. Weizen, 22. Stroh, 23. Graeser, 24. Kleie, 25. Wunderreis

Kurzform: Senkrecht: 2. Kornkaefer, 3. Mehl, 5. Mischbrot, 8. Sauerteig, 13. Spelzen

Lösungswort (zu beiden Fassungen): TRITICALE

Klassenstufe:	10. – 13.	7. – 10. (Kurzform)
Schwierigkeitsgrad:	★★★	★★
Zeitbedarf:	30 Minuten	15 Minuten

Das Rätsel wird in **zwei Fassungen** angeboten: einer mit 50 Fragen sehr langen und schon deshalb **sehr anspruchsvollen** Fassung und einer kürzeren mit nur 25 Fragen (aus dem Repertoire der Langform), die man bereits **früher einsetzen** kann. Die Umschreibungen der gesuchten Begriffe enthalten häufig mehr Informationen als zur Beantwortung der Fragen nötig. Das Rätsel kann man sowohl im Rahmen der Ernährung des Menschen nutzen wie im Rahmen der Pflanzenkunde; wegen seines fächerübergreifenden Charakters (Erdkunde: Standortbedingungen, Sozialkunde: Ernährungssituation der Weltbevölkerung) eignet es sich gut auch zu Projektwochen mit entsprechender Ausrichtung. Je nach Klassenstufe und Kenntnisstand der Schüler sollte man **zumindest andeutungsweise auf das Lösungswort** eingehen.

Zum Lösungswort:

Vorab: Triticale ist ein **Produkt klassischer Pflanzenzüchtung**, kein Produkt der Gentechnik. Die recht neue hybride Getreideart entstand durch Kreuzung von Weizen (Triticum) als weiblichem und Roggen (Secale) als männlichem Partner. Die umgekehrte Kreuzung heißt Secalotricum und hat keine wirtschaftliche Bedeutung. 1875 wurde erstmals eine erfolgreiche Bestäubung von Weizen mit Roggenpollen beobachtet. Einfache Kreuzungsprodukte sind fast immer steril, erst eine **Chromosomenverdopplung durch Colchicinbehandlung** der Keimlinge ergibt fruchtbare Pflanzen, sog. **primären Triticale**. Primärer Triticale ist

- entweder hexaploid (tetraploider Weizen = Hartweizen x Roggen) AA BB RR
- oder octoploid (hexaploider Weizen = Weichweizen x Roggen) AA BB DD RR;

Roggen ist diploid. Kreuzungen der verschiedenen primären Triticale-Sorten miteinander ergeben **sekundären Triticale**. Auch Kreuzungen mit den Elternarten sind möglich. Das insgesamt formenreiche Material ermöglicht intensive züchterische Bearbeitung in vielen Ländern. Die Triticale-Sorten verbinden die **Qualität des Weizens** mit der **Anspruchslosigkeit des Roggens**. Führender Triticale-Produzent in Europa ist Polen, danach folgt Deutschland.

Rätsel Biologie
Kommentierte Kopiervorlagen für S I und S II – Bestell-Nr. 12 845

Wissenswertes über Gräser

4

SCHÜLERSEITE

Ein Zuordnungsrätsel

Von den **Echten Gräsern**, den Süßgräsern, ist die Familie der **Riedgräser** oder **Sauergräser** zu unterscheiden. Gräser sind weltweit verbreitet, sie sind unsere wichtigsten Nutzpflanzen. Einiges Wissenswerte über Gräser erfährst du, wenn du die zusammengehörenden linken und rechten Satzhälften heraussuchst und von Punkt zu Punkt durch je eine Gerade miteinander verbindest. Viele Buchstaben werden dabei durchgestrichen, einige bleiben übrig. Diese Buchstaben ergeben, der Reihe nach von oben nach unten gelesen, das **Lösungswort**; es heißt: ....

1. Süßgräser haben einen runden, meist hohlen, durch Knoten •
2. Oberhalb jedes Knotens befindet sich •
3. Unter Bestockung versteht man die Fähigkeit der Basis des •
4. Gräser sind windblütig, d. h. ihre Pollen werden nicht durch •
5. Sämtliche Getreidearten gehören zu den Süßgräsern und wurden •
6. Hirsen gedeihen auf kargen Böden, kommen mit wenig Wasser aus •
7. Weizen und Roggen sind sog. Brotgetreide, weil ihre Körner aufgrund der •
8. Eine besonders standfeste, körnerreiche Reissorte, deren Züchtung •
9. Das Englische Raygras, unser wichtigstes Weidegras, gehört ebenso •
10. Beim Knäuelgras, einem ertrag- und nährstoffreichen Futtergras, handelt •
11. Die Wiesen Mitteleuropas verdanken •
12. Die eurosibirischen Steppengebiete sowie die Steppen Nord- und •
13. Große Bereiche der ursprünglichen Steppen Eurasiens •
14. Das Röhricht seichter Ufer besteht aus Schilfrohr, einem Süßgras, sowie •
15. Das dem Schilfrohr ähnliche Zuckerrohr gelangte im 16. Jahrhundert von •
16. Bis zum Beginn des 19. Jahrhunderts war das Stängelmark des •
17. Von Gemüse aus jungen Sprossen bis zu Baumaterial aus den unten meist •
18. Typisch für Sauergräser sind ein dreikantiger, massiver, knotenloser •
19. Die Sauergräser, zu denen z. B. die Wollgräser unserer Sumpfwiesen und •
20. Ab dem 3. Jahrtausend v. Chr. verstand man es in Ägypten, aus dem •

W Q R I E O K G S E V N F U B C X H P S S Y C M H J W A N T D L Z

- Menge und Zusammensetzung des Eiweißes backfähiges Mehl liefern.
- aus Wildformen gezüchtet.
- unterteilten Halm und wechselständig angeordnete, seitlich offene Blätter.
- 1965 gelang, erhielt den Namen Wunderreis.
- eine Wachstumszone, sodass abgeweidetes Gras stets nachwachsen kann.
- es sich wie bei Hafer und Reis um ein Rispengras.
- Südamerikas (Prärie, Pampa) sind natürliche Graslandschaften.
- Tiere (z. B. Insekten) übertragen, sondern vom Wind.
- Zuckerrohrs der einzige Ausgangsstoff für die Gewinnung von Rohrzucker.
- und bilden in vielen Ländern Afrikas das Hauptnahrungsmittel.
- Halms, Seitentriebe zu entwickeln.
- die Papyrusstaude Afrikas zählen, gedeihen auf feuchten, sauren Böden.
- ihre Entstehung der Bewirtschaftung durch den Menschen.
- Halm und Blätter (mit geschlossener Blattscheide), die am Grund beginnen.
- zu den Ährengräsern wie z. B. Weizen, Roggen und Gerste.
- der Alten in die Neue Welt und Mais umgekehrt von dort nach hier.
- aus Rohrkolben und Binsen (Simsen), die beides keine Gräser sind.
- Stängelmark der Papyrusstaude Papyrus herzustellen.
- und Amerikas werden heute landwirtschaftlich genutzt.
- verholzten Halmen sind die Bambusarten vielseitig nutzbare Süßgräser.

Rätsel Biologie
Kommentierte Kopiervorlagen für S I und S II – Bestell-Nr. 12 845

4 Wissenswertes über Gräser

Lösung und Hinweise zu Nr. 4

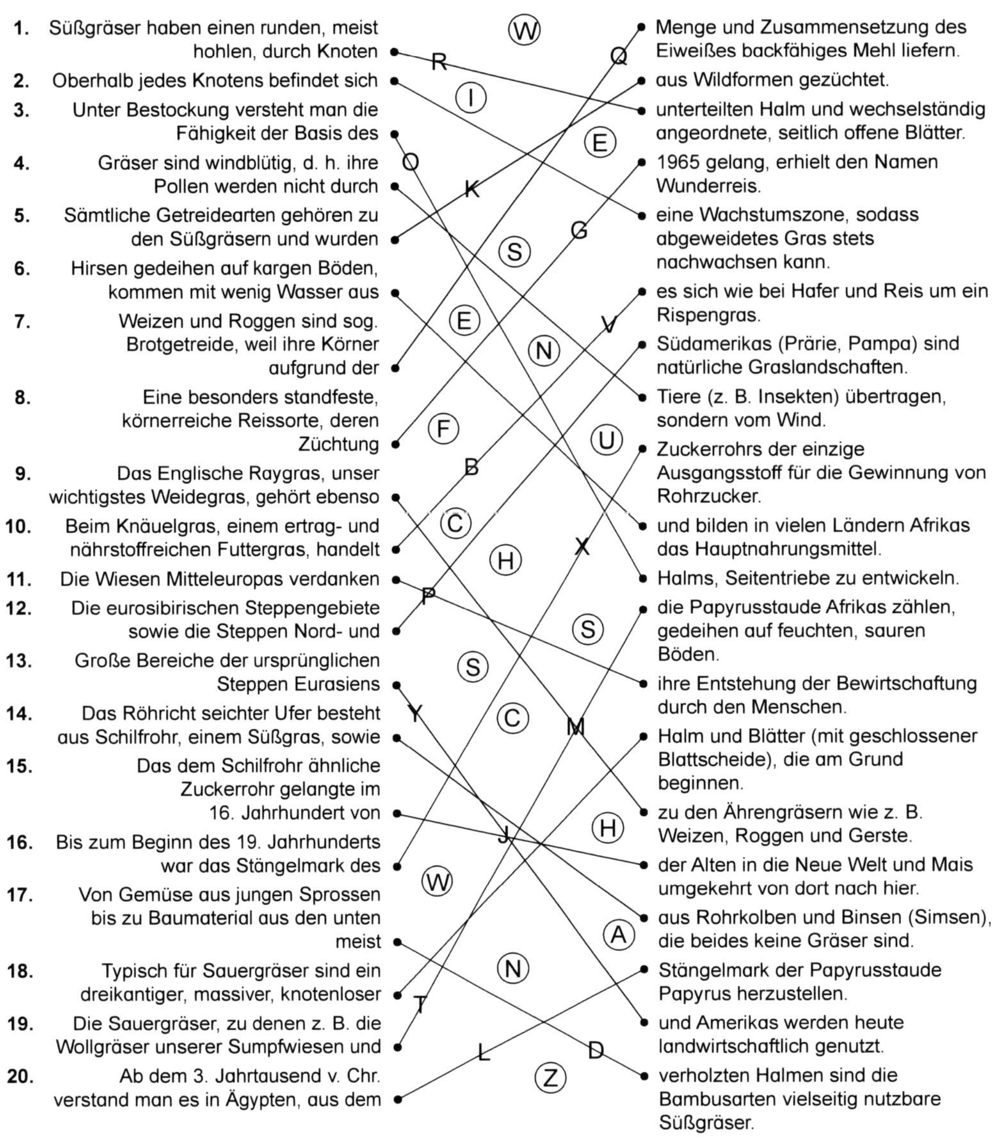

Lösungswort: WIESENFUCHSSCHWANZ

Klassenstufe: 7. – 10.
Schwierigkeitsgrad: ★★
Zeitbedarf: 20 Minuten

Die Aufgabe besteht darin, 20 linke und 20 rechte Satzhälften einander richtig zuzuordnen und durch Geraden quer durch das Buchstabenfeld hindurch miteinander zu verbinden (unbedingt mit Lineal). Auf diese Weise ergeben sich 20 Aussagen über die Familien der **Echten oder Süßgräser** (Gramineae) und der **Ried- oder Sauergräser** (Cyperaceae) – ihre Morphologie, ihre Verbreitung, ihre Nutzung. Unabhängig davon, ob man die Gräser beim Bau verschiedener Gruppen von Blütenpflanzen bespricht oder im Rahmen der Ökologie oder beim Thema Nutzpflanzen – das Rätsel bietet den Schülern neben bereits Bekanntem mit Sicherheit auch Neues; es dient damit zugleich der **Stoffwiederholung** und der **Horizonterweiterung**. Da es jeweils nur eine einzige grammatisch richtige Zuordnung linker und rechter Satzhälften gibt, lassen sich auch unbekannte Lerninhalte leicht erschließen. Die nicht durchgestrichenen Buchstaben werden markiert und ergeben das Lösungswort. Der **Wiesenfuchsschwanz**, ein Süßgras, ist ein frosthartes, wertvolles Futtergras und gehört zu den Ährenrispengräsern.

Rätsel Biologie
Kommentierte Kopiervorlagen für S I und S II – Bestell-Nr. 12 845

Ein Streifzug durch die Pflanzenkunde

5

Ein Kreuzworträtsel

Kreuz und quer geht es in diesem Rätsel um Pflanzen. Wenn du die 33 gesuchten Begriffe eingetragen hast (Ä = AE, Ü = UE, ß = SS) und die eingekreisten Buchstaben wie angegeben aneinanderreihst, erhältst du als **Lösungswort** des Rätsels den Namen einer Gruppe von Blumen, über die wir uns besonders freuen – nenne Beispiele.

1 c 2
3 4 5 f 6 7
8 e 9
10 d
11 12
13 i 14 15 16
h 17 18 a
19 20
21 j 22
23
24 25 b
l 26
27 k 28
29 30
31 g

	a	b	c	d	e	f	g	h	i	j	k	l
Lösungswort:												

Beispiele: ____________________ ____________________

____________________ ____________________

Rätsel Biologie
Kommentierte Kopiervorlagen für S I und S II – Bestell-Nr. 12 845
KOHL VERLAG

SCHÜLERSEITE 2

5 Ein Streifzug durch die Pflanzenkunde

Ein Kreuzworträtsel

Waagrecht:

1. Pflanzenfamilie, zu der z. B. die Getreide- und Bambusarten gehören
3. oft farbiger Teil der Blüte, umgangssprachliche Bezeichnung für Kronblatt
8. so nennt man Pflanzen mit zwittrigen Blüten oder mit männlichen und weiblichen Blüten auf demselben Individuum
10. sie enthält oft sehr viele Samen und öffnet sich, wenn diese reif sind
11. äußerer, aus mehreren Schichten bestehender Bereich von Baumstämmen
14. blütenlose grüne Pflanze, die meist im Wasser lebt
15. blütenlose grüne Pflanzen, Sporen auf der Blattunterseite, besonders häufig im Wald
19. aus ihnen entwickeln sich Pflanzen
21. Fachausdruck für Blattgrün
23. allgemeine Bezeichnung für eine Pflanze, die für uns wichtig ist
25. so nennt man ein Holzgewächs, dessen Stamm sich bereits in Bodennähe verzweigt
26. Art von Blättern, die im Winter meist nicht abgeworfen werden
27. junge Pflanze an einem Trieb der Mutterpflanze
28. sie entsteht aus der Blüte
29. Getränk, wird aus getrockneten Blättern, Blüten oder Früchten zubereitet
30. Gas, das tagsüber von grünen Pflanzen abgegeben wird
31. die männlichen Geschlechtszellen der Samenpflanzen, Inhalt der Staubbeutel

Senkrecht:

2. Teil eines Blatts
3. Früchte mit saftigem Fruchtfleisch und meist mehreren Samen
4. Pflanzenfamilie mit typischem Blütenbau und vierkantigem, hohlem Stängel, Beispiele: Taubnessel, Wiesensalbei
5. Sammelname für Pflanzen, die stören
6. anderer Ausdruck für lange Schlingpflanze
7. „Haar“ der Getreideähre
9. Teil der weiblichen Blüte, mittlerer Abschnitt des Stempels
12. große Meeresalge
13. äußerer, oft grüner Teil vieler Blüten
16. fadenförmiges Befestigungsorgan von Kletterpflanzen, z. B. der Gartenerbse
17. Teil der Pflanze, der Nährsalze und Wasser aufnimmt
18. verholzter Samenstand fast aller Nadelbäume
20. sie sind Lebensgemeinschaften von Algen und Pilzen
22. Fruchtstand vieler Getreidearten, z. B. von Weizen und Roggen
23. oberer Teil des Griffels, nimmt den Pollen auf
24. ein Lebensraum, der ohne menschlichen Einfluss verwaldet

Rätsel Biologie
Kommentierte Kopiervorlagen für S I und S II – Bestell-Nr. 12 845

Ein Streifzug durch die Pflanzenkunde

5

LEHRERSEITE

Lösung und Hinweise zu Nr. 5

Waagrecht: 1. Suessgraeser, 3. Bluetenblatt, 8. einhaeusig, 10. Kapsel, 11. Rinde, 14. Alge, 15. Farne, 19. Samen, 21. Chlorophyll, 23. Nutzpflanze, 25. Strauch, 26. Nadeln, 27. Ableger, 28. Frucht, 29. Tee, 30. Sauerstoff, 31. Pollen

Senkrecht: 2. Stiel, 3. Beeren, 4. Lippenbluetler, 5. Unkraut, 6. Liane, 7. Granne, 9. Griffel, 12. Tang, 13. Kelchblatt, 16. Ranke, 17. Wurzel, 18. Zapfen, 20. Flechten, 22. Aehre, 23. Narbe, 24. Wiese

Lösungswort: FRUEHBLUEHER

Beispiele: Schneeglöckchen, Märzbecher, Krokus, Narzisse/Osterglocke, Tulpe, Anemone, Primel

Klassenstufe: 5. – 10.
Schwierigkeitsgrad: ★★
Zeitbedarf: 20 Minuten

Mit 21 Fragen zur **Morphologie der Pflanzen** bildet dieser Aspekt den Schwerpunkt des Rätsels. Zur besseren Übersicht sind die betreffenden Begriffe hier der Reihe nach nochmals genannt:
Waagrecht: Blütenblatt, Kapsel, Rinde, Farne, Samen, Strauch, Nadeln, Ableger, Frucht, Pollen;
Senkrecht: Stiel, Beeren, Lippenblütler, (kann auch der Pflanzensystematik zugerechnet werden), Granne, Griffel, Kelchblatt, Ranke, Wurzel, Ähre, Narbe

Für eine **Wiederholung** des Themas Pflanzenbau eignet sich diese Zusammenstellung sicherlich; ob sie als Vorbereitung auf eine schriftliche Lernkontrolle ausreicht, hängt vom vorangegangenen Unterricht ab. Eventuell werden **weitere Begriffe zum Pflanzenbau** aus den früheren Stunden ergänzt, beispielsweise andere Pflanzenteile, die der Vermehrung dienen, andere Fruchtstände, auch Arten von Blütenständen und Blattformen.

Besonders empfehlenswert ist es, auch Fachausdrücke, die eine **Aussage über die Funktion** der betreffenden Pflanzenteile beinhalten, in die Wiederholung mit einzubeziehen, z. B. bezüglich der Bestäubung: Falterblüte, Hummelblüte, Bienenblüte, Fliegenblüte, ... oder zu Verbreitungsarten von Samen: Windfrüchte, Schleuderfrüchte, Lockfrüchte, Haftfrüchte, ...

Wichtig ist in jedem Fall, dass – falls von der Jahreszeit her möglich – **Anschauungsmaterial zum Lösungswort** zur Verfügung steht, zumindest farbige Abbildungen zu einigen Beispielen gezeigt werden können.

Rätsel Biologie
Kommentierte Kopiervorlagen für S I und S II – Bestell-Nr. 12 845

6 Der Rätselbaum

Ein Rätsel zu Blättern und Früchten unserer Bäume

Bei einem Streifzug durch Wald und Feld kannst du viele der hier abgebildeten Blätter sehen und je nach Jahreszeit vielleicht auch die zugehörigen Blüten oder Früchte. Trage die Namen der 16 Bäume, die alle **auf E enden**, in den Rätselbaum ein (Ä = AE).
Die Buchstaben in den markierten Feldern benennen dann in der unten angegebenen Reihenfolge als **Lösungswort** den bei uns vorherrschenden Waldtyp.

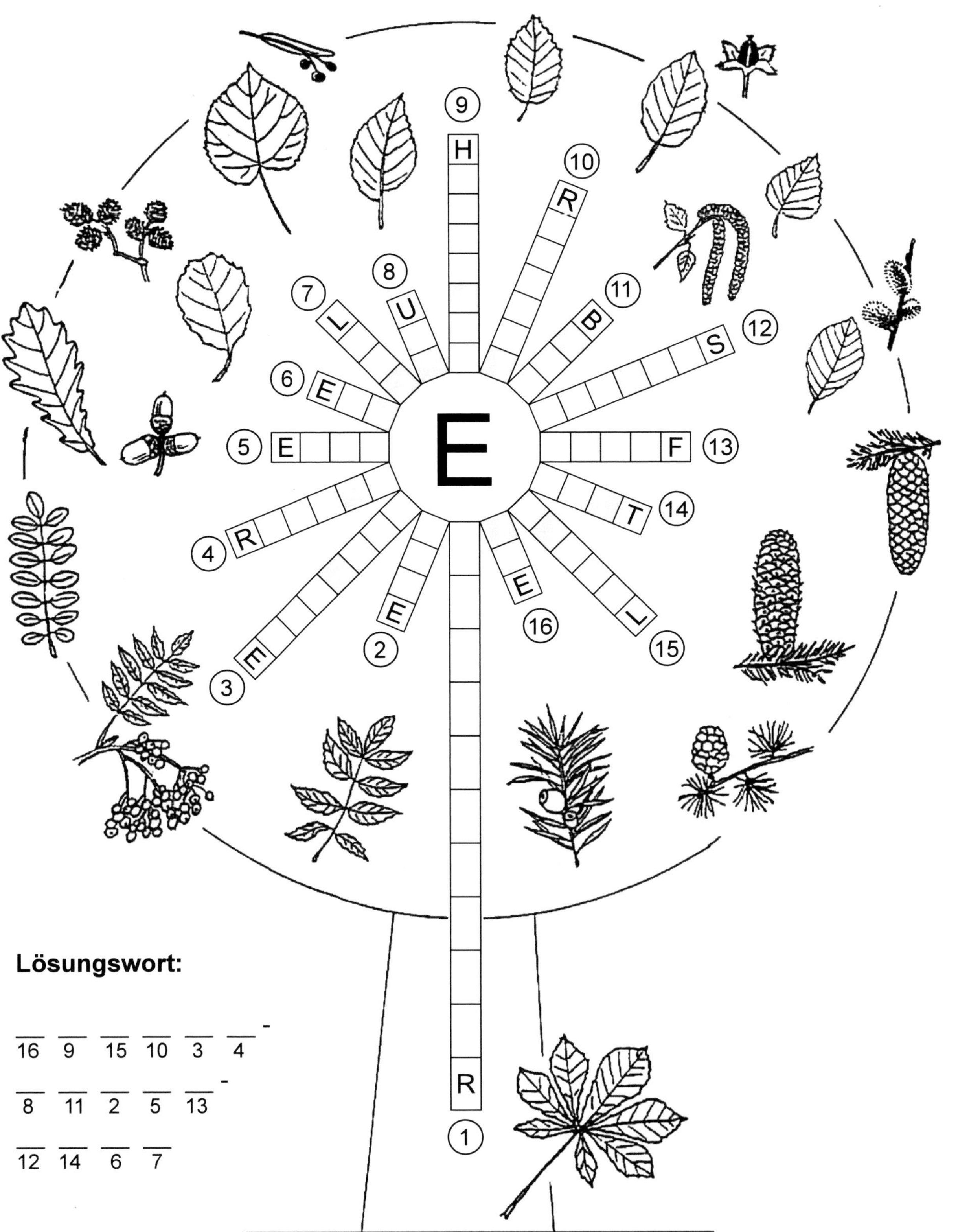

Lösungswort:

_ _ _ _ _ _ -
16 9 15 10 3 4

_ _ _ _ _ -
8 11 2 5 13

_ _ _ _
12 14 6 7

Rätsel Biologie
Kommentierte Kopiervorlagen für S I und S II – Bestell-Nr. 12 845
KOHL VERLAG

Der Rätselbaum

Lösung und Hinweise zu Nr. 6

1. Rosskastanie	–	5. Eiche	(C)	9. Hainbuche	(U)	13. Fichte	(H)
2. Esche	(S)	6. Erle	(L)	10. Rotbuche	(H)	14. Tanne	(A)
3. Eberesche	(E)	7. Linde	(D)	11. Birke	(I)	15. Laerche	(C)
4. Robinie	(N)	8. Ulme	(M)	12. Salweide	(W)	16. Eibe	(B)

Lösungswort: BUCHENMISCHWALD

Klassenstufe: 5. – 10.
Schwierigkeitsgrad: ★★
Zeitbedarf: 10 Minuten

Der „Rätselbaum" eignet sich für die unterschiedlichsten Vorhaben und ist in der gesamten Sekundarstufe I einsetzbar: zur Verbesserung der meist nur spärlich vorhandenen Formen- und Artenkenntnis, insbesondere auch zur Vorbereitung auf einen Lehrausflug. In jedem Fall sollte möglichst viel Anschauungsmaterial zur Verfügung stehen.

Es sind nur Blätter, Blüten und Früchte **einheimischer Bäume** abgebildet. Die Abbildungen sind nach Laubbäumen und Nadelbäumen sortiert, die Abbildungen zu Laubbäumen wiederum nach zusammengesetzten und einfachen Blättern. Auf das jeweils besonders Typische muss man die Schüler aufmerksam machen, weil es ihnen vielleicht auf den ersten Blick nicht auffällt, aber ein wichtiges Kriterium für eventuelle Bestimmungsübungen darstellt:

- das Erlenblatt (Nr. 6) hat eine gekerbte Spitze,
- das Lindenblatt (Nr. 7) ist schief-herzförmig,
- das Ulmenblatt (Nr. 8) besitzt einen schiefen Blattgrund,
- Fichtenzapfen (Nr. 13) hängen am Ast (und fallen als ganze Zapfen),
- Tannenzapfen (Nr.14) stehen (und zerfallen am Baum).

Für den Fall einer **schriftlichen Lernkontrolle** in Botanik könnte in den Klassen 5 bis 8 bei entsprechend vorangegangenem Unterricht eine (leichte) Frage darin bestehen, die folgenden sechs Beispiele zu benennen.

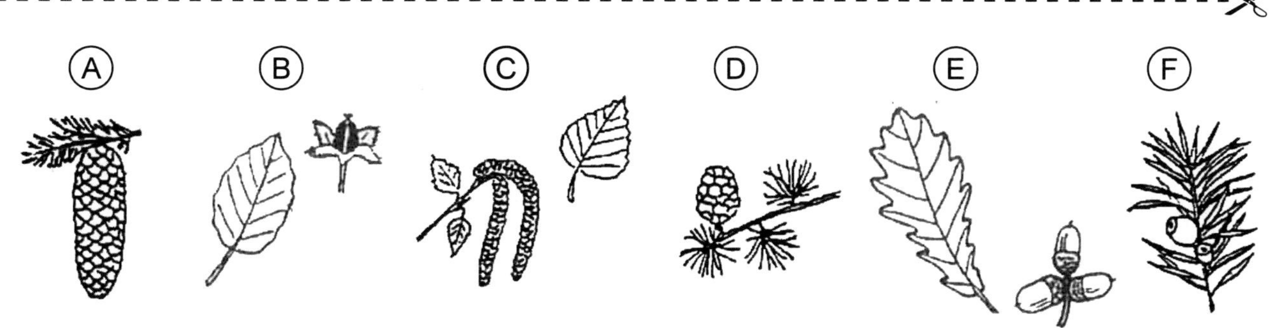

Rätsel Biologie
Kommentierte Kopiervorlagen für S I und S II – Bestell-Nr. 12 845
KOHL VERLAG

SCHÜLERSEITE 1

7 Nutzpflanzen hier und andernorts

Ein Kreuzworträtsel

Ob als **Nahrungsquellen** für den Menschen, **Futtermittel** für Tiere oder **Roh- und Baustofflieferanten** für technische Zwecke – Nutzpflanzen sind unverzichtbar für uns; (er)kennst du die gesuchten Beispiele? Trage alle Antworten ein (Ö = OE, Ü =UE) und ermittle aus eingekreisten Buchstaben das **Lösungswort**.

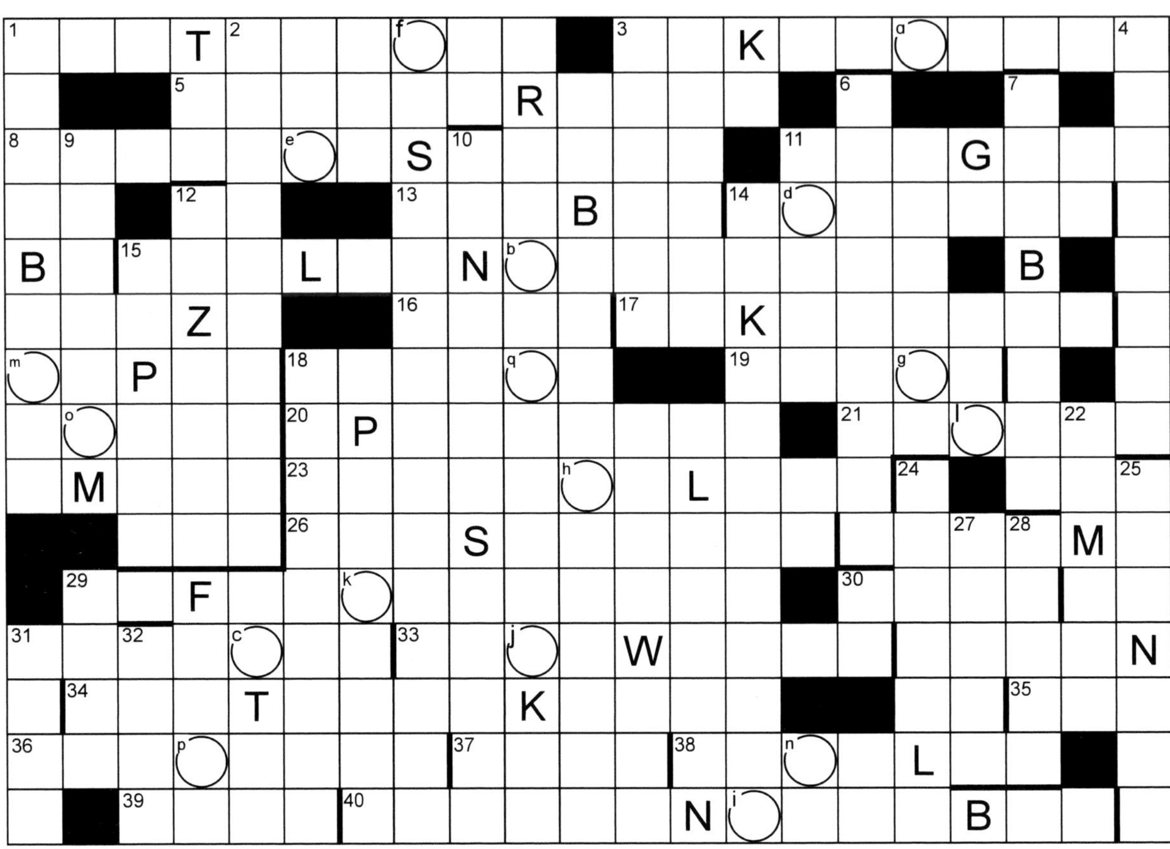

Lösungswort:

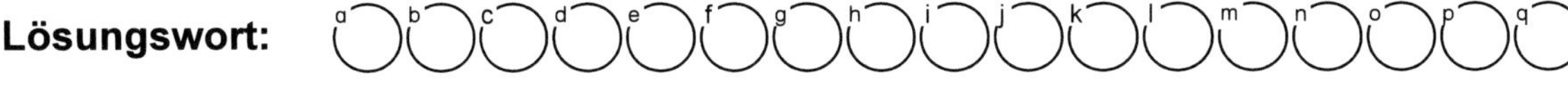

Waagrecht:

1. weltweit **wichtigstes Brotgetreide**, sortenreiche Hochzuchtserie ohne direkte Ursprungsart, hexaploid
3. **tropischer Baum** mit kopfgroßen Steinfrüchten; aus Fasern der Fruchthüllen Seile und Matten, weißes Nährgewebe des Samens fettreich, daraus Speisefett und zu Flocken geraspelt für Süßwaren
5. einheimische **Alternative zum Zuckerrohr**, aus der Runkelrübe gezüchtet, Zuckergehalt 17 – 24 %
8. einheimisches **Obst**, Strauch mit meist roten, säuerlichen Beerentrauben, reich an Vitamin C
11. sehr alte Kulturpflanze, langgestieltes **spinatähnliches Blattgemüse**
13. **tropisches bis subtropisches Gras**, bis 30 m hoch, wächst schnell; verholzte knotige, hohle Halme bei uns als Stützstangen, in den Ursprungsländern wertvoller Baustoff, junge Sprosse als Gemüse
14. orangefarbenes **Wurzelgemüse**, hat mehrere Namen, reich an Provitamin A (β-Carotin)
15. Sammelname für **Erbse, Bohne, Linse** und andere Schmetterlingsblütler mit eiweißreichen Samen
16. **bedeutendste Ölpflanze** der gemäßigten Breiten, blüht gelb, in 5 – 10 cm langen Schoten kleine, fettreiche Samen; zu Speiseöl (Erucasäure-freie Sorten) und Biodiesel (durch Verestern des Öls)
17. in **Südamerika beheimateter Baum mit stammbürtigen Früchten**, im Fruchtfleisch 30 – 50 bohnenförmige Samen; für Schokolade und ein beliebtes nährstoffreiches Getränk (Genussmittel)
18. gelbrote **Zitrusfrucht**, reich an Vitamin C, wird besonders im Winter gern verzehrt
19. **genügsame Getreideart** (kühlfeuchtes Klima), Flocken für Brei und Müsli, wertvolles Futtergetreide

Rätsel Biologie
Kommentierte Kopiervorlagen für S I und S II – Bestell-Nr. 12 845

Nutzpflanzen hier und andernorts

Ein Kreuzworträtsel

20. einheimischer **Obstbaum** mit weiß-rosa Blüten, liefert das in gemäßigten Breiten **häufigste Kernobst**
21. **häufigster Nadelbaum** unserer Wälder, wächst schnell, liefert helles, preiswertes Bau- und Möbelholz
23. bis 3 m hoher **Korbblütler**, als Zierpflanze aus dem südlichen Nordamerika nach Europa importiert, Samen sind wertvoller Öllieferant; für Speisefett, als Vogelfutter
26. alte, **aus Ostasien stammende Kulturpflanze**; aus den Blättern koffeinhaltiges Getränk (Genussmittel)
29. kleiner, **aus Afrika stammender Strauch** mit roten Früchten; aus den gerösteten und gemahlenen Kernen ein sehr bekanntes, koffeinhaltiges Getränk (Genussmittel)
30. **Gewürz-und Arzneipflanze**, Doldengewächs, winzige dunkle Früchte; für Weihnachtsgebäck, Hustenbonbons
31. verbreitete **Arzneipflanze**; aus den getrockneten Korbblüten Tee und entzündungshemmende Aufgüsse
33. **tropische** Kulturpflanze, bis 2 m hoch, mehrere Ursprungszentren; aus Fruchtkapseln herausquellende, bis 4 cm lange, einzellige Samenhaare sind die **am häufigsten genutzte Pflanzenfaser**, spinnbar
34. im **Amazonasbecken** beheimateter Baum, sein **Milchsaft** ist Grundlage zur Autoreifenherstellung
35. **getrocknetes Futtergras** des ersten Schnitts (d. h. vor und in der Blüte gemäht); Winterfutter
36. alte Kulturpflanze, heute **auf reblausresistente Unterlagen** gepfropft, Lianengewächs mit gelbgrünen, roten oder blauen Früchten; als Obst, getrocknet als Rosinen, Saft großenteils **zu Wein vergoren**
37. einheimisches **Gewürzkraut** mit fadenförmig gefiederten Blättern; für Salate, heißt auch Gurkenkraut
38. **Futter- und Gründüngungspflanze**, Schmetterlingsblütler mit roten, kugeligen Blütenständen
39. **Gewürzpflanze** mit kleinen gelben (oder dunklen) Samen, u. a. zur Herstellung scharfer Gewürzpasten
40. unterirdisches **Speicherorgan** eines Lauchgewächses, brennt beim Zerkleinern in den Augen; für Soßen

Senkrecht:

1. aus **China** stammende alte Kulturpflanze, eine der wichtigsten **Nahrungs- und Futterpflanzen**, Hülsenfrucht, enthält hochwertiges Eiweiß (Eiweißaustauschstoff); Samen zu Mehl und Öl, Keime als Salat
2. 1965 **gezüchtete Sorte einer tropische Getreideart**, besonders standfest und ertragreich
4. krautige, mehrjährige Obstpflanze der gemäßigten Breiten, **leckere rote Früchte**, roh und für Marmelade
6. alte Kulturpflanze, kam um 1570 von **Südamerika** aus nach Europa, Nachtschattengewächs; **unterirdische Sprossknollen** sind hochwertiges Nahrungs- und Futtermittel (stärkereich)
7. **häufigster Laubbaum** unserer Wälder, liefert hartes Brenn- und Nutzholz (Bau- und Möbelholz)
9. immergrüner **Baum des Mittelmeergebiets**, stark verzweigte Krone; sehr fettreiche, pflaumenähnliche grüne oder bläuliche Steinfrüchte, für Öl oder eingelegt als herb schmeckende Beilage
10. **tropische** Staude, riesiger Fruchtstand, nährstoffreiche Früchte mit **leicht abziehbarer, gelber Schale**
12. weltweit angebaute eiweiß- und mineralstoffreiche **Futterpflanze**, bis 80 cm hoch, Schmetterlingsblütler
15. Liane, rankt **an Stangen** bis 6 m empor; gepflückte und getrocknete Zapfen der weiblichen Pflanzen für **Bierherstellung** benötigt, hoher Gehalt an Bitterstoffen (gibt dem Bier Haltbarkeit und Würze)
22. bis 1,5 m hohes **Nachtschattengewächs** mit roter fleischiger Frucht, als Gemüse oder Salat, für Soßen
24. **tropische Gewürzpflanze**, zählt zu den Orchideen, Liane mit schotenähnlichen, bis 30 cm langen Kapselfrüchten, gepulvert oder als Stangen für Backwaren und Süßspeisen
25. Schmetterlingsblütler, weltweit in **Tropen und Subtropen** angebaut, befruchtete **Blüte bohrt sich in die Erde**, Frucht mit meist zwei zweiteiligen Samen; eiweißreicher Öllieferant, roh oder geröstet essbar
27. **anspruchsvolles Getreide** der **Subtropen**, viele kleine Körner, mehrere Arten, für Brei und Fladen
28. europäischer **Waldbaum**, Holz hart, hochelastisch und tragfähig, für Möbel, Werkzeuge, Sportgeräte
31. heißt auch **Chinesische Stachelbeere**, Fruchtfleisch grünlich, saftig, säuerlich, reich an Vitamin C
32. weltweit angebaute **Getreideart** (warmgemäßigtes Klima), wird 2 – 4 m hoch, **Kolben mit meist gelben Körnern**, Mehl nicht backfähig, Saatgut hybrid; z. B. für Popcorn, meist für Tierfutter, auch für Biogas

Rätsel Biologie
Kommentierte Kopiervorlagen für S I und S II – Bestell-Nr. 12 845

Nutzpflanzen hier und andernorts

Lösung und Hinweise zu Nr. 7

Waagrecht: 1. Saatweizen, 3. Kokospalme, 5. Zuckerruebe, 8. Johannisbeere, 11. Mangold, 13. Bambus, 14. Karotte, 15. Huelsenfruechte, 16. Raps, 17. Kakaobaum, 18. Orange, 19. Hafer, 20. Apfelbaum, 21. Fichte, 23. Sonnenblume, 26. Teestrauch, 29. Kaffeestrauch, 30. Anis, 31. Kamille, 33. Baumwolle, 34. Kautschukbaum, 35. Heu, 36. Weinrebe, 37. Dill, 38. Rotklee, 39. Senf, 40. Kuechenzwiebel

Senkrecht: 1. Sojabohne, 2. Wunderreis, 4. Erdbeere, 6. Kartoffel, 7. Rotbuche, 9. Oelbaum, 10. Bananenstaude, 12. Luzerne, 15. Hopfen, 22. Tomate, 24. Vanille, 25. Erdnuss, 27. Hirse, 28. Esche, 31. Kiwi, 32. Mais

Lösungswort: PFLANZENZUECHTUNG

Klassenstufe:	8. – 11.
Schwierigkeitsgrad:	★★★
Zeitbedarf:	30 Minuten

Erfragt werden **Nahrungspflanzen** (z. B. Getreidearten, Gemüse, Obst liefernde Pflanzen, Gewürze und Heilpflanzen), **Futterpflanzen** sowie **technisch genutzte Pflanzen**. Die Fragen enthalten mehr Informationen als zum Beantworten nötig; sie zeigen u. a., in wie vielfältiger Weise der Mensch **Pflanzenbestandteile nutzt** (Wurzeln, Sprosse, Blätter, Blüten, Früchte, Samen, Holz).
Wegen seines Umfangs lässt man das Rätsel am besten als **Hausaufgabe** lösen. Man kann es im Rahmen einer Unterrichtseinheit über Nahrungsmittel oder über Nutzpflanzen einsetzen oder auch als Ergänzung des Genetikunterrichts des SI – das Lösungswort „Pflanzenzüchtung" zielt in diese Richtung, weswegen der schnellen Verfügbarkeit halber hier drei Beispiele unterschiedlicher Prinzipien der Pflanzenzüchtung genannt werden.

Zu zwei Beispielen von Pflanzenzüchtung kann man in der vorliegenden Rätselsammlung einige Angaben finden: auf S. 14 zu **Triticale**, einer durch **Kreuzungszüchtung** entstandenen Arthybride jüngeren Datums, und auf S. 68 zum **Goldenen Reis**, einer mittels **Gentechnik** hergestellten transgenen Pflanze (nicht zu verwechseln mit Wunderreis, der kein Gentechnikprodukt ist).

Als Beispiel für die älteste Züchtungsmethode überhaupt, die **Auslesezüchtung**, werden im Folgenden (für die SI) einige **Kohlsorten** genannt und charakterisiert, die auf Wildkohl zurückgehen und über mehrere Jahrtausende hinweg gezüchtet wurden, indem aus dem jeweils vorhandenen Pflanzenbestand immer diejenigen Pflanzen zur Vermehrung ausgewählt wurden, die die gewünschten Eigenschaften besonders deutlich zeigten. Kohlrabi und Grünkohl sind sehr alte Sorten, Rosenkohl gibt es erst seit dem 18. Jahrhundert.

- Kohlrabi: oberirdische <u>Sprossknolle</u>, daraus entspringende, nach oben gerichtete Blätter
- Grünkohl: gekrauste, locker angeordnete grüne <u>Blätter</u> an langer, schlanker Sprossachse
- Wirsing: gekrauste, dicht angeordnete grüne <u>Blätter</u> an stark gestauchter Sprossachse
- Rot-/Weißkohl: glatte dunkelrote oder weißliche <u>Blätter</u> an stark gestauchter Sprossachse
- Brokkoli: lockerer grüner, knospiger <u>Blütenstand</u> auf mäßig gestauchter Sprossachse
- Blumenkohl: dichter weißer, knospiger <u>Blütenstand</u> auf stark gestauchter Sprossachse
- Rosenkohl: <u>gestauchte Seitenzweige</u> von knospenartigem Aussehen entlang der Sprossachse

Rätsel Biologie
Kommentierte Kopiervorlagen für S I und S II – Bestell-Nr. 12 845

Pflanzenkunde

8

SCHÜLERSEITE 1

Ein Kartenspiel zum Selbermachen

Das Spiel besteht aus 44 Frage-/Antwortkarten, gespielt wird in Gruppen zu viert oder fünft. Anhand des Spiels könnt ihr feststellen, wie fit ihr in Pflanzenkunde seid. Sobald die Karten ausgeschnitten und die Spielregeln besprochen sind, kann das Spiel beginnen. Wer zum Schluss die meisten Punkte gesammelt hat, ist Gewinner.

F: Welches ist der häufigste Baum mitteleuropäischer Wälder? A: die (Rot)buche ●	F: Warum werden z. B. Fichten bei Sturm leichter entwurzelt als Laubbäume? A: weil Fichten Flachwurzler sind ●	F: Welche Stoffe werden durch die Wurzeln aufgenommen? A: Wasser und (gelöste) Mineralstoffe ●	F: Welches sind die drei Grundorgane jeder Pflanze? A: Wurzel, Sprossachse, Blatt ●
F: Wovon sind Pflanzenzellen (im Unterschied zu tierischen Zellen) begrenzt? A: von einer Zellwand ●	F: Worin werden Wasser und Mineralstoffe in Blütenpflanzen aufwärts sowie die gebildeten Nährstoffe abwärts transportiert? A: in den Leitbündeln ●●	F: Welche Funktion haben Blumenzwiebeln, dicke Wurzeln (z. B. Karotte), Sprossknollen (z. B. Kartoffel)? A: Es sind Speicherorgane für Nährstoffe. ●●	F: Durch welche Öffnungen hindurch werden (bei Landpflanzen) Gase aufgenommen und abgegeben? A: durch die Spaltöffnungen an der Blattunterseite ●
F: Warum verschließen Blätter bei großer Hitze die Spaltöffnungen? A: um die Verdunstung zu verringern ●	F: Wo in grünen Zellen befindet sich der für die Fotosynthese notwendige grüne Blattfarbstoff? A: in den Chloroplasten (im Zellplasma) ●	F: Was geschieht bei der Fotosynthese? A: Aus Wasser und Kohlenstoffdioxid entstehen bei Licht Traubenzucker und Sauerstoff. ●●	F: Welche energieliefernde Reaktion findet mit und ohne Licht in allen lebenden Pflanzenzellen statt? A: Zellatmung (oxidativer Abbau von Kohlenhydraten) ●●
F: Was sind zweihäusige Pflanzen? A: Pflanzen, deren männliche und weibliche Blüten an unterschiedlichen Individuen auftreten ●●	F: Was sind windblütige Pflanzen? A: Pflanzen, deren Pollen durch den Wind verbreitet werden ●	F: Warum ist für eine reiche Obsternte Insektenflug im Frühjahr wichtig? A: weil unsere Obstbäume insektenblütig sind ●	F: Wo entsteht der Blütenpollen? A: in der männlichen Blüte (in den Staubgefäßen) ●●
F: Welchen Teil der weiblichen Blüte müssen die Pollen zur Befruchtung erreichen? A: den Stempel (die Narbe des Griffels) ●●	F: Wie vermehren sich Erdbeerpflanzen hauptsächlich? A: durch Ausläufer (vegetativ = ungeschlechtlich) ●●	F: Aus welchem Grund müssen unsere Wiesen bewirtschaftet werden? A: damit sie nicht verwalden ●●	F: Welche dieser Pflanzen ist keine Wiesenblume: Glockenblume, Margerite, Dahlie, Hahnenfuß? A: die Dahlie ●

SCHÜLERSEITE 2

8 Pflanzenkunde

Ein Kartenspiel zum Selbermachen

F: Was versteht man unter einem Strauch? A: ein Holzgewächs, das sich in Bodennähe verzweigt ●	F: Worüber geben die Jahresringe der Bäume Auskunft? A: über das Alter der Bäume und die jeweiligen Wachstumsbedingungen ●	F: Zu welcher Pflanzenfamilie gehören z. B. Sonnenblume, Gänseblümchen, Margerite, Löwenzahn? A: zu den Korbblütlern ●	F: Wie heißt die Frucht der Heckenrose? A: Hagebutte ●●
F: Was sind Lockfrüchte? A: auffällige Früchte, deren unverdauliche Samen meist von Vögeln gefressen und mit dem Kot verbreitet werden ●●	F: Was versteht man unter einer Nutzpflanze? A: eine Pflanze, die zur Ernährung von Mensch und Tier oder für technische Zwecke verwendet wird ●	F: Welche Getreidearten kennst du? A: Weizen, Roggen, Hafer, Gerste, Mais, Reis, Hirse (vier Beispiele nennen) ●	F: Zu welcher Pflanzengruppe gehören die Getreidearten? A: zu den (Süß)gräsern ●
F: Welches ist unser häufigstes Kernobst? A: der Apfel ●	F: Welche dieser Gemüsepflanzen zählt nicht zu den Hülsenfrüchten: Erbse, Karotte, Bohne, Linse? A: die Karotte ●	F: Was versteht man unter Monokultur? A: den Anbau von nur einer Nutzpflanzenart auf großen Flächen ●	F: Wozu sind Pflanzen mit Knöllchenbakterien in den Wurzeln befähigt? A: Sie können Luftstickstoff (elementaren Stickstoff) binden. ●●
F: Welche Faktoren bestimmen die Wachstumsrichtung von Pflanzen? A: Spross: Licht und Schwerkraft, Wurzel: Schwerkraft ●●	F: Welche drei Komponenten enthält ein Volldünger? A: Stickstoff (N), Phosphor (P), Kalium (K) ●●	F: Wovor sind Pflanzen z. B. durch Stacheln, Dornen, Brennhaare, Bitter- und Giftstoffe geschützt? A: vor Fressfeinden ●	F: Welcher fossile Brennstoff ist vor Jahrmillionen aus Sumpfwäldern unter Luftabschluss, Druck und Hitze entstanden? A: Steinkohle ●●
F: Wie passen sich unsere Laubbäume der kalten Jahreszeit an? A: Sie werfen das Laub ab. ●	F: Welcher dieser Nadelbäume wirft im Winter sein Laub ab: Tanne, Fichte, Lärche, Kiefer? A: die Lärche ●	F: Warum haben Nadeln und andere Blätter immergrüner Bäume eine Wachsschicht? A: zum Schutz vor Austrocknen (im Winter) ●●	F: Was sind Flechten? A: Lebensgemeinschaften aus Pilzen und Algen ●●
F: Welche Gruppen blütenloser Pflanzen kennst du? A: Farne, Algen, Moose, Schachtelhalme (drei Beispiele nennen) ●	F: Was tragen Farnwedel auf ihrer Unterseite? A: Päckchen aus Sporen ●	F: Was bezeichnet man als Algenblüte? A: das massenhafte Auftreten von Algen in mineralstoffreichen Gewässern während heißer Sommer ●●	F: Was sind Zeigerpflanzen? A: Pflanzen, die typisch für bestimmte Lebensbedingungen sind ●

Rätsel Biologie
Kommentierte Kopiervorlagen für S I und S II – Bestell-Nr. 12 845
KOHL VERLAG

Pflanzenkunde

8

LEHRERSEITE

Beschreibung und Hinweise zu Nr. 8

Klassenstufe: 7. – 9.
Schwierigkeitsgrad: ★★
Zeitbedarf: 1 Schulstunde

Das Spiel besteht aus **44 Frage-/Antwortkarten**, die die Schüler vor Spielbeginn ausschneiden (genügend Scheren bereithalten) oder der Lehrer zum mehrmaligen Gebrauch vorbereitet (hierfür mit Karton unterlegen, mit Folie überziehen, pro Spiel eine andere Papier- oder Kartonfarbe verwenden). Man benötigt **fünf bis sechs Spiele pro Klasse**, gespielt wird in **Gruppen zu vier bis fünf Schülern**. Karten mit schwierigeren Fragen weisen zwei Punkte auf, die anderen nur einen Punkt; dies kommt im Spiel einem Zufallsfaktor gleich.

Die Fragen bündeln wichtige Lerninhalte zur Pflanzenkunde, wie sie ab Klasse 5 bis etwa Klasse 9 nach und nach im Unterricht behandelt werden. Daraus ergibt sich, dass das Spiel für die jüngeren Jahrgänge noch zu schwierig ist und die Fragen eher erst ab Klasse 7/8 weitestgehend beantwortet werden können; die Schwierigkeit besteht dann darin, dass sich die Schüler an länger zurückliegenden Unterrichtsstoff rückerinnern müssen. Das Spiel eignet sich am besten für letzte Stunden vor den Ferien, Vertretungsstunden und ähnliche Anlässe und fördert in jedem Fall eine **fachbezogene Kommunikation der Schüler untereinander** – insbesondere dann, wenn zu beurteilen ist, ob eine gegebene Antwort im Zweifelsfall als richtig zu werten ist.

Zu unterscheiden sind Fragen zu allgemeinen Sachverhalten und zu Einzelbeispielen:

- zur **Morphologie** der Pflanzen, auch zu **Bestäubung und Befruchtung**:
  z. B.: Warum werden z. B. Fichten bei Sturm leichter entwurzelt als Laubbäume?
  Was sind windblütige Pflanzen?
- zur **Funktion** einzelner Pflanzenteile und Strukturen:
  z. B.: Wovor sind Pflanzen, z. B. durch Stacheln, Dornen, Brennhaare, Bitter- und Giftstoffe geschützt?
  Warum verschließen Blätter bei großer Hitze die Spaltöffnungen?
- zum **Stoffwechsel**:
  z. B.: Welche Stoffe werden durch die Wurzeln aufgenommen?
  Was geschieht bei der Fotosynthese?
- zu **Nutzpflanzen** und **anderen Pflanzenbeispielen**:
  z. B.: Welche Getreidearten kennst du?
  Welche dieser Pflanzen ist keine Wiesenblume: Glockenblume, Margerite, Dahlie, Hahnenfuß?
- zu **Ökologie** und **Umwelt**:
  z. B. Was sind Zeigerpflanzen?
  Aus welchem Grund müssen unsere Wiesen bewirtschaftet werden?

Spielregeln

Die Karten werden gemischt und verdeckt in die Mitte jeder Spielgruppe gelegt. Der erste Spieler liest dem zweiten die Frage der obersten Karte vor; beantwortet dieser sie richtig (d. h. sinngemäß so, wie auf der betreffenden Karte vorformuliert), bekommt er die Karte und nimmt nun die nächste Karte von der Mitte, um die dortige Frage dem dritten Mitspieler zu stellen usw. Beantwortet ein Spieler die Frage nicht oder falsch, so wird sie dem nächsten Spieler gestellt, der die Karte bei richtiger Antwort behält und nun seinerseits zum Fragesteller wird. Gibt keiner in der Spielgruppe die richtige Antwort, liest der ursprüngliche Fragesteller sie vor, legt die Karte dann beiseite und holt die nächste Karte mit der neuen Frage von der Mitte. Das Spiel kann jederzeit nach einer vollen Spielrunde enden. Gewinner ist, wer zum Schluss die meisten Punkte (nicht Karten) hat.

Rätsel Biologie
Kommentierte Kopiervorlagen für S I und S II – Bestell-Nr. 12 845

9 Tiernamen

Ein Suchwort-Puzzle

Suche waagrecht und senkrecht (vorwärts oder rückwärts, abwärts oder auch aufwärts) **5 Tiergruppen und 42 zu ihnen gehörende Tiere**, rahme alle gefundenen Namen ein und notiere sie. Rahme stets den längstmöglichen Begriff ein und beachte: Ä = AE, Ö = OE. Zahlreiche Buchstaben werden mehrfach benutzt, 11 Buchstaben bleiben übrig. Diese Buchstaben ergeben, in waagrechter Reihenfolge gelesen, als **Lösungswort** die **eigentliche Überschrift des Rätsels**; sie heißt:

__ __ __ __ __ __ __ __ __ __ __

R	E	L	D	A	K	A	R	B	E	Z	W	F	U
E	R	E	D	R	A	M	I	I	P	A	K	O	N
T	O	G	N	I	M	A	L	F	E	B	A	R	K
T	W	I	E	S	E	L	R	I	L	E	S	E	E
A	I	H	A	I	L	E	S	S	O	R	D	L	H
N	L	U	T	H	C	E	H	C	L	E	S	L	C
L	D	H	N	E	I	B	I	H	P	M	A	E	I
E	S	N	U	H	U	O	B	E	S	I	E	M	E
G	C	N	E	F	F	A	E	H	D	N	U	H	L
N	H	I	L	T	I	S	V	E	L	E	G	C	H
I	W	L	I	D	O	K	O	R	K	S	E	L	C
R	E	P	T	I	L	I	E	N	T	H	T	O	S
D	I	F	A	S	A	N	G	N	U	C	I	M	D
N	N	E	H	C	D	R	E	F	P	E	E	S	N
I	I	R	E	W	E	O	L	L	E	D	R	R	I
R	E	D	N	A	M	A	L	A	S	I	E	E	L
G	I	S	I	E	Z	T	N	A	F	E	L	E	B

Rätsel Biologie
Kommentierte Kopiervorlagen für S I und S II – Bestell-Nr. 12 845
KOHL VERLAG

Tiernamen

9

LEHRERSEITE

Lösung und Hinweise zu Nr. 9

Waagrecht (26 Namen und 2 Wirbeltierklassen):

Adler
Zebra
Marder
Okapi
Flamingo
Rabe
Wiesel
Esel
Ai
Hai
Drossel
Hecht
Elch
Amphibien *
Uhu
Meise
Affe
Huhn
Iltis
Krokodil
Reptilien *
Fasan
Gnu
Seepferdchen
Loewe
Salamander
Zeisig
Elefant

Senkrecht (16 Namen und 3 Wirbeltierklassen):

Ringelnatter
Rind
Wildschwein
Igel
Huhn
Nilpferd
Kamel
Lama
Boa
Voegel *
Fische *
Reh
Aal
Eidechse
Saeugetiere *
Forelle
Molch
Unke
Blindschleiche

R	E	L	D	A	K	A	R	B	E	Z	W	F	U
E	R	E	D	R	A	M	I	I	P	A	K	O	N
T	O	G	N	I	M	A	L	F	E	B	A	R	K
T	W	I	E	S	E	L	R	I	L	E	S	E	E
A	I	H	A	I	L	E	S	S	O	R	D	L	H
N	L	U	T	H	C	E	H	C	L	E	S	L	C
L	D	H	N	E	I	B	I	H	P	M	A	E	I
E	S	N	U	H	U	O	B	E	S	I	E	M	E
G	C	N	E	F	F	A	E	H	D	N	U	H	L
N	H	I	L	T	I	S	V	E	L	E	G	C	H
I	W	L	I	D	O	K	O	R	K	S	E	L	C
R	E	P	T	I	L	I	E	N	T	H	T	O	S
D	I	F	A	S	A	N	G	N	U	C	I	M	D
N	N	E	H	C	D	R	E	F	P	E	E	S	N
I	I	R	E	W	E	O	L	L	E	D	R	R	I
R	E	D	N	A	M	A	L	A	S	I	E	E	L
G	I	S	I	E	Z	T	N	A	F	E	L	E	B

Lösungswort: WIRBELTIERE

Klasse: 5. – 10.
Schwierigkeitsgrad: ★★
Zeitbedarf: 20 Minuten

Das Rätsel ist nahezu uneingeschränkt verwendbar – für **Vertretungsstunden** in fremden Klassen ebenso wie für den **eigenen Biologieunterricht**; hier eignet es sich gleichermaßen als möglicher Einstieg in das Thema „Wirbeltiere" wie auch zu dessen Abschluss. Die Auswertung des Rätsels hängt von der Klassenstufe und insofern von den Vorkenntnissen der Schüler ab.

Eine **Zuordnung der Beispiele zu den fünf Wirbeltierklassen** liegt nahe (die Säugetiernamen sind deutlich in der Mehrzahl). Anzustreben ist, mit den Schülern zusätzlich (oder stattdessen) die **typischen Merkmale aller Wirbeltiere** einerseits und die **Charakteristika der fünf Wirbeltierklassen** andererseits zusammenzustellen.

Wichtig: In 7 Wirbeltiernamen ist jeweils noch ein kürzerer enthalten. Diese Namen werden für die Gesamtzahl der 42 gesuchten Namen nicht mitgezählt; die Namen sind: Seepferdchen, Nilpferd, Wildschwein, außerdem Wiesel, Hai, Drossel, Salamander (Lama, Esel und Ai kommen auch gesondert im Rätsel vor und werden dort natürlich mitgezählt).

Rätsel Biologie
Kommentierte Kopiervorlagen für S I und S II – Bestell-Nr. 12 845
KOHL VERLAG

10 Haustiere

Ein Kammrätsel

Ergänze die folgenden Sätze, indem du die gesuchten Tiernamen oder passenden Begriffe in die Felder auf der nächsten Seite einträgst (Ä = AE, Ö = OE, Ü = UE, ß = SS). In der eingerahmten Spalte erhältst du dann **zwei Lösungsworte**.

1. .... haben einen aus mehreren Abteilungen bestehenden Magen.
2. Der .... ist ein beliebtes kleines, allerdings nachtaktives Haustier, das aus Syrien stammt.
3. .... sind staatenbildende Insekten und von großer Bedeutung für Mensch und Natur.
4. .... haben bei uns hauptsächlich Bedeutung wegen ihrer dichten und langen Haare, die gesponnen zu wärmender Kleidung verarbeitet werden.
5. Haushuhn, Truthahn, Pfau, Fasan, Wachtel und Rebhuhn sind Beispiele für ....
6. Hasen sind größer als .... und haben auch längere Ohren.
7. Die .... wird bei uns vor allem wegen ihrer Milch als anspruchsloses Nutztier gehalten; vielerorts ist sie jedoch verwildert und richtet dann große Schäden an der Vegetation an.
8. Der .... wurde früher vielfach als Rettungshund (Lawinensuchhund) eingesetzt.
9. Bei den Pferden unterscheidet man Kaltblut, Warmblut und ....
10. Der Hund, unser ältestes Haustier, stammt vom .... ab.
11. Zuerst nutzte der Mensch das Pferd als Fleischlieferanten, später dann als Reit- und ....
12. In Wüsten werden .... auch heute noch als sehr genügsame Reit- und Lasttiere eingesetzt; sie werden deshalb scherzhaft auch als Wüstenschiffe bezeichnet.
13. Junge Hunde nennt man ....
14. .... sind beliebte kleine Haustiere, die aus den Anden stammen.
15. Früher hielt man ...., besonders weiße, nur als Labortiere, heute werden sie zunehmend auch als sehr zutrauliche Haustiere gehalten.
16. Die ägyptische .... ist die Wildkatze, von der unsere Hauskatze abstammt.
17. Junge Pferde heißen ....
18. Der .... hat als Vater einen Pferdehengst, als Mutter eine Eselstute, beim Maultier ist es umgekehrt.
19. Die meisten Haustiere sind von Natur aus keine Einzelgänger, sondern ....
20. Die besonders geformten Backenzähne der Fleischfresser heißen ....
21. Die .... von Hühnern ist sehr umstritten.
22. Zum Transport von Lasten über weite Schnee- und Eisflächen setzt man .... als leichte Zugtiere ein.
23. Die Milch von Kuh und Ziege wird im .... gebildet.
24. Früher wurden .... zur Nachrichtenübermittlung eingesetzt.
25. Das .... stammt vom Wildschwein ab und ist ein wichtiger Fleischlieferant.
26. Rinder und Pferde sind Huftiere; Rinder sind im Unterschied zu Pferden jedoch ....

Rätsel Biologie
Kommentierte Kopiervorlagen für S I und S II – Bestell-Nr. 12 845
KOHL VERLAG

Haustiere

10

Ein Kammrätsel

1.					D								R			
2.							H									
3.										G						
4.					S											
5.		H							V							
6.							N									
7.									G							
8.					B							D				
9.											L					
10.									L							
11.						Z										
12.							M									
13.									P							
14.				R							N					
15.						T										
16.									B							
17.					F											
18.											L					
19.						D										
20.									Z							
21.				K						H						
22.		S					T									
23.										R						
24.											T					
25.						S										
26.										F						

KOHL VERLAG
Rätsel Biologie
Kommentierte Kopiervorlagen für S I und S II – Bestell-Nr. 12 845

10 Haustiere

Lösung und Hinweise zu Nr. 10

1. Wiederkaeuer, 2. Goldhamster, 3. Honigbienen, 4. Schafe, 5. Huehnervoegel, 6. Kaninchen, 7. Ziege, 8. Bernhardiner, 9. Vollblut, 10. Wolf, 11. Zugtier, 12. Kamele, 13. Welpen, 14. Meerschweinchen, 15. Ratten, 16. Falbkatze, 17. Fohlen, 18. Maulesel, 19. Herdentiere, 20. Reisszaehne, 21. Kaefighaltung, 22. Schlittenhunde, 23. Euter, 24. Brieftauben, 25. Hausschwein, 26. Paarhufer

Lösungswörter: KANARIENVOGEL; WELLENSITTICH

Klassenstufe:	5. – 7.
Schwierigkeitsgrad:	★★
Zeitbedarf:	15 – 20 Minuten

Seit mindestens 10 000 Jahren hält und züchtet der Mensch Tiere zu seinem materiellen und ideellen Nutzen:

- als Nahrungs- und Kleidungslieferant,
- als Hilfe bei Ackerbau und Jagd,
- als Lastenträger,
- zur Gesellschaft,
- aus Liebhaberei.

Die Zahl der Haustierarten ist vergleichsweise gering, z. B. wurden von den rund 6 000 bekannten Säugetierarten nur etwa 20 zu Haustierarten, von den mehreren Millionen Insekten nur zwei (Honigbiene, Seidenspinner). An Domestikationszentren sind zu unterscheiden: das nordafrikanisch-vorderasiatische (dem die meisten Haustiere entstammen), das ostasiatische (Wasserbüffel), Yak, Schwein – letzteres wurde gleichzeitig auch im europäischen und vorderasiatischen Raum domestiziert) sowie das süd- und mittelamerikanische (Lama, Alpaka, Meerschweinchen, Truthahn, Moschusente).

Das Thema „Haustiere" entspricht dem **Erfahrungshorizont 10- bis 12-jähriger Schüler**, der allerdings auch davon abhängt, ob Schüler in der Stadt aufwachsen oder in einer eher ländlichen Umgebung, in der noch Landwirtschaft betrieben wird. In den Schulbüchern der Klassen 5/6 wird neben den üblichen biologischen Lerninhalten die wirtschaftliche und kulturhistorische Bedeutung der Haustierhaltung gestreift, die Verantwortung gegenüber einem Haustier/Heimtier wird betont.

Bei der Zusammenstellung der von den Schülern zu vervollständigenden Aussagen wurde deshalb darauf geachtet, dass ein **inhaltlich breit gefächertes Rätsel** entsteht, mit dem man den laufenden Unterricht **ergänzen** und bereichern kann. Folgende Aspekte kommen im Rätsel vor:

* Körperbau:	Nr. 1, 6, 20, 23, 26
* Verhalten:	Nr. 3, 7, 19
* Abstammung:	Nr. 10, 16, 18, 25
* Nutztier:	Nr. 3, 4, 7, 8, 11, 12, 15, 22, 24, 25
* Verantwortung:	Nr. 21
* Liebhaberei:	Nr. 2, 14. 15

Das Lösen des Rätsels eignet sich besonders als **Hausaufgabe** (die auch gern angenommen wird). Die schwierigste Antwort für die Schüler dürfte Nr. 16 (Falbkatze) sein, vielleicht kommen sie auch von selbst nicht auf die Lösung von Nr. 21 (Käfighaltung).

Rätsel Biologie
Kommentierte Kopiervorlagen für S I und S II – Bestell-Nr. 12 845
KOHL VERLAG

Amsel, Drossel, Fink und Star

11

SCHÜLERSEITE

Ein Zuordnungsrätsel über einheimische Vögel

Verbinde die Steckbriefe mit den **zugehörigen** Vogelnamen von Punkt zu Punkt durch je eine Gerade. Die **nicht** durchgestrichenen Buchstaben ergeben der Reihe nach **zwei Begriffe aus der Vogelkunde**.

1. Singvogel, guter Turner, bevölkert im Winter die Vogelhäuschen, etwas größer als die Blaumeise •
2. schwarzer Singvogel, heißt auch Schwarzdrossel, frisst gern Kirschen und Beeren •
3. einziger brutparasitischer Vogel unseres Gebiets, charakteristischer Ruf des Männchens •
4. gilt als bester Sänger unseres Gebiets, Lebensraum dichte, unterholzreiche Wälder •
5. unser häufigster Fink, weiße Streifen auf den Flügeln, Männchen mit rostbrauner Brust •
6. hellbrauner, rundlicher Singvogel, Brust orange, häufig in Gärten, hüpft am Boden, wenig scheu •
7. kleiner als Amsel, braun mit heller, schwarz gefleckter Brust, abwechslungsreicher Gesang •
8. kleiner, graubrauner Vogel auf Plätzen, in Gärten, Allesfresser, heißt auch Spatz •
9. einer unserer kleinsten Vögel, bevorzugter Lebensraum Hecken, baut Kugelnester •
10. amselgroßer, schillernd schwarzer Singvogel, guter Spötter (ahmt andere Geräusche nach) •
11. hämmert, Waldvogel mit mehrfarbigem, lebhaft gemustertem Gefieder, bewohnt alte Baumhöhlen •
12. Nesträuber, schwarzweißer Rabenvogel, lange Schwanzfedern, Lebensraum Gärten, Parks •
13. Nesträuber, hellbrauner Rabenvogel mit kleinen schwarz-blau-weißen Federn an den Flügeln •
14. großer schwarzer Vogel, nistet in Baumkronen, krächzender Ruf, westliche Form der Nebelkrähe •
15. unser häufigster Greifvogel, Lebensraum Felder, Wiesen, Wälder, Horst auf einzelnen Bäumen •
16. unsere größte Eule, stark drehbarer Kopf, gelbe Augen, Federohren, nachtaktiver Jäger •
17. Nest auf Kirchtürmen und hohen Schornsteinen, frisst z. B. Frösche und Regenwürmer, Zugvogel •
18. großer, grauer Zugvogel, ähnlich dem Storch, fliegt in Trupps in Keilformation •
19. Zugvogel, gegabelter Schwanz, fängt Insekten im Flug, Lehmnester unter Dachvorsprüngen •
20. Hühnervogel mit langen Schwanzfedern, Lebensraum Wiesen und Äcker mit Feldgehölz •
21. Früchte- und Körnerfresser, in Großstädten oft eine Plage, kleiner als die Ringeltaube •
22. fluggewandter Schwimmvogel, Lebensraum Meeresküsten und Binnenland (Flüsse und Seen) •
23. weit verbreiteter Schwimmvogel, Männchen mit glänzend grünem Kopf und weißem Halsring •

R A U Y D W E M R X F L U Q G C N H G L J Z E S V I T O P F K L B U G

- • Amsel
- • Buchfink
- • Buntspecht
- • Eichelhäher
- • Elster
- • Fasan
- • Felsentaube
- • Kohlmeise
- • Kranich
- • Kuckuck
- • Lachmöve
- • Mäusebussard
- • Mehlschwalbe
- • Nachtigall
- • Rabenkrähe
- • Rotkehlchen
- • Singdrossel
- • Sperling
- • Star
- • Stockente
- • Uhu
- • Weißstorch
- • Zaunkönig

Rätsel Biologie
Kommentierte Kopiervorlagen für S I und S II – Bestell-Nr. 12 845
KOHL VERLAG

11 Amsel, Drossel, Fink und Star

Lösung und Hinweise zu Nr. 11

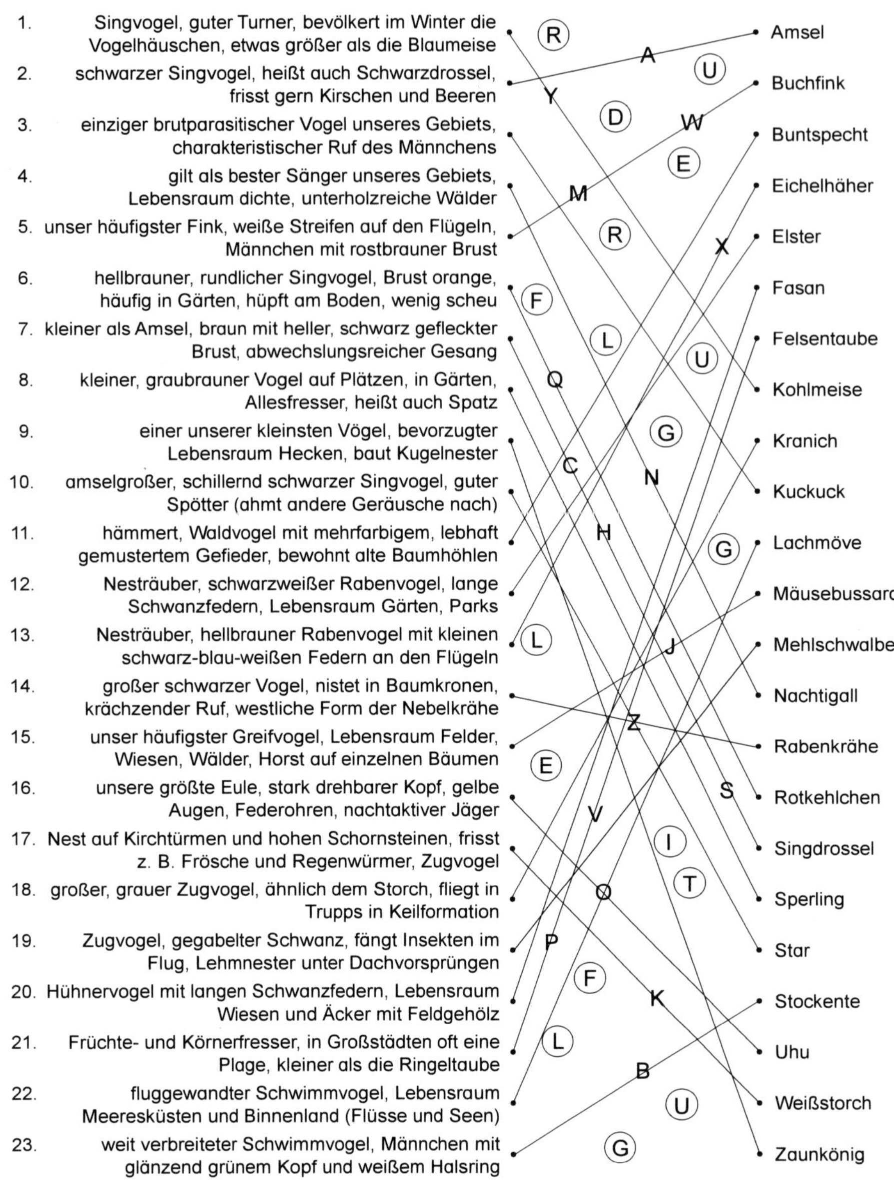

Lösungswörter: RUDERFLUG, GLEITFLUG

Klassenstufe: 6. – 9.
Schwierigkeitsgrad: ★★
Zeitbedarf: 20 Minuten

Zum Lösen des recht anspruchsvollen Rätsels über die heimische Vogelwelt benötigen die Schüler **erhebliche Kenntnisse**, unterrichtliche Voraussetzungen genügen oft nicht; Schüler aus ländlicher Umgebung sind „Stadtkindern" gegenüber beim Lösen deutlich im Vorteil. Bildmaterial sollte unbedingt vorhanden sein. Die „Steckbriefe" sind **inhaltlich abwechslungsreich**: Zur Charakterisierung werden Aussehen, Verhalten, Lebensweise, Verbreitung, Zugehörigkeit zu Verwandtschaftsgruppen herangezogen.

Das Rätsel kann im Rahmen der **Vogelkunde** gelöst werden, besonders gut als Hausaufgabe, passt thematisch aber auch in eine Unterrichtsreihe über **Naturschutz/Vogelschutz**. Da die Namen alphabetisch sortiert sind, finden Schüler nicht immer sofort den als Lösung eventuell vermuteten Namen, etwa „Taube" oder „Storch", weil „Felsentaube" bzw. „Weißstorch" gelistet ist; man rät ihnen deshalb, zuerst alle Namen aufmerksam durchzulesen.

Rätsel Biologie
Kommentierte Kopiervorlagen für S I und S II – Bestell-Nr. 12 845

Aus der Vogelwelt

12

Ein Kartenspiel zum Selbermachen

Das Spiel besteht aus 44 Frage-/Antwortkarten, gespielt wird in Gruppen zu viert oder fünft. Anhand des Spiels könnt ihr feststellen, wie fit ihr in Vogelkunde seid. Sobald die Karten ausgeschnitten und die Spielregeln besprochen sind, kann das Spiel beginnen. Wer zum Schluss die meisten Punkte gesammelt hat, ist Gewinner der Spielgruppe.

1. Worauf beruht die Leichtigkeit der **Vogelknochen**? A: Sie sind (meist) hohl, luftgefüllt und dünnwandig (zwei dieser Gründe nennen). ●●	2. Welche vier **Arten von Federn** unterscheidet man? A: Schwungfedern (mit Außen- und Innenfahne), Deckfedern, Daunen, Schwanzfedern ●	3. Wodurch halten die **Äste einer Vogelfeder** zusammen? A: durch Verhaken von Bogen- und Hakenstrahlen benachbarter Äste ●	4. Wo am Skelett setzen die kräftigen **Flugmuskeln** an? A: am Brustbeinkamm ●●
5. Warum müssen Vögel einen starren, in sich versteiften **Rumpf** haben? A: Es wirkt als Widerlager für die starken Kräfte beim Flügelschlag. ●●	6. Welche Vorteile für die Atmung haben die (meist 5 Paar) **Luftsäcke** an den Lungen? A: Das Atemvolumen ist größer, die Ausnutzung der Atemluft besser. ●●	7. Warum haben Vögel einen hohen **Sauerstoffbedarf**? A: weil Fliegen viel Kraft erfordert (weil die Flugmuskulatur viel Sauerstoff benötigt) ●	8. Welche **Flugart** der Vögel ist die häufigste? A: der Ruderflug ●
9. Für welche Flugarten benötigen Vögel **keinen Flügelschlag**? A: für Gleit- und Segelflug ●	10. Was versteht man unter **Rüttelflug**? A: den Flug auf der Stelle ●	11. Aus welchen Gründen können Eulen **lautlos** fliegen? A: Gefieder sehr weich und Fransen an den Rändern der Schwungfedern. ●●	12. Was versteht man unter **Mauser**? A: das Ausfallen und Erneuern des Gefieders (pro Jahr ein- bis zweimal) ●
13. Wie viele **Fußzehen** haben Vögel? A: vier Fußzehen ●	14. Was ist typisch für die **Füße** von Enten, Gänsen, Schwänen und anderen **Schwimmvögeln**? A: Schwimmhäute zwischen den drei vorderen Zehen ●	15. Wie heißt der bis 150 kg schwere, flugunfähige und 3 m hohe **Laufvogel** der afrikanischen Savannen und Steppen? A: Strauß ●	16. Wo lebt der **Kaiserpinguin**? A: in der Antarktis ●
17: Warum **plustern** sich Vögel, z. B. Amseln, bei Kälte auf? A: Das Luftposter zwischen den Federn schützt den Körper vor Auskühlung. ●	18. Welche **Flugrouten** nehmen Störche von Europa nach Afrika? A: Weststörche über Spanien und Gibraltar, Oststörche über die Türkei (Bosporus), Syrien und Ägypten ●●	19. Woran orientieren sich **Zugvögel** bei ihrem Flug nach Süden (und zurück)? A: an Sonne, Sternen und Magnetfeld der Erde (zwei dieser Beispiele nennen) ●	20. Welche **Zugvögel** ziehen im Frühjahr und Herbst in **keilartiger Formation** laut rufend über uns hinweg? A: Kraniche ●●

Rätsel Biologie
Kommentierte Kopiervorlagen für S I und S II – Bestell-Nr. 12 845
KOHL VERLAG

Aus der Vogelwelt

Ein Kartenspiel zum Selbermachen

21. Was sind **Strichvögel** (wie z. B. Rotkehlchen, Buchfink, Kohlmeise)? A: Vögel, die im Winter auf Futtersuche in unseren Breiten umherziehen ●●	22. Welche dieser **Singvögel** sind **Zugvögel**: Amseln, Meisen, Elstern, Schwalben? A: Schwalben ●	23. Wozu dient der **Gesang** der Singvogelmännchen? A: Zum Markieren des Reviers und Anlocken der Weibchen ●	24. Was ist das Besondere am unteren **Kehlkopf** der **Singvögel**? A: eine größere Zahl von Stimmbändern als bei anderen Vögeln ●●
25. Wie markieren die meisten **Spechtarten** ihr Revier und locken Weibchen an? A: Sie erzeugen mit schnellen Schnabelhieben Trommelwirbel auf Holz. ●	26. Wie kann der Mensch **Höhlenbrütern**, z. B. Kohl- und Blaumeisen, helfen? A: durch Aufhängen von Nistkästen ●	27. Wohin bauen **Rauchschwalben** ihre Lehmnester? A: In Deckennähe an die Innenwände von Ställen und Scheunen ●●	28. Wohin bauen **Amseln** ihre Nester? A: in Astgabeln von Bäumen und Sträuchern ●
29. Inwiefern ist der Kuckuck ein **Brutparasit**? A: Er legt seine Eier in fremde Nester, lässt sie ausbrüten und die Jungen auch aufziehen. ●	30. Wovon wird der **Eidotter** der Vogeleier in der Schwebe gehalten? A: von den Hagelschnüren ●	31. Wie viele Tage dauert die Entwicklung eines **Hühnerkükens**? A: 21 Tage ●	32. Wozu dient der **Eizahn** auf dem Oberschnabel schlüpfender Vögel? A: zum Aufklopfen der Eischale ●●
33. Welche Jungvögel bezeichnet man als **Nesthocker**? A: Jungvögel, die gefüttert werden, bis sie sich allein versorgen können ●	34. Wie nennt man das **Aufreißen der Schnäbel** von Nestlingen, sobald die Eltern mit Futter nahen? A: sperren ●	35. Wie nennt man Jungvögel, die nach dem Schlüpfen **sofort selbstständig** sind? A: Nestflüchter ●	36. Was haben Vögel **anstelle von Zähnen** am Schnabel? A: eine scharfe Hornleiste ●●
37. Wo im Bereich der Speiseröhre wird harte Nahrung **aufgeweicht**, bevor sie in den Magen gelangt? A: im Kropf ●	38. Woraus besteht das **Gewölle** der Eulen und Greifvögel? A: aus Knochen, Haaren und Federn der Beutetiere ●	39. Was geschieht in dem auf den Drüsenmagen folgenden **Muskelmagen** (u. U. mit Hilfe von Magensteinchen)? A: Harte Nahrung wird zerquetscht/zerrieben. ●●	40. Warum benötigen Vögel **keine Harnblase**? A: weil sie keinen flüssigen Harn ausscheiden, sondern feste, weiße Harnsäure ●●
41. Warum sind **Hecken** im Bereich ausgedehnter Felder für Vögel wichtig? A: als Lebensraum, der Schutz und Nahrung bietet ●	42. Wie unterscheiden sich die **Schnabelformen** von Körner- und Insektenfressern? A: bei Körnerfressern eher kurz und breit, bei Insektenfressern eher schmal und spitz ●●	43. Aus welchen Gründen soll man **verwilderte Haustauben** nicht füttern? A: Ihr Kot verunreinigt Gebäude und Plätze und enthält Krankheitserreger. ●	44. Zu welcher Vogelgruppe gehören die als **Heimtiere** beliebten Wellensittiche? A: zu den Papageien ●

Rätsel Biologie
Kommentierte Kopiervorlagen für S I und S II – Bestell-Nr. 12 845
KOHL VERLAG

Aus der Vogelwelt

12

Beschreibung und Hinweise zu Nr. 12

Klassenstufe: 5. – 8.
Schwierigkeitsgrad: ★★
Zeitbedarf: 1 Schulstunde

Das Spiel besteht aus **44 Frage-/Antwortkarten**, die die Schüler vor Spielbeginn ausschneiden (genügend Scheren bereithalten) oder der Lehrer zum mehrmaligen Gebrauch vorbereitet (hierfür mit Karton unterlegen, mit Folie überziehen, pro Spiel eine andere Papier- oder Kartonfarbe verwenden). Man benötigt **fünf bis sechs Spiele pro Klasse**, gespielt wird in **Gruppen zu vier bis fünf Schülern**. Karten mit schwierigeren Fragen weisen zwei Punkte auf, die anderen nur einen Punkt; dies kommt im Spiel einem Zufallsfaktor gleich.

Das Kartenspiel ist zur abschließenden Wiederholung einer Unterrichtseinheit über Vögel gedacht, es repräsentiert stichpunktartig die in den Schulbüchern der Klassen 5/6 behandelten Aspekte der Vogelkunde. Die Fragen beziehen sich auf den **Körperbau** der Vögel, ihr **Verhalten** und ihre **Lebensweise**, ihre **Entwicklung** und **Ernährung**, ihren **Stoffwechsel**. Einige Fragen sind sehr leicht zu beantworten, andere erfordern spezielle Kenntnisse, sodass nicht in allen Fällen mit einer reibungslosen Beantwortung zu rechnen ist, sondern ein informativer Effekt hinzukommt. Zwecks besserer Überschaubarkeit und leichterem Textverständnis ist das **Schlüsselwort jeder Frage fett** gedruckt.

Als durchaus anspruchsvolles Spiel kann das Kartenspiel die **fachbezogene Kommunikation** der Schüler untereinander deutlich fördern, es kann aber auch als **Vorbereitung auf einen schriftlichen Leistungsnachweis** genutzt werden; in diesem Fall benötigt jeder Schüler der Klasse beide Kopiervorlagen, sodass zu Hause geübt werden kann.

Spielregeln

Die Karten werden gemischt und verdeckt in die Mitte jeder Spielgruppe gelegt. Der erste Spieler liest dem zweiten die Frage der obersten Karten vor; beantwortet dieser sie richtig (d. h. sinngemäß so, wie auf der betreffenden Karte vorformuliert), bekommt er die Karte und nimmt nun die nächste Karte von der Mitte, um die dortige Frage dem dritten Mitspieler zu stellen usw. Beantwortet ein Spieler die Frage nicht oder falsch, so wird sie dem nächsten Spieler gestellt, der die Karte bei richtiger Antwort behält und nun seinerseits zum Fragesteller wird. Gibt keiner in der Spielgruppe die richtige Antwort, liest der ursprüngliche Fragesteller sie vor, legt die Karte dann beiseite und holt die nächste Karte mit der neuen Frage von der Mitte. Das Spiel kann jederzeit nach einer vollen Spielrunde enden. Gewinner ist, wer zum Schluss die meisten Punkte (nicht Karten) hat.

Rätsel Biologie
Kommentierte Kopiervorlagen für S I und S II – Bestell-Nr. 12 845

13 Unsere Süßwasserfische

Ein Netzwerk

Hier erfährst du einiges über bekannte einheimische Süßwasserfische. Wenn du die Fäden des Netzwerks jeweils von den Steckbriefen (links) bis zu den zugehörigen Namen (rechts) nachverfolgst und die dabei aufgefädelten Buchstaben der Reihe nach hier einträgst, erhältst du als **Lösungswort** den Namen eines beliebten, ursprünglich aus China stammenden Zierfischs. Er ist ein Teichbewohner und wird auch in Aquarien gehalten.

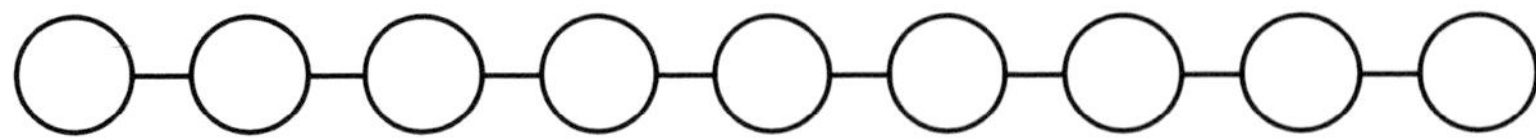

1. größter einheimischer Süßwasserfisch, schuppenlos, lange Barteln, **Raubfisch**
2. **Raubfisch** mit entenschnabelförmiger Schnauze
3. tritt meist in kleinen Trupps auf, hat mehrere senkrechte, schwarze Streifen, **Raubfisch**
4. liebt kühles, sauerstoffreiches Fließwasser nahe der Quellregion
5. liebt stehende Gewässer, Stammform des Kois
6. **Kleinfisch**, einige Flossenstrahlen als Stacheln, Männchen baut Nest für Eier und Junge
7. **Kleinfisch**, Junge parasitieren in Muscheln
8. **Wanderfisch**, zieht zum Laichen vom Meer in das Quellgebiet des Geburtsbachs
9. **Wanderfisch**, schlangenförmig, zieht zum Laichen in den Westatlantik

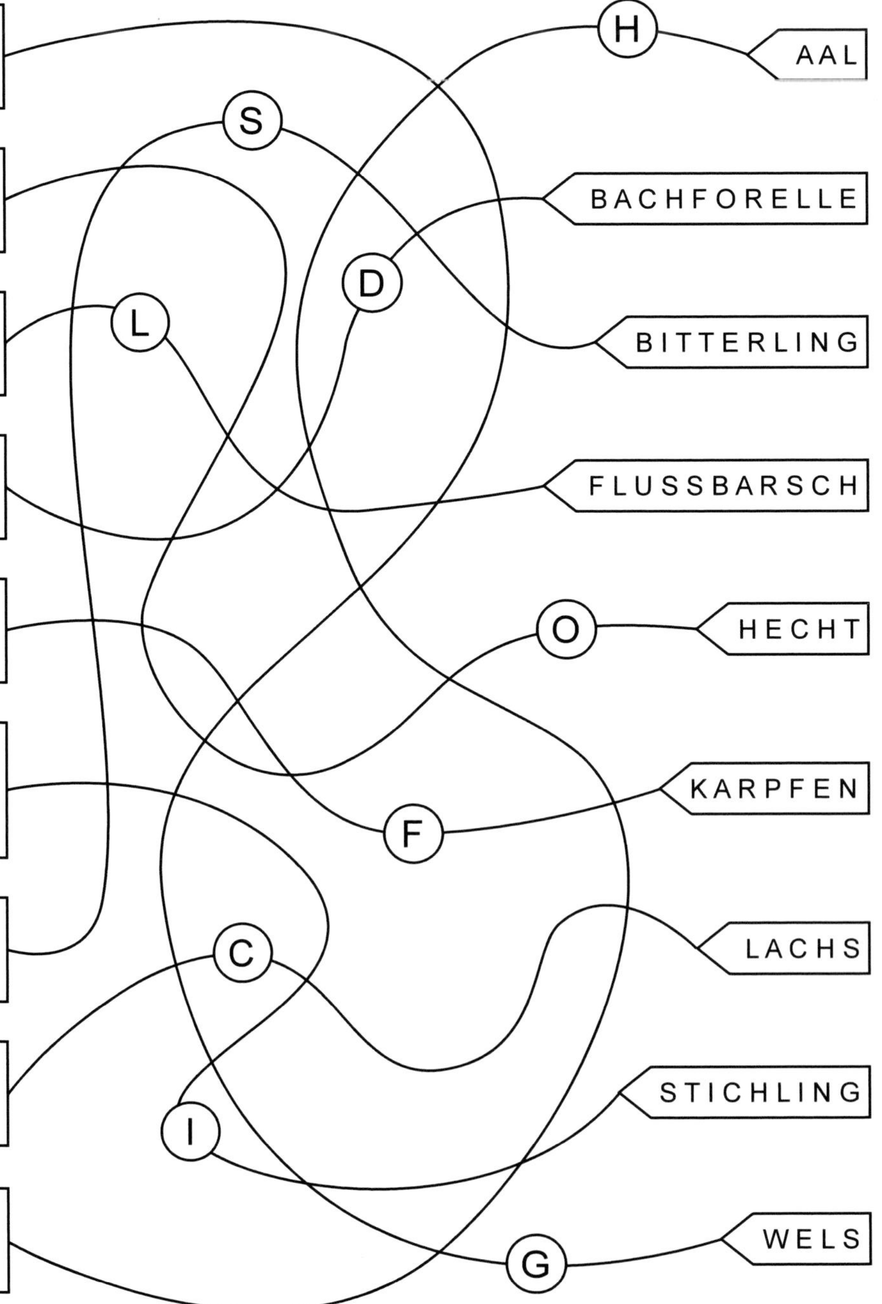

Rätsel Biologie
Kommentierte Kopiervorlagen für S I und S II – Bestell-Nr. 12 845
KOHL VERLAG

Unsere Süßwasserfische

Lösung und Hinweise zu Nr. 13

1. größter einheimischer Süßwasserfisch, schuppenlos, lange Barteln, **Raubfisch** ---------- (G) ---------- WELS
2. **Raubfisch** mit entenschnabelförmiger Schnauze ---------- (O) ---------- HECHT
3. tritt meist in kleinen Trupps auf, hat mehrere senkrechte, schwarze Streifen, **Raubfisch** ---------- (L) ---------- FLUSSBARSCH
4. liebt kühles, sauerstoffreiches Fließwasser nahe der Quellregion ---------- D ---------- BACHFORELLE
5. liebt stehende Gewässer, Stammform des Kois ---------- F ---------- KARPFEN
6. **Kleinfisch**, einige Flossenstrahlen als Stacheln, Männchen baut Nest für Eier und Junge ---------- I ---------- STICHLING
7. **Kleinfisch**, Junge parasitieren in Muscheln ---------- S ---------- BITTERLING
8. **Wanderfisch**, zieht zum Laichen vom Meer in das Quellgebiet des Geburtsbachs ---------- C ---------- LACHS
9. **Wanderfisch**, schlangenförmig, zieht zum Laichen in den Westatlantik ---------- H ---------- AAL

Klassenstufe: 5. – 7.
Schwierigkeitsgrad: ★
Zeitbedarf: 10 Minuten

Schulbücher der Klassen 5/6 zeigen und beschreiben in der Regel mehrere Beispiele einheimischer Süßwasserfische. Das kleine Rätsel – eigentlich kein Rätsel, sondern ein rätselhaftes Arbeitsblatt – bietet ergänzend neun gängige Beispiele; entsprechendes Bildmaterial sollte nach Möglichkeit vorhanden sein. Es werden nur **besonders auffällige Charakteristika** genannt, sodass die Schüler sich diese gut merken können. Zusätzlich kann man empfehlen, die Steckbriefe und zugehörigen Namen samt Verbindungslinien **farbig zu kennzeichnen**, z. B. Nr. 1 bis Nr. 3 (Raubfische) rot, Nr. 4 und Nr. 5 blau, Nr. 6 und Nr. 7 (Kleinfische) braun, Nr. 8 und Nr. 9 (Wanderfische) grün. Abschließend kann man mit einigen Fragen zum Inhalt überprüfen, ob die Schüler die Steckbriefe auch gründlich gelesen oder nur schnellstmöglich das Lösungswort ermittelt haben.

Der Goldfisch (Lösungswort) ist eine **durch Züchtung entstandene Varietät** des zu den Karpfenfischen und zwar den Karauschen gehörenden Giebels. Ab dem 10. Jahrhundert n. Chr. wurden in China Goldfische gezüchtet, im 17. Jahrhundert kam der Goldfisch nach Portugal. Nach gelungener Zucht 1728 in Holland kam es zur Verbreitung in Europa. Es gibt zahlreiche Zuchtformen des Zierfischs, z. B. den Schleierschwanz; monströse Zuchtformen fallen in Deutschland unter das Qualzuchtverbot. Goldfische können 30 bis 40 cm groß werden und ein Alter von 30 Jahren erreichen.

Rätsel Biologie
Kommentierte Kopiervorlagen für S I und S II – Bestell-Nr. 12 845

SCHÜLERSEITE

14 Der „SEE"-Stern

Ein Rätselstern zum Einordnen von Meerestieren

24 mit „See" beginnende Tiernamen sollen in den „SEE"-Stern eingeordnet werden und zwar (der Reihe nach): **5 Robben** (Nr. 1 – 5), **7 Fische** (Nr. 6 – 12), **4 Stachelhäuter** (Nr. 13 – 16), **6 Hohltiere** (Nr. 17 – 22) und **2 Krebse** (Nr. 23 + 24). Viele dieser Tiere wirst du kennen, aber sicher nicht alle. Die schon eingetragenen Buchstaben erleichtern dir das schnelle Auffinden der jeweils richtigen Stelle.

Wichtig: Alle Namen werden, da sie mit „SEE" beginnen, von innen nach außen in den Rätselstern eingetragen: Umlaute werden als zwei Buchstaben geschrieben. Die **markierten Buchstaben** ergeben als **Lösung** die eigentliche Überschrift des Rätsels.

Und dies sind die 24 Tiernamen (alphabetisch sortiert): SEE-anemone, -bär, -blase, -elefant, -feder, -gurke, -hase, -hund, -igel, -katze, -leopard, -lilie, -löwe, -moos, -nadel, -nelke, -pferdchen, -pocke, -rose, -spinne, -stern, -teufel, -wolf, -zunge.

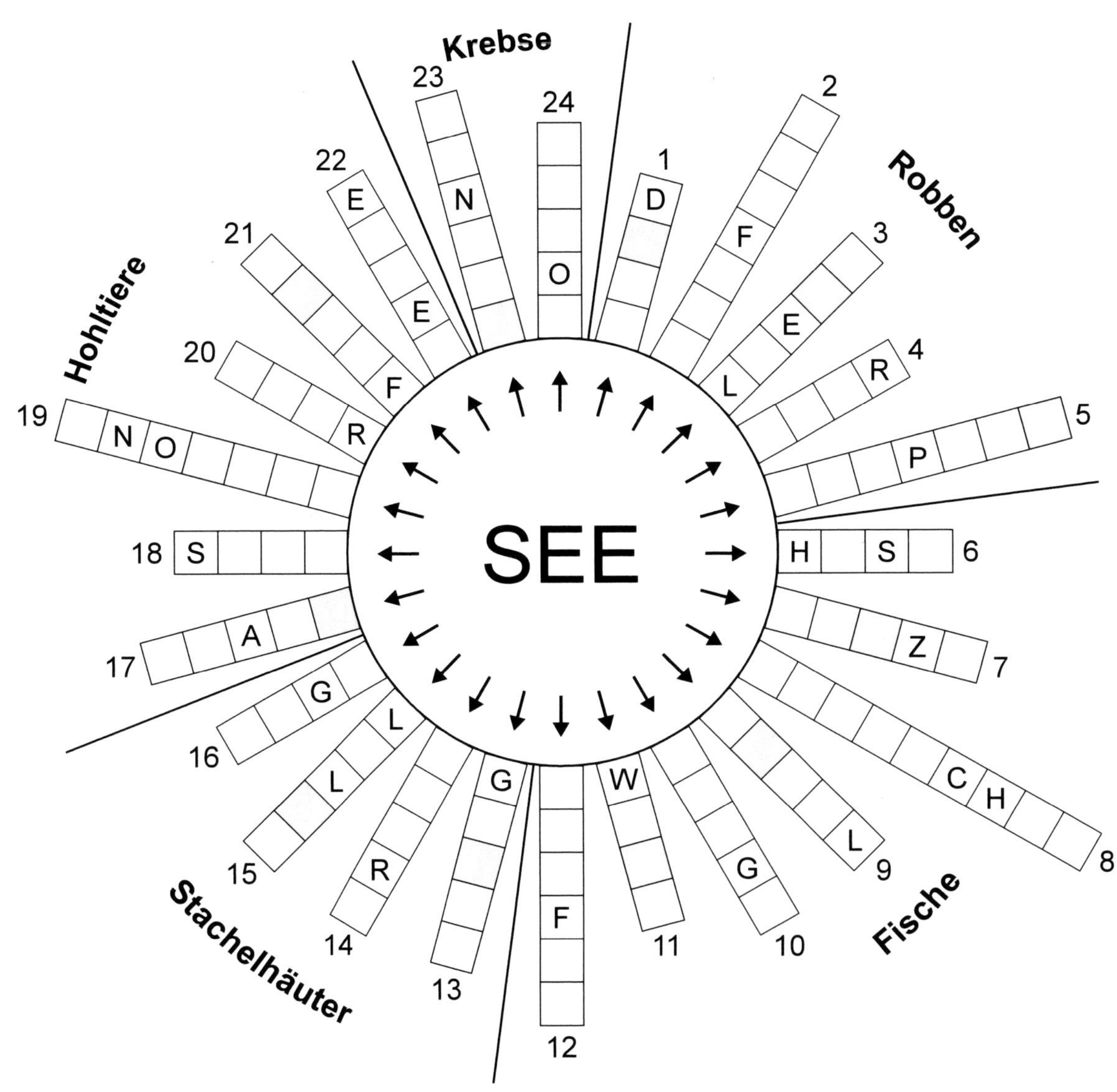

Lösung:

___ ___   ___ ___ ___ ___ ___ ___   ___ ___ ___ ___ ___ ___ ___   ___ ___ ___ ___ ___

15 19   3 9 23 23 21 13   11 21 17 21 1 5 21   7 15 21 13 21

Rätsel Biologie
Kommentierte Kopiervorlagen für S I und S II – Bestell-Nr. 12 845
KOHL VERLAG

Der „SEE“-Stern

14

LEHRERSEITE

Lösung und Hinweise zu Nr. 14

5 Robben:	1. -hund, 2. -elefant, 3. -loewe, 4. -baer, 5. -leopard,
7 Fische:	5. -hase, 7. -katze, 8. -pferdchen, 9. -nadel, 10. -zunge, 11. -wolf, 12. -teufel,
4 Stachelhäuter:	13. -gurke, 14. -stern, 15. -lilie, 16. -igel,
6 Hohltiere:	17. -blase, 18. -moos, 19. -anemone, 20. -rose, 21. -feder, 22. -nelke,
2 Krebse:	23. -spinne, 24. -pocke

Lösung (Überschrift): IM WASSER LEBENDE TIERE

Einige auf der Rätselseite eingetragene Buchstaben garantieren in allen Fällen die richtige Zuordnung der Beispiele zu den fünf genannten Tiergruppen. Der ausgefüllte Rätselstern zeigt die für die Lösung markierten Buchstaben (von jeder zweiten Antwort einer).

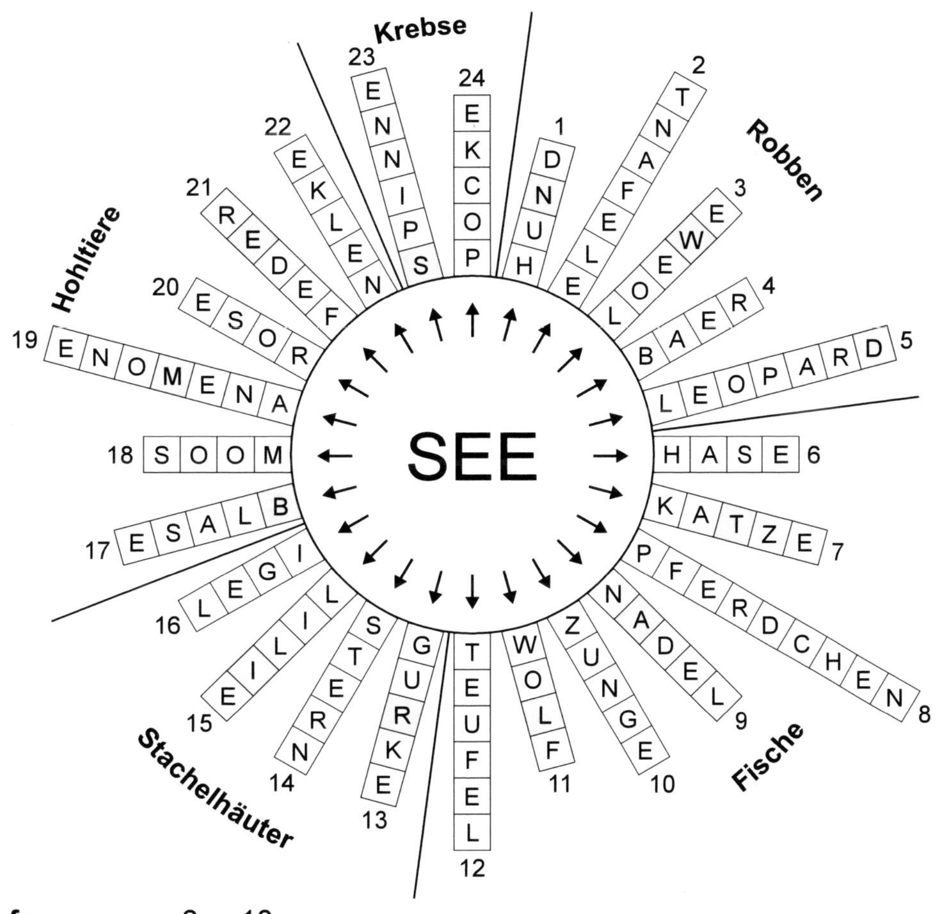

Klassenstufe: 6. – 10.
Schwierigkeitsgrad: ★
Zeitbedarf: 15 Minuten

Am besten lässt sich der „SEE“-Stern im Rahmen einer **projektartig** angelegten Unterrichtsreihe über **das Meer als Lebensraum** nutzen – das kann eine Projektwoche kurz vor den Sommerferien ebenso sein wie der in manchen Bundesländern für einige Fächer und Jahrgangsstufen übliche sog. Wahlpflichtunterricht (WPU); auch zur Vorbereitung oder Nachbereitung eines **Zoobesuchs** eignet sich das Rätsel.

Der Lehrer kann unterschiedliche Akzente setzen, ein näheres Eingehen auf die Besonderheiten der **Stachelhäuter** und der **Hohltiere** erscheint **empfehlenswert**. Die Biologiesammlung wird einiges an Anschauungsmaterial zu diesen beiden Tierstämmen besitzen: Seesterne, Seeigel, einige Korallen.

Rätsel Biologie
Kommentierte Kopiervorlagen für S I und S II – Bestell-Nr. 12 845

SCHÜLERSEITE

15 Insekten

Zwölf kleine Bilderrätsel

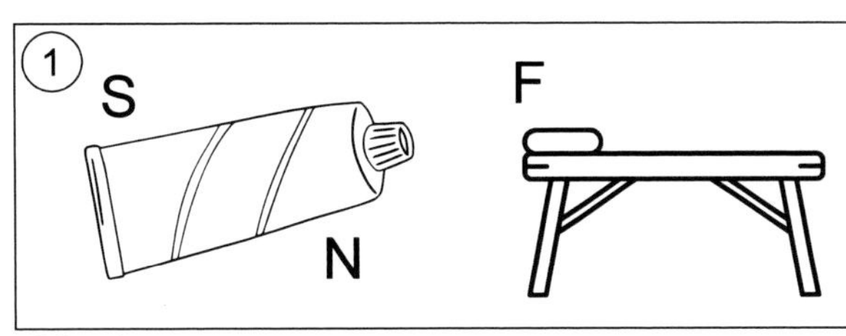

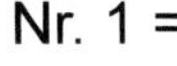

Nr. 1 =

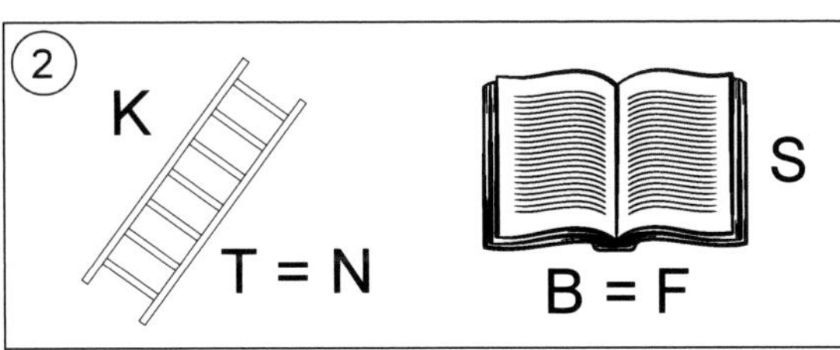

Nr. 2 =

Nr. 3 =

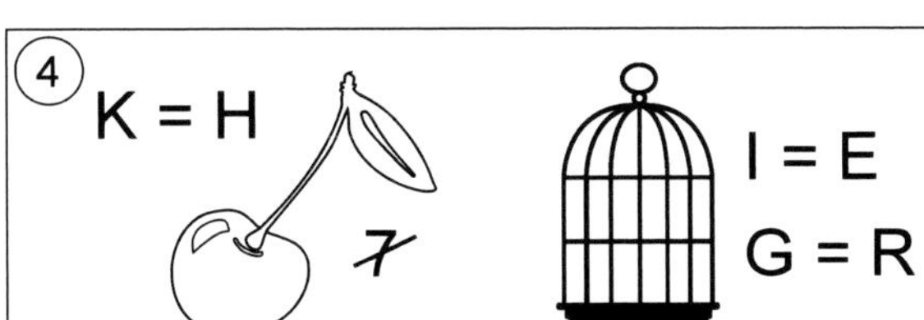
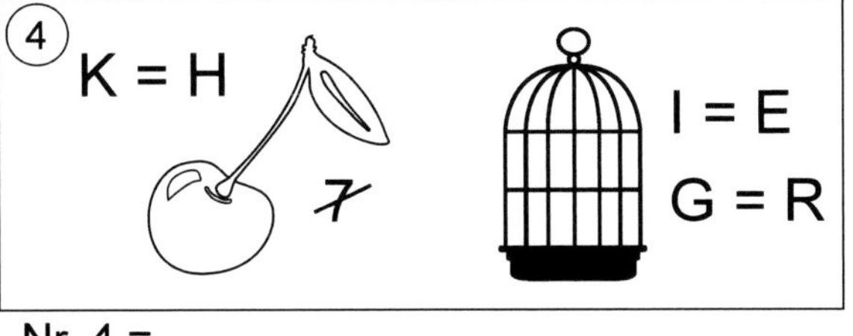

Nr. 4 =

Nr. 5 =

Nr. 6 =

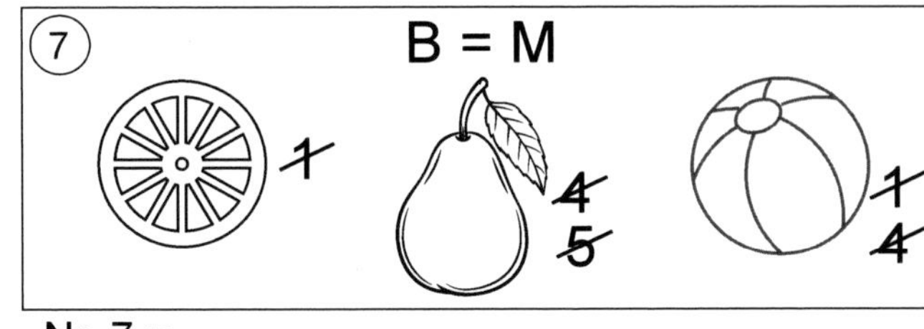

Nr. 7 =

Nr. 8 =

Nr. 9 =

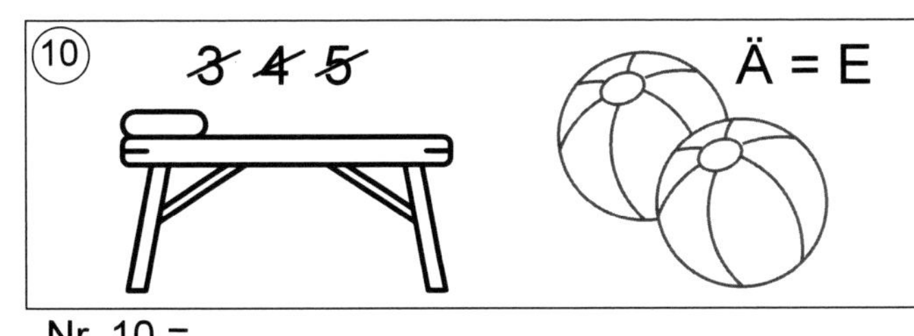

Nr. 10 =

Nr. 11 =

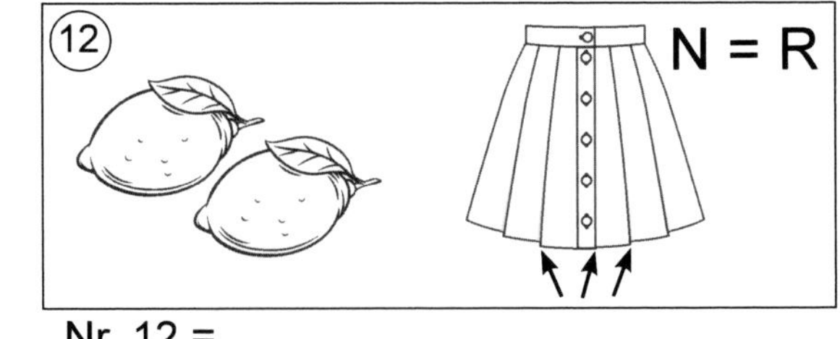

Nr. 12 =

Fragen: 1. Bei welchen Beispielen handelt es sich um Schmetterlingsnamen?
2. Welche Beispiele benennen staatenbildende Insekten?

Rätsel Biologie
Kommentierte Kopiervorlagen für S I und S II – Bestell-Nr. 12 845
KOHL VERLAG

Insekten

15

LEHRERSEITE

Lösung und Hinweise zu Nr. 15

		Beantwortung der Fragen:
1. S TUBE N F LIEGE	= Stubenfliege	
2. K LEI~~T~~ER ~~B~~UCH S N F	= Kleiner Fuchs	Schmetterling
3. ~~S~~OHL~~E~~ WEI~~N~~ S ~~R~~ING K S L	= Kohlweißling	Schmetterling
4. ~~K~~IRSCH~~E~~ KÄF~~IG~~ H ER	= Hirschkäfer	
5. ~~M~~ON~~O~~ IG~~EL~~ BI~~R~~NE H E	= Honigbiene	staatenbildend
6. PFA~~NN~~EN A~~N~~GE~~L~~ U U	= Pfauenauge	Schmetterling
7. ~~R~~AD ~~B~~IR~~NE~~ ~~B~~AL~~L~~ M	= Admiral	Schmetterling
8. WALD A~~R~~M EIS E	= Waldameise	staatenbildend
9. SCH LUP~~E~~ WES~~T~~E F P	= Schlupfwespe	
10. LI~~EBE~~ B~~Ä~~LLE E	= Libelle	
11. ~~H~~ERD H~~A~~MME~~R~~ U L	= Erdhummel	staatenbildend
12. ZITRONEN FALTE~~N~~ R	= Zitronenfalter	Schmetterling

Klassenstufe: 6. – 7.
Schwierigkeitsgrad: ★
Zeitbedarf: 10 Minuten

Für das Rätsel sind **mehrere Einsatzmöglichkeiten** denkbar: Als Einstieg in eine Unterrichtseinheit über Insekten verwendet, liefert es sogleich einen kleinen Ausschnitt dieser artenreichsten Tierklasse. Im weiteren Verlauf der Unterrichtsreihe kann es eine willkommene Abwechslung zum sonst üblichen Unterrichtsablauf sein; selbst als Hausaufgabe erfreut es sich einiger Beliebtheit. Da keine Fachkenntnisse zum Lösen des Rätsels erforderlich sind, eignet es sich auch zu Vertretungsstunden in fremden Klassen; hier lässt es sich auf unterschiedlichstem Niveau und anknüpfend an jedes Beispiel zu einer vollen Stunde ausbauen.

Möglicherweise werden jedoch nicht alle Schüler wissen, wie man Bilderrätsel löst; deshalb wird das **Lösungsprinzip erklärt**, eventuell an einem der Beispiele: Die abgebildeten Motive müssen benannt und unter Berücksichtigung der Buchstabenänderungen, -streichungen und -ergänzungen zu neuen Begriffen mit anderen Bedeutungsinhalten zusammengefügt werden. Dies erfordert genaues Hinschauen und ein gewisses Maß an Abstraktions- und Kombinationsvermögen.

Rätsel Biologie
Kommentierte Kopiervorlagen für S I und S II – Bestell-Nr. 12 845

16 Auf sechs Beinen unterwegs

Ein Kartenspiel zum Selbermachen

Das Spiel besteht aus 44 Frage-/Antwortkarten, gespielt wird in Gruppen zu viert oder fünft. Anhand des Spiels könnt ihr erkennen, ob ihr fit in Insektenkunde seid. Sobald ihr die Karten ausgeschnitten habt und die Spielregeln besprochen sind, kann das Spiel beginnen. Wer zum Schluss die meisten Punkte gesammelt hat, ist Gewinner.

F: Welche Insektenordnung ist die **artenreichste**? A: die Ordnung der Käfer ●	F: Welche **staatenbildenden** Insekten kennst du? A: Bienen, Hummeln, Wespen, Ameisen, Termiten (drei dieser Beispiele nennen) ●	F: Was ist ein **Facettenauge**? A: ein aus vielen Einzelaugen zusammengesetztes Auge ●	F: Wo liegen die **Geruchssinnesorgane** der Insekten? A: in den Fühlern (Antennen) ●
F: In welche **Abschnitte** ist der Insektenkörper gegliedert? A: in Kopf, Brust und Hinterleib ●	F: Wie viele **Beine** haben Insekten? A: sechs Beine ●	F: **Wo** am Insektenkörper setzen die **Beine** an? A: an der Brust (an den drei miteinander verwachsenen Brustringen) ●●	F: Welche dieser Tiere sind **keine Insekten**: Läuse, Flöhe, Wanzen, Zecken? A: Zecken ●●
F: Zu was sind die **Vorderflügel der Käfer** umgebildet? A: zu harten Deckflügeln ●	F: Wie viele schwarze Punkte hat der bei uns weit verbreitete rote **Marienkäfer** auf seinen Deckflügeln? A: sieben Punkte ●	F: Welche dieser Käfer sind **Pflanzenfresser**: Maikäfer, Marienkäfer, Borkenkäfer? A: Maikäfer und Borkenkäfer ●	F: Wie viele **Flügel** haben a) Schmetterlinge, b) Fliegen und Mücken? A: a) vier, b) zwei Flügel ●
F: Welche **Skelettart** weisen Insekten (und alle anderen Gliederfüßer) auf? A: ein Außenskelett ●	F: Wie heißt das verzweigte System von **Chitinröhren**, das der Atmung der Insekten dient? A: Tracheen ●	F: Was sind **Stigmen** und wo befinden sie sich? A: Atemöffnungen, seitlich am Hinterleib ●	F: Welche beiden Merkmale sind typisch für das **Kreislaufsystem** der Insekten? A: Röhrenherzen und offener Blutkreislauf ●●
F: Wie wird das **Nervensystem** der Insekten wegen seiner Form genannt? A: Strickleiternervensystem ●	F: Welche **Entwicklungsstadien** kommen bei der vollständigen Verwandlung vor? A: Ei, Larve, Puppe, fertiges Tier (Imago) ●	F: Warum **häuten** sich Larven mehrmals? A: um wachsen zu können (weil das erhärtete Außenskelett nicht mitwachsen kann) ●●	F: Welches **Entwicklungsstadium fehlt** bei der unvollständigen Verwandlung (z. B. bei Libellen und Heuschrecken)? A: das Puppenstadium ●

KOHL VERLAG Rätsel Biologie Kommentierte Kopiervorlagen für S I und S II – Bestell-Nr. 12 845

Auf sechs Beinen unterwegs

16

SCHÜLERSEITE 2

Ein Kartenspiel zum Selbermachen

✂

F: Wie heißen die **Larven** a) der Schmetterlinge b) Bienen und Fliegen? A: a) Raupen, b) Maden ●●	F: Was sind **Engerlinge**? A: die Larven der Maikäfer (und vieler anderer Käfer) ●	F: Was befähigt viele **Schmetterlinge** zur Nahrungsaufnahme aus **tiefen Blüten**? A: lange, zusammengerollte Saugrüssel ●	F: Was sind **insektenblütige** Pflanzen? A: Pflanzen, deren Blüten von Insekten bestäubt werden ●
F: Was bedeutet der Fachausdruck **blütenstet**? A: dass Insekten über eine gewisse Zeit nur eine Pflanzenart zur Nahrungssuche anfliegen ●●	F: Warum sieht man Pfauenauge und Kleinen Fuchs schon **zeitig im Frühjahr**? A: weil die fertigen Tiere überwintern (z. B. Dachböden) ●●	F: Welches einzige Insekt außer der Seidenraupe nutzen wir als **Haustier**? A: die Honigbiene ●	F: Was ist eine **Weiselzelle**? A: die Zelle der Bienenwabe, in der die Larve der Königin heranwächst ●
F: Wozu führen die Arbeiterinnen eines Bienenstaats einen **Schwänzeltanz** aus? A: um den Standort einer Futterquelle anzugeben ●	F: Welche Folge hat es für **Bienen**, wenn sie uns stechen? A: Sie verlieren beim Stechen (beim Herausziehen) den Stachel und sterben. ●	F: Wie wehren sich **Hummeln**? A: durch Beißen, die Weibchen zusätzlich durch Stechen ●●	F: Welche Art von **Mundwerkzeugen** haben z. B. Käfer, Heuschrecken, Libellen? A: beißend-kauende ●●
F: Warum legen Ameisenvölker (anders als Bienenvölker) keinen **Wintervorrat** an? A: weil Ameisen in Winterstarre verfallen und dann keine Nahrung benötigen ●●	F: Welchen Vorteil hat die schwarz-gelbe Querstreifung für **Schwebfliegen**? A: mögliche Fressfeinde meiden sie wegen ihrer Ähnlichkeit mit Wespen ●●	F: Welcher **Ernteschädling** mit schwarz-gelber Längsstreifung wurde Ende des 19. Jh. aus Nordamerika eingeschleppt? A: der Kartoffelkäfer ●●	F: Warum sind **Kornkäfer** und **Mehlkäfer** gefürchtet? A: Es sind Getreide- bzw. Vorratsschädlinge. ●
F: Warum sind viele Arten der **Wanderheuschrecken** gefürchtet? A: Die riesigen Schwärme der gefräßigen Tiere vernichten ganze Ernten. ●	F: Durch welche Insekten wird die **Malaria** übertragen? A: durch Moskitos (Stechmücken) ●	F: Welcher Kleinschmetterling frisst u. U. **Löcher** in lang ungestört aufbewahrte Kleidung? A: die Kleidermotte ●	F: Wovon ernähren sich die **Schmeißfliegen**? A: von Aas und Kot ●●
F: Was sind **Bremsen** und wovon ernähren sie sich? A: Fliegen, die Weibchen von Säugetierblut, die Männchen von Nektar ●●	F: Worauf weisen **Küchenschaben** hin? A: auf Unsauberkeit ●	F: Welches Insekt lockt zur Paarungszeit durch **Lichtsignale**? A. der Leuchtkäfer (das Glühwürmchen) ●	F: Wo in Wohnungen leben mitunter **Silberfischchen**? A: in dunklen, feuchten Ecken (z. B. von Vorratsräumen, Badezimmern) ●●

Rätsel Biologie
Kommentierte Kopiervorlagen für S I und S II – Bestell-Nr. 12 845

16 Auf sechs Beinen unterwegs

Beschreibung und Hinweise zu Nr. 16

Klassenstufe: 6. – 10.
Schwierigkeitsgrad: ★★
Zeitbedarf: 1 Schulstunde

Das Spiel besteht aus **44 Frage-/Antwortkarten**, die die Schüler vor Spielbeginn ausschneiden (genügend Scheren bereithalten) oder der Lehrer zum mehrmaligen Gebrauch vorbereitet (hierfür mit Karton unterlegen, mit Folie überziehen, pro Spiel eine andere Papier- oder Kartonfarbe verwenden). Man benötigt **fünf bis sechs Spiele pro Klasse**, gespielt wird in **Gruppen zu vier bis fünf Schülern**. Karten mit schwierigeren Fragen weisen zwei Punkte auf, die anderen nur einen Punkt; dies kommt im Spiel einem Zufallsfaktor gleich.

Punktuell und **themenabschließend** führt das Spiel das zuvor im Unterricht Erarbeitete nochmals vor Augen. Die jeweiligen **Schlüsselwörter** der Fragen sind **fett** gedruckt, was ein deutliche(re)s Vorlesen begünstigt; einige Spielkarten enthalten (in Klammern) kurze Erläuterungen oder Ergänzungen. Gut kann man das Kartenspiel auch in ein **Unterrichtsprojekt über Natur- und Artenschutz** integrieren.

Inhaltlich geht es im Kartenspiel

1) um den **Körperbau** der Insekten (a), ihre **Entwicklungsstadien** (b), etwas **Systematik** (c):
   z. B.: (a) In welche Abschnitte ist der Insektenkörper gegliedert?
   Was ist ein Facettenauge?
   (b) Warum häuten sich Larven mehrmals?
   (c) Welche Insektenordnung ist die artenreichste?
   Welche dieser Tiere sind keine Insekten: Läuse, Flöhe, Wanzen, Zecken?
2) um zahlreiche **Beispiele** in unterschiedlichem Kontext, beispielsweise: **Staatenbildung** (a), **Ernährungsweise** (b), **Schädling bzw. Nützling** (c), **Überwintern** (d):
   z. B.: (a) Welche staatenbildenden Insekten kennst du?
   (b) Was befähigt viele Schmetterlinge zur Nahrungsaufnahme aus tiefen Blüten?
   Wovon ernähren sich Schmeißfliegen?
   (c) Warum sind viele Arten der Wanderheuschrecken gefürchtet?
   (d) Warum sieht man Pfauenauge und Kleinen Fuchs schon zeitig im Frühjahr?

Spielregeln
Die Karten werden gemischt und verdeckt in die Mitte jeder Spielgruppe gelegt. Der erste Spieler liest dem Zweiten die Frage der obersten Karten vor; beantwortet dieser sie richtig (d. h. sinngemäß so, wie auf der betreffenden Karte vorformuliert), bekommt er die Karte und nimmt nun die nächste Karte von der Mitte, um die dortige Frage dem dritten Mitspieler zu stellen usw. Beantwortet ein Spieler die Frage nicht oder falsch, so wird sie dem nächsten Spieler gestellt, der die Karte bei richtiger Antwort behält und nun seinerseits zum Fragesteller wird. Gibt keiner in der Spielgruppe die richtige Antwort, liest der ursprüngliche Fragesteller sie vor, legt die Karte dann beiseite und holt die nächste Karte mit der neuen Frage von der Mitte. Das Spiel kann jederzeit nach einer vollen Spielrunde enden. Gewinner ist, wer zum Schluss die meisten Punkte (nicht Karten) hat.

Nicht ganz leicht

17

Ein Silbenrätsel zur Tierkunde

Trage mit Hilfe der angegebenen Silben die 45 gesuchten Begriffe, meist Tiernamen, ein. Streiche die benutzten Silben stets aus; zum Schluss darf keine Silbe übrig bleiben. Aneinandergereiht ergeben die ersten Buchstaben deiner Antworten (am Beispiel der Tierkunde) die **achtteilige Lösung des Rätsels**. Es handelt sich um das in der Biologie gebräuchliche **Einteilungssystem, das die Vielfalt der Lebewesen übersichtlich macht**.

---

al am amei amö as aus ba be bel ben bi bung cha chen

dech den der der droh ei eich ele en en en en er

fal fan fär fer feu fisch flie flüch fü fü

gan gar ge ge ge ge gel gel gel gen ger glie greif hor hörn

il in ins kä ke ko la lar le le len len li li li lin ling

ma mä mai man maul na nacht nat ne ne nen nest ni nis

ohr on or pen phi ral rau re re re rep rin

sa säu schmet se se sei sek seln sen send spin stech ßer ßer

tarn tau tau ten ten ten ten ter ter ter ter ter ti tie tie tin tinkt tis tros

un ur ve vo vö wurf wurm wurm

---

1. aus ihnen entwickeln sich Schmetterlinge ....
2. die größten, schwersten Landsäugetiere (bis 6 t), sind gefährdet wegen ihrer begehrten Stoßzähne ....
3. Tierklasse, die in allen Bereichen der Erde außer der Tiefsee Vertreter hat und sich durch enormen Formenreichtum auszeichnet ....
4. Reptil mit einzeln beweglichen Augen; es zeigt Stimmungsänderungen durch Farbwechsel an ....
5. unsere größte Wespe ....
6. sie haben 8 Beine und bis zu 8 Augen ....
7. trotz des Namens kein Fisch, sondern ein im Meer lebender Verwandter der Schnecken ....
8. Frosch, Kröte und Molch gehören zu dieser Wirbeltierklasse ....
9. schädliches, aber dennoch beliebtes Insekt (wird oft aus Schokolade nachgebildet) ....
10. kleines, schwarzes Säugetier mit samtartigem Fell ....

Rätsel Biologie
Kommentierte Kopiervorlagen für S I und S II – Bestell-Nr. 12 845

17 Nicht ganz leicht

Ein Silbenrätsel zur Tierkunde

11. kleine Tiere, die riesige Bauwerke im Meer errichten können ....
12. Jugendform eines Tiers, die deutlich anders aussieht, als das ausgewachsene Tier ....
13. es ist unmöglich, die Form dieses Tiers zu beschreiben ....
14. die Wirbeltierklasse, zu der auch der Mensch gehört ....
15. blutsaugendes Insekt, das in den Tropen Krankheiten übertragen kann ....
16. allseits beliebtes rotbraunes Nagetier mit buschigem Schwanz ....
17. trotz des Namens kein Wurm, sondern ein Insekt ....
18. er gräbt fleißig im Boden, den er nur nach starkem Regen verlässt, er ernährt sich von Pflanzenresten, z. B. von faulenden Blättern ....
19. männliche Biene ....
20. ihre Schneidezähne wachsen dauernd; Hamster und Meerschweinchen gehören dieser Tierordnung an ....
21. ausgestorbener Vogel, von dem es nur einige wenige Versteinerungen gibt ....
22. junge Vögel, die im Alter von wenigen Stunden das Nest verlassen ....
23. der Tierstamm, zu dem z. B. Insekten, Spinnen, Krebse und Tausendfüßer gehören ....
24. Amphib mit gelb-schwarzer Warnfärbung ....
25. Vogel mit der größten Flügelspannweite (3,2 m), Hochseesegler ....
26. so nennt man Fliegenlarven ....
27. kleines Raubtier, bei uns gar nicht so selten ....
28. räuberische Insekten, die oft im Uferbereich von Gewässern zu sehen sind ....
29. angeborener Verhaltensmechanismus ....
30. Maikäferlarve ....

KOHL VERLAG Rätsel Biologie
Kommentierte Kopiervorlagen für S I und S II – Bestell-Nr. 12 845

Nicht ganz leicht

17

SCHÜLERSEITE 3

Ein Silbenrätsel zur Tierkunde

31. Meereskrebs, dessen Fleisch als Krabbenfleisch verkauft wird ....
32. staatenbildende Insekten, von denen nur die Geschlechtstiere fliegen können ....
33. sie haben bis zu 240 Beinpaare ....
34. Tiere, die dieses Merkmal besitzen, kann man schlecht sehen ....
35. kleines Amphib mit intensiv gemusterter Bauchseite ....
36. tagsüber ruhen sie, nachts fliegen sie ....
37. Adler, Falken, Bussarde gehören zu diesen Vögeln ....
38. Meeresmuschel, die als Delikatesse gilt und roh (lebend) gegessen wird; sie kann gefährliche Krankheitserreger enthalten ....
39. eine Klasse von Wirbeltieren mit schuppiger Haut; zu ihr gehörten auch die Saurier ....
40. sie sind in Großstädten oft eine Plage; sie können die Papageienkrankheit übertragen ....
41. die häufigste einheimische Schlange ....
42. kleine Krebse, viele Arten leben an feuchten Stellen auf dem Land ....
43. Ferntastsinnesorgan von Fischen ....
44. Insekten mit saugenden Mundwerkzeugen und vier großen, oft bunt gemusterten Flügeln ....
45. kleines flinkes Reptil ....

Die Lösungswörter lauten:

1. ____________ (1 – 5)
2. ____________ (6 – 10)
3. ____________ (11 – 16)
4. ____________ (17 – 23)
5. ____________ (24 – 30)
6. ____________ (31 – 37)
7. ____________ (38 – 40)
8. ____________ (41 – 45)

KOHL VERLAG Rätsel Biologie Kommentierte Kopiervorlagen für S I und S II – Bestell-Nr. 12 845

L E H R E R S E I T E

17 Nicht ganz leicht

Lösung und Hinweise zu Nr. 17

1. **R**aupen, 2. **E**lefanten, 3. **I**nsekten, 4. **C**hamäleon, 5. **H**ornisse, 6. **S**pinnen, 7. **T**intenfisch, 8. **A**mphibien, 9. **M**aikäfer, 10. **M**aulwurf, 11. **K**orallen, 12. **L**arve, 13. **A**möbe, 14. **S**äugetiere, 15. **S**techfliege, 16. **E**ichhörnchen, 17. **O**hrwurm, 18. **R**egenwurm, 19. **D**rohne, 20. **N**agetiere, 21. **U**rvogel. 22. **N**estflüchter, 23. **G**liederfüßer, 24. **F**euersalamander, 25. **A**lbatros, 26. **M**aden, 27. **I**ltis, 28. **L**ibellen, 29. **I**nstinkt, 30. **E**ngerling, 31. **G**arnele, 32. **A**meisen, 33. **T**ausendfüßer, 34. **T**arnfärbung, 35. **U**nke, 36. **N**achtfalter, 37. **G**reifvögel, 38. **A**uster, 39. **R**eptilien, 40. **T**auben, 41. **R**ingelnatter, 42. **A**sseln, 43. **S**eitenlinienorgan, 44. **S**chmetterlinge, 45. **E**idechse

Lösungswörter: 1. REICH, 2. STAMM, 3. KLASSE, 4. ORDNUNG, 5. FAMILIE, 6. GATTUNG, 7. ART, 8. RASSE

Klassenstufe: 7. – 10.
Schwierigkeitsgrad: ★★★
Zeitbedarf: 35 – 40 Minuten

Soll den Schülern gegen Ende der Besprechung der Tierkunde ein **Überblick über die Vielfalt tierischer Lebewesen** vermittelt werden, so kann das mit Hilfe dieses Silbenrätsels geschehen. Die Fragen ziehen sich quer durch die Stämme des Tierreichs, wobei die **Fragen zu den Wirbellosen deutlich in der Mehrzahl** sind.

Die Umschreibungen der gesuchten Tiere finden auf unterschiedlichen Ebenen statt: Zur Charakterisierung werden **morphologische Merkmale** und **systematische Gesichtspunkte** ebenso herangezogen wie z. B. typische **Lebens-, Ernährungs- und Verhaltensweisen**; verschiedene **Entwicklungsstadien**, auch die **Schädlichkeit mancher Lebewesen** werden angesprochen. Wegen des Umfangs des Rätsels und seines komplexen Inhalts lässt man es am besten zu Hause lösen.

In Ergänzung zum Rätsel kann man anschließend **die Vertreter der einen oder anderen „Tiergruppe" heraussuchen** und deren Gemeinsamkeiten zusammenstellen lassen.
Man kann das Rätsel aber auch dazu nutzen, um **exemplarisch** an einigen der im Rätsel vorkommenden Tiere **das Einteilungssystem der Lebewesen** (siehe Lösung) darzustellen, für „den Maikäfer" etwa so:

- An *ARTEN* unterscheidet man z. B. den *WALDMAIKÄFER* und den *FELDMAIKÄFER*,
- beide Arten gehören zur *GATTUNG MAIKÄFER*,
- diese zählt (zusammen mit anderen Käfergattungen, z. B. den Rosenkäfern und den Mistkäfern) zur *FAMILIE* der *BLATTHORNKÄFER*,
- die Blatthornkäfer wiederum gehören (wie z. B. auch die Familien der Hirschkäfer, Marienkäfer, Rüsselkäfer und Laufkäfer) zur *ORDNUNG* der *KÄFER*,
- Käfer, Schmetterlinge, ... zählen zur *KLASSE* der *INSEKTEN*,
- Insekten, Spinnentiere, Krebse, Tausendfüßer bilden zusammen den *STAMM* der *GLIEDERFÜSSER*,
- letztere bilden zusammen mit anderen Tierstämmen, z. B. den Wirbeltieren, den Weichtieren, den Hohltieren, ... das *TIERREICH*

Anmerkung: Auf „Feinheiten" geht man nur ein, wenn von den Schülern Tiere zum Einordnen vorgeschlagen werden, bei denen dies notwendig ist, z. B. wenn sie HundeRASSEN wie Pudel, Spitz, ... nennen, die zusammen die UNTERART HAUSHUND bilden. (Auch Kategorien wie Überfamilie, Unterordnung lässt man am besten weg.)

Rätsel Biologie
Kommentierte Kopiervorlagen für S I und S II – Bestell-Nr. 12 845

Bewegungssystem und Atmung

18

Ein Silbenrätsel

Mithilfe der Silben kannst du die gesuchten Begriffe leicht finden. Streiche die verwendeten Silben aus – es darf keine Silbe übrig bleiben. Die bezifferten Buchstaben deiner Antworten ergeben, hintereinander gelesen, das **Lösungswort**; es hat mit der Atmung zu tun.

achil at band be bein bein bel ben beu bi bläs bron brust
che chen chen chen chi cker de di en er fell ge ge gel gen ger
haut ka kau kel keln knie kno kno koh ku
le len lenk lenk les luft lun mark mung mus mus ne ne nen oxid
pfan re röh sau säu schei schei schei schien schlüs seh seh sel
spei stoff stoff stre ter wir zeps zwerch

1. der Muskel; der den Arm beugt .... 3 = ...
2. Muskel unterhalb der Lungen, wichtig für die Bauchatmung .... 2 = ...
3. die beiden Äste, in die sich die Luftröhre verzweigt .... 7 = ...
4. Atmungsart, bei der beim Einatmen die Rippen hochgezogen werden .... 4 = ...
5. scheibenförmiger Knochen am Bein .... 6 = ...
6. sie umgibt die Knochen, ist sehr schmerzempfindlich .... 5 = ...
7. Gelenkart, die das Bewegen in alle Richtungen ermöglicht .... 4 = ...
8. kleine Hohlräume in den Lungen, Durchmesser ca. 0,2 mm .... 3 = ...
9. sie stützt unseren Körper, besteht aus 34 Knochen .... 3 = ...
10. sie befinden sich zwischen den Knochen von Nr. 9, sind aus Knorpel, dämpfen Stöße .... 9 = ...
11. ein Unterarmknochen .... 2 = ...
12. Teil eines Gelenks .... 7 = ...
13. vorderer Unterschenkelknochen .... 5 = ...
14. die Umhüllung einer Sehne .... 4 = ...
15. Muskeln, die den Unterkiefer heben .... 4 = ...
16. Muskel, der einen Körperteil beugt (allgemeine Bezeichnung) .... 3 = ...
17. Knochen, der die Schulter nach hinten drückt .... 1 = ...
18. er entsteht, wenn ein Muskel zu stark arbeiten musste .... 4 = ...
19. Bestandteil der Luft, ist zum Atmen nötig .... 3 = ...
20. Sehne oberhalb der Ferse .... 5 = ...
21. es befindet sich in den Knochen, kann rot oder weiß sein .... 9 = ...
22. Gas, entsteht beim Stoffwechsel, wird ausgeatmet .... 8 = ...
23. ca. 10 cm langer Schlauch mit elastischen Knorpelringen und Flimmerhärchen .... 2 = ...
24. Gegenteil von Nr. 16 .... 3 = ...

Lösungswort: ______________________________

Rätsel Biologie
Kommentierte Kopiervorlagen für S I und S II – Bestell-Nr. 12 845
KOHL VERLAG

18 Bewegungssystem und Atmung

Lösung und Hinweise zu Nr. 18

1. Bizeps	3 = Z	15. Kaumuskeln	4 = M
2. Zwerchfell	2 = W	16. Beuger	3 = U
3. Bronchien	7 = I	17. Schlüsselbein	1 = S
4. Brustatmung	4 = S	18. Muskelkater	4 = K
5. Kniescheibe	6 = C	19. Sauerstoff	3 = U
6. Knochenhaut	5 = H	20. Achillessehne	5 = L
7. Kugelgelenk	4 = E	21. Knochenmark	9 = A
8. Lungenbläschen	3 = N	22. Kohlenstoffdioxid	8 = T
9. Wirbelsäule	3 = R	23. Luftröhre	2 = U
10. Bandscheiben	9 = I	24. Strecker	3 = R
11. Speiche	2 = P		
12. Gelenkpfanne	7 = P		
13. Schienbein	5 = E		
14. Sehnenscheide	4 = N		

Lösungswort:
ZWISCHENRIPPENMUSKULATUR

Klassenstufe: 5. – 6.
Schwierigkeitsgrad: ★★
Zeitbedarf: 20 Minuten

Beide Themen – Bewegungssystem und Atmung – müssen behandelt worden sein, bevor man das Rätsel bearbeiten lässt, die Fragen zum Bewegungssystem sind deutlich in der Mehrzahl. Gründliche Kenntnisse hierzu sind zum Lösen erforderlich, einige Kenntnisse zur Atmung ebenfalls. Das **Lösungswort** verknüpft beide Themenkreise, leider zeigen längst nicht alle Schulbücher hinreichend detailgenaue Abbildungen zur Funktion der Zwischenrippenmuskulatur; ein Modell dazu vorzuführen, wäre hilfreich.

Man kann das Rätsel im Zuge einer Wiederholung als Abwechslung zum sonst üblichen Abfragen in die Unterrichtsstunde integrieren oder als Hausaufgabe lösen lassen; als alleinige Vorbereitung auf einen schriftlichen Test ist es betreffs Atmung vielleicht nicht ausreichend. Wichtig: Falls die Schüler bei Frage 1 „Beuger“ statt „Bizeps“ eintragen, stört das beim Lösungswort; spätestens beim Beantworten der Frage 16 werden sie diesen Fehler bemerken und beheben.

Da Schüler der Klassen 5/6 **möglicherweise noch nie ein Silbenrätsel gelöst** haben, werden vorab einige Tipps gegeben.

1. Zuerst sollten die Schüler die Silben aufmerksam durchlesen; dadurch können sie bereits einige mögliche Antworten erkennen (z. B. achil, oxid, schien, schlüs, zwerch).
2. Die verwendeten Silben müssen konsequent ausgestrichen werden (siehe Schülerseite) und zwar mit Bleistift, um etwaige Fehler problemlos korrigieren zu können.
3. Mithilfe der bis zum Schluss nicht durchgestrichenen Silben können sie dann versuchen, die noch offenen Fragen zu beantworten.

Rätsel Biologie
Kommentierte Kopiervorlagen für S I und S II – Bestell-Nr. 12 845

Blutkreislauf und Stoffwechsel

19

Ein Silbenrätsel

Beantworte die Fragen mithilfe der folgenden Silben. Streiche die verwendeten Silben aus; es darf keine Silbe übrig bleiben. Die bezifferten Buchstaben deiner Antworten benennen, der Reihe nach gelesen, als **Lösungswort** ein Organ, das mit dem Stoffwechsel zu tun hat (Ü = UE).

---

ar bal bla blut blut chel chen darm dra dünn en er fä fe
gal ge ge gen grund haar herz hy kel koh kör last len len lym
ma mahl mi mus ne ne nie nung per phe re ren ri rin röh
sau satz schmelz se se spei spei stoff stof ße
ta te te um vi zahn zäh

---

1. sie speichert den für die Fettverdauung wichtigen Verdauungssaft der Leber .... 7 = ...
2. lebenswichtige Stoffe, die wir in kleinen Mengen mit der Nahrung aufnehmen müssen .... 4 = ...
3. Muskel, der nie ruhen darf .... 6 = ...
4. äußere, besonders harte Zahnschicht .... 6 = ...
5. Nährstoffgruppe, zu der Stärke und Zucker gehören .... 3 = ...
6. sie drückt die Nahrung schubweise in den Magen .... 1 = ...
7. kleine feste, rote oder weiße Teilchen im Blut .... 8 = ...
8. hier beginnt die Verdauung der Eiweiße .... 4 = ...
9. Fähigkeit des Bluts, bei einer Verletzung größere Blutverluste zu verhindern .... 8 = ...
10. Flüssigkeit, die die Nahrung zu verdauen, beginnt und gleitfähig macht .... 5 = ...
11. gelbliche, etwas klebrige Flüssigkeit, kann aus oberflächlichen Wunden austreten .... 5 = ...
12. kleine Adern, Gesamtlänge bei Erwachsenen über 1000 km .... 6 = ...
13. Fachwort für die hinteren Backenzähne .... 4 = ...
14. Teil des Darms, von dem aus die verdauten Nährstoffe ins Blut gelangen .... 1 = ...
15. Energiemenge, die der Körper auch bei völliger Ruhe benötigt .... 2 = ...
16. lebenswichtiger Bestandteil der Luft .... 3 = ...
17. Adern, in denen das Blut vom Herzen wegfließt .... 4 = ...
18. Nahrungsbestandteile, nicht nahrhaft, aber wichtig für die Darmtätigkeit .... 6 = ...
19. sie reinigen das Blut und münden in den Harnleiter .... 3 = ...

Lösungswort: ______________________

Rätsel Biologie
Kommentierte Kopiervorlagen für S I und S II – Bestell-Nr. 12 845

19 Blutkreislauf und Stoffwechsel

Lösung und Hinweise zu Nr. 19

1. Gallenblase	7 = B	12. Haargefäße	6 = E
2. Vitamine	4 = A	13. Mahlzähne	4 = L
3. Herzmuskel	6 = U	14. Dünndarm	1 = D
4. Zahnschmelz	6 = C	15. Grundumsatz	2 = R
5. Kohlenhydrate	3 = H	16. Sauerstoff	3 = U
6. Speiseröhre	1 = S	17. Arterien	4 = E
7. Blutkörperchen	8 = P	18. Ballaststoffe	6 = S
8. Magen	4 = E	19. Nieren	3 = E
9. Blutgerinnung	8 = I		
10. Speichel	5 = C	**Lösungswort:**	
11. Lymphe	5 = H	BAUCHSPEICHELDRUESE	

Klassenstufe: 5. – 6.
Schwierigkeitsgrad: ★★
Zeitbedarf: 15 Minuten

Die Fragen beziehen sich auf die Themenbereiche Stoffwechsel / Ernährung sowie Kreislauf / Blut, wobei diejenigen zu Stoffwechsel und Ernährung in der Mehrzahl sind. Mit seinem stichpunktartigen Querschnitt durch zwei größere Unterrichtseinheiten bietet das Rätsel die Möglichkeit, eine umfassendere Wiederholung anzustoßen, für die sich die Schüler auch längere Zeit zurückliegenden Unterrichtsstoff wieder ins Gedächtnis zurückrufen müssen. Man kann aber auch auf das Lösungswort etwas näher eingehen, zumal in den Schulbüchern für die Klassen 5/6 hierzu Informationen noch weitestgehend fehlen.

Zum Lösungswort (geeignet für Klasse 5/6):

1. Die Bauchspeicheldrüse liegt quer hinter dem Magen vor der Wirbelsäule und ist ein **Organ des Verdauungssystems**. Sie liefert (wie auch die Leber) einen Verdauungssaft in den Dünndarm, wo die restliche Verdauung des Nahrungsbreis stattfindet.
2. Mithilfe zweier gegenläufig wirkender Substanzen hält sie außerdem den **Zuckergehalt des Bluts konstant**. (Bei gesunden Erwachsenen beträgt er zwischen 0,6 und 1,1 g/L, im Blut sind also ca. 6 g Traubenzucker enthalten.) Dafür gibt es in der Bauchspeicheldrüse **zwei Sorten von Zellen** (Inselzellen): Die B-Zellen produzieren einen den Blutzuckergehalt senkenden Wirkstoff, das Hormon **Insulin**, die A-Zellen einen den Blutzuckerspiegel erhöhenden, das Hormon **Glukagon**.
3. Nach einer Mahlzeit, besonders einer stärke- und zuckerreichen, steigt der Traubenzuckergehalt im Blut stark und muss wieder auf das richtige Maß gesenkt werden. Dazu wird Insulin benötigt. Umgekehrt kosten körperliche Betätigungen, z. B. Sport, und geistige Anstrengungen viel Energie, sodass der Zuckerspiegel im Blut zu stark sinkt. Dann wird Glukagon benötigt, um gespeicherten Zucker wieder verfügbar zu machen. (Auf die kurzfristige Speicherung des Traubenzuckers als Glykogen in der Leber oder gar als Fett und die erneute Freisetzung bei Bedarf kann man in Klasse 5/6 nicht eingehen, da viel zu komplex.)

Rätsel Biologie
Kommentierte Kopiervorlagen für S I und S II – Bestell-Nr. 12 845
KOHL VERLAG

Der Bau des Auges

Zwölf kleine Bilderrätsel

(1)
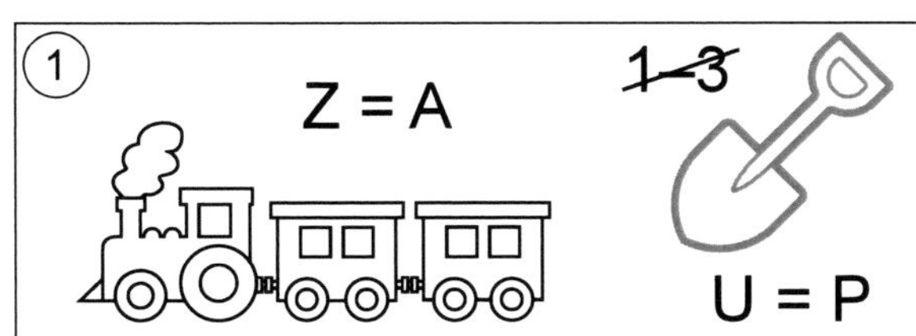

Nr. 1 =

(7)

Nr. 7 =

(2)

Nr. 2 =

(8)
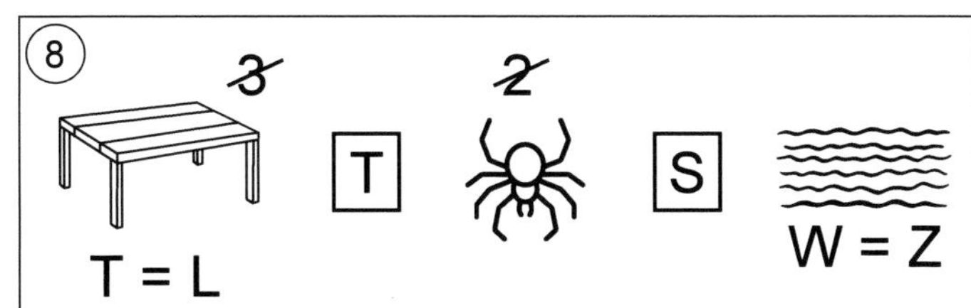

Nr. 8 =

(3)
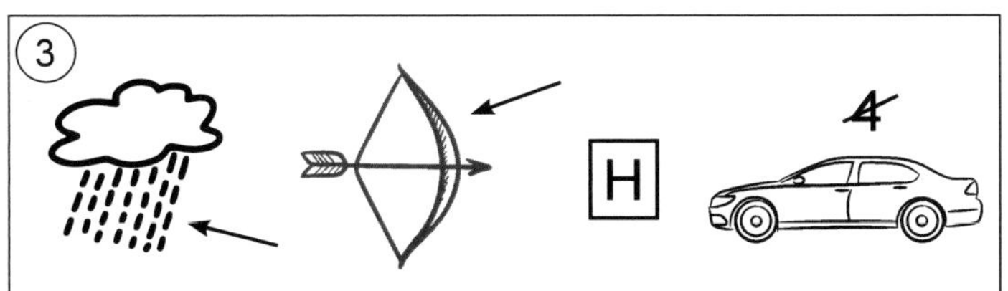

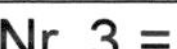

Nr. 3 =

(9)

Nr. 9 =

(4)
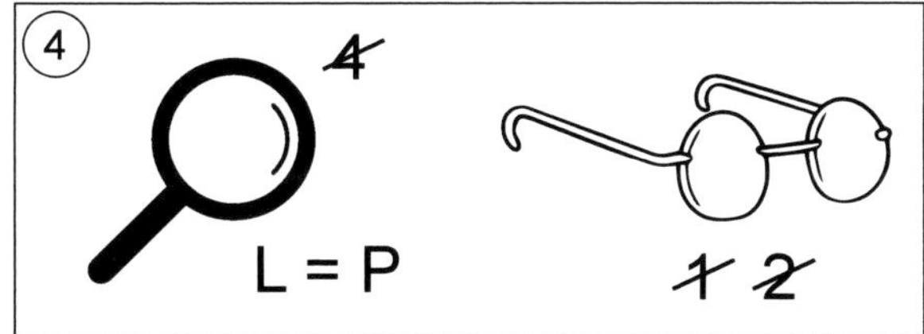

Nr. 4 =

(10)
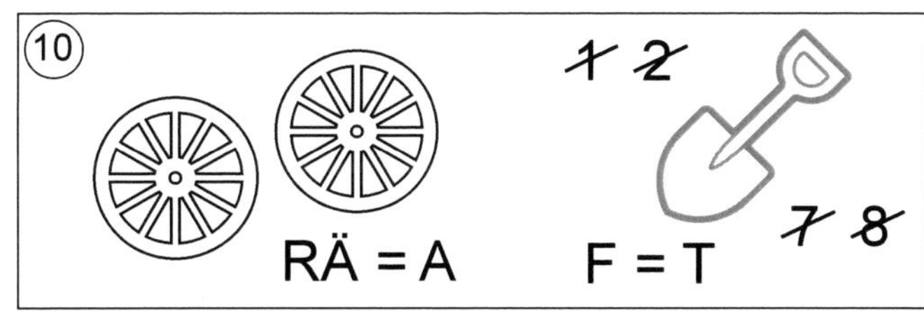

Nr. 10 =

(5)

Nr. 5 =

(11)

Nr. 11 =

(6)
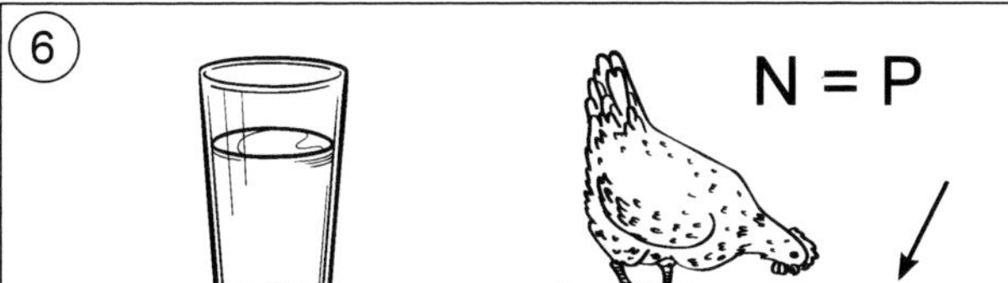

Nr. 6 =

(12)
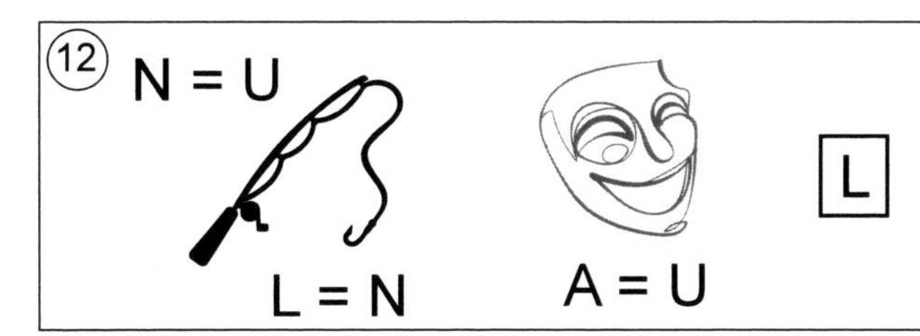

Nr. 12 =

Rätsel Biologie
Kommentierte Kopiervorlagen für S I und S II – Bestell-Nr. 12 845
KOHL VERLAG

20 Der Bau des Auges

Lösung und Hinweise zu Nr. 20

1. ~~Z~~UG ~~SCH~~A~~U~~FEL A P	= Augapfel
2. HORN HAU~~S~~ T	= Hornhaut
3. REGEN BOGEN H AUT~~O~~	= Regenbogenhaut
4. ~~L~~UP~~E~~ ~~BR~~ILLE P	= Pupille
5. ~~Z~~A~~N~~GEN LIN^E~~AL~~ U S	= Augenlinse
6. GLAS KÖR~~N~~ER P	= Glaskörper
7. NETZ H^UT A	= Netzhaut
8. ~~T~~I~~S~~CH T S~~P~~INNE S ~~W~~ELLEN L Z	= Lichtsinneszellen
9. S~~A~~HNE RV E	= Sehnerv
10. ~~RÄ~~DER ~~SC~~HAU~~FEL~~ A T	= Aderhaut
11. ~~F~~EDER ~~L~~AUT~~E~~ L H	= Lederhaut
12. A~~N~~GE~~L~~ M~~A~~SKE L U N U	= Augenmuskel

Klassenstufe: 5. – 6.
Schwierigkeitsgrad: ★
Zeitbedarf: 10 Minuten

Mit der Bilderrätsel-Sequenz kann man den Bau des Auges **auf spielerische Weise abschließen**. Das Lösen erfordert kein Fachwissen, jedoch Kombinationsgeschick beim Erkennen der in den kleinen Rätseln versteckten Fachbegriffe. Fachlich gefordert werden die Schüler nur, wenn sich **einige Zusatzfragen** anschließen (hier mit möglichen Schülerantworten):

- Welche der genannten Teile des Auges sind veränderlich und warum ist das wichtig?
  die Pupille (Nr. 4) – Öffnung variabel, schützt die Netzhaut vor zu viel Licht
  und die Augenlinse (Nr. 5) – Krümmung variabel, dient dem Scharfsehen
- Wo im Auge befinden sich die Lichtsinneszellen (Nr. 8) und welche Aufgaben haben sie?
  in der Netzhaut (Nr. 7) – Umwandlung der Sinnes- in Nervenreize
- Welche der genannten Teile des Auges bewirken die Lichtbrechung?
  die Hornhaut (Nr. 2), die Augenlinse (Nr. 5) und der Glaskörper (Nr. 6)

Rätsel Biologie
Kommentierte Kopiervorlagen für S I und S II – Bestell-Nr. 12 845
KOHL VERLAG

Alles im Blick

Ein Kammrätsel zum menschlichen Auge

Gelingt es dir, alle Fragen zu beantworten? Trage die Antworten waagrecht ein (Ä = AE, Ö = OE, Ü = UE) und lies dann senkrecht den **Lösungsbegriff** ab. Was versteht man darunter?

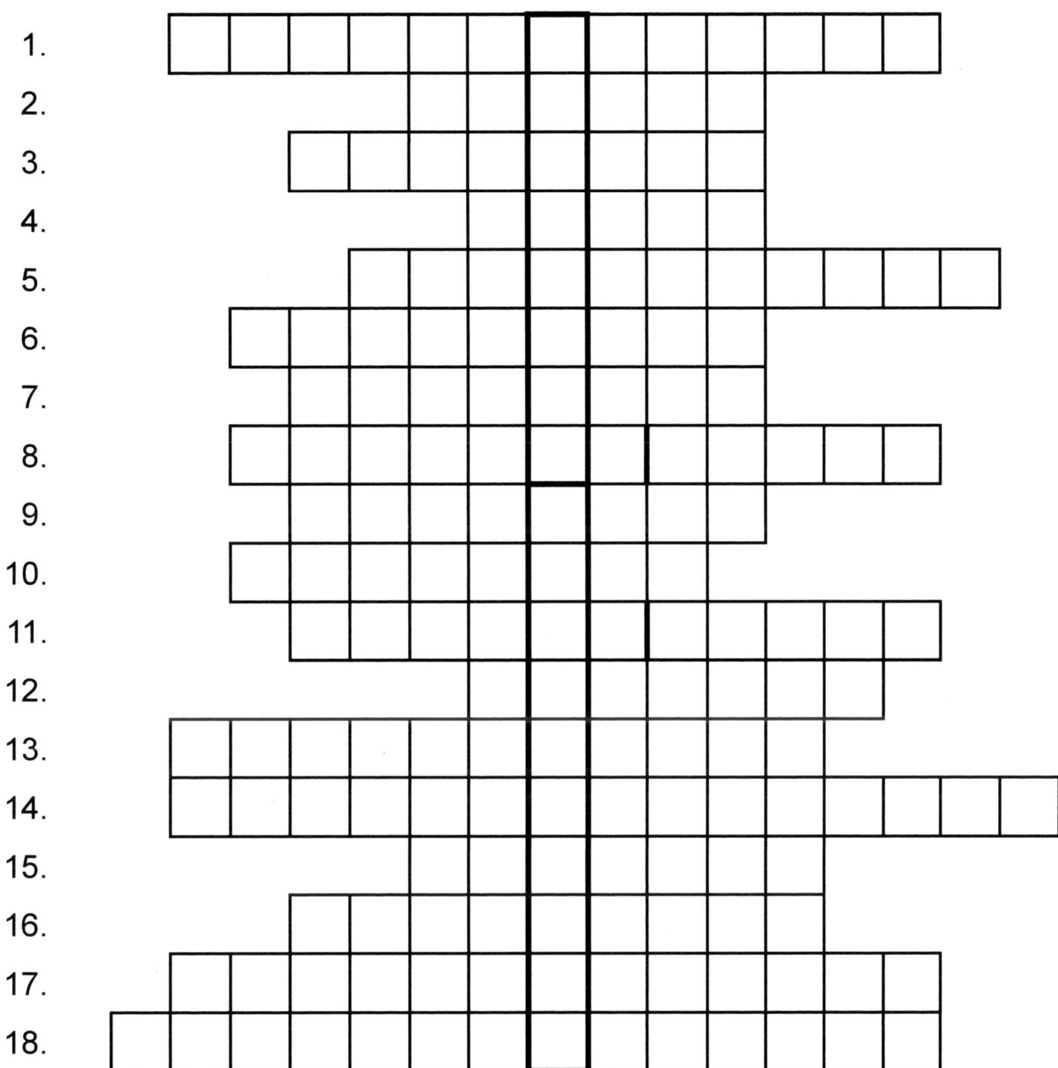

1. Anpassung von Nr. 4 an die jeweilige Gegenstandsweite
2. Sinneszellen für das Farbensehen
3. Einheit für die Brechkraft optischer Systeme, Maß für die Brillenstärke
4. lichtbrechender, veränderlicher Teil des Auges
5. das gallertige Augeninnere, ebenfalls lichtbrechend
6. Sinneszellen für das Hell-Dunkel-Sehen, empfindlicher als Nr. 2
7. innere Augenhaut, enthält Nr. 2 und Nr. 6
8. Stelle, an der Nr. 15 beginnt, enthält keine Lichtsinneszellen (2 Wörter)
9. Anpassung von Nr. 12 an die Helligkeit
10. durchsichtiger, vorderer Teil der Lederhaut, lichtbrechend
11. Stelle des schärfsten Sehens (2 Wörter)
12. veränderliche Öffnung für den Durchtritt des Lichts
13. Fähigkeit, zu der die drei Arten von Nr. 2 notwendig sind
14. Fehlsichtigkeit z. B. durch zu starke Linsenkrümmung oder zu langen Augapfel
15. Verbindung zwischen Auge und Gehirn, leitet die Sinnesreize weiter
16. lichtempfindliche Substanz von Nr. 6
17. Drüse, deren Produkt das Auge reinigt
18. verändert Nr. 12 je nach Lichteinfall, anderer Name für Iris

Rätsel Biologie
Kommentierte Kopiervorlagen für S I und S II – Bestell-Nr. 12 845

21 Alles im Blick

Lösung und Hinweise zu Nr. 21

1. Akkommodation, 2. Zapfen, 3. Dioptrie, 4. Linse, 5. Glaskoerper, 6. Staebchen, 7. Netzhaut, 8. Blinder Fleck, 9. Adaption, 10. Hornhaut, 11. Gelber Fleck, 12. Pupille, 13. Farbensehen, 14. Kurzsichtigkeit, 15. Sehnerv, 16. Sehpurpur, 17. Traenendruese, 18. Regenbogenhaut

Lösungsbegriff: OPTISCHE TAEUSCHUNG

Begriffserklärung: Eine optische Täuschung ist eine Sinnestäuschung. Die Wahrnehmung eines Objekts entspricht nicht den objektiven Gegebenheiten.

Klassenstufe: 7. – 10.
Schwierigkeitsgrad: ★★
Zeitbedarf: 15 Minuten

Es werden nur die **gängigsten Begriffe** erfragt. Man kann eine Unterrichtsreihe über unser Sehsinnesorgan mit dem Rätsel zwar abschließen, aber **auf Basis des Lösungsbegriffs** auch vermitteln, dass der **Sehvorgang in seiner Gesamtheit**, d. h. die Informationsverarbeitung eines optischen Reizes bis hin zur bewussten Wahrnehmung, ein **außerordentlich komplexer Vorgang** ist (den die Wissenschaft bisher noch keinesfalls befriedigend erklären kann). Anhand einiger leicht von den Schülern selbst zu zeichnenden **optischen Täuschungen** wird ihnen eindrucksvoll vorgeführt,

- dass man mitunter Dinge **anders** wahrnimmt, als sie „tatsächlich" sind (und dass es auch trotz Bemühens nicht gelingt, sie so zu sehen, wie sie objektiv sind);
- dass ein Bild **nicht immer einen eindeutigen Eindruck** vermittelt, sondern unterschiedlich wahrgenommen werden kann, wobei die Interpretationen hin- und herspringen.

Dazu lässt man sie im Anschluss an die Bearbeitung des Rätsels die folgenden vier optischen Täuschungen anfertigen. **Vorbereitung** für

Abb. 1: eine senkrechte Linie, z. B. 3 cm hoch;
Abb. 2: zwei senkrechte Linien je 3 cm hoch, Abstand 1 cm;
Abb. 3: drei senkrechte Linien je 3 cm hoch, Abstand je 1 cm;
Abb. 4: eine senkrechte Linie 2,5 cm (oder ebenfalls 3 cm) hoch.

Diese Geraden werden wie folgt **ergänzt**:

Abb. 1: unter die Linie kommt mittig eine Waagrechte von 3 cm;
Abb. 2: fünf Geraden, die sich in der Mitte zwischen den Linien in einem Punkt schneiden;
Abb. 3: eine schräge Schraffur die bei der mittleren Linie umgekehrt zur Richtung bei der 1. und 3. verläuft;
Abb. 4: die Linie wird zu einem „Y" ergänzt, wobei der obere Winkel zwischen 120° und 140° betragen soll.

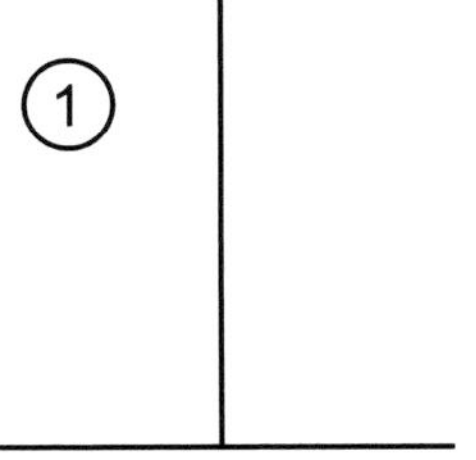

Längentäuschung

2

Verzerrungstäuschung

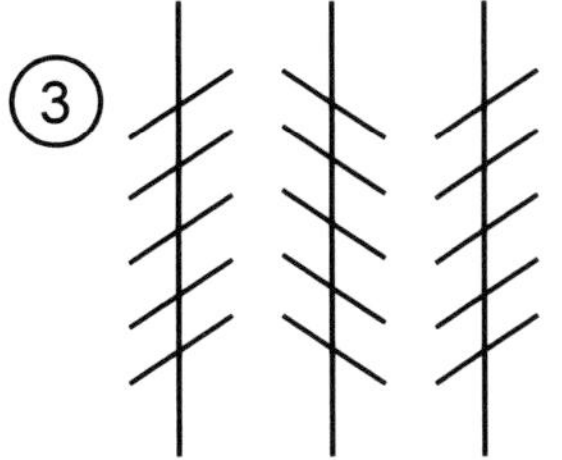

Richtungstäuschung

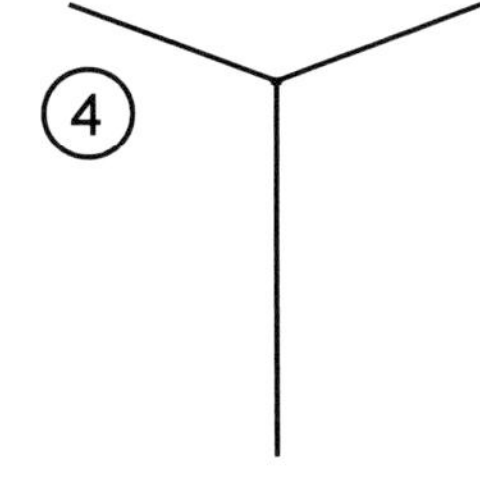

Umspringbild

Zu Abb. 1, 2, 3: Die Beispiele gehören zu den sog. Geometrischen Täuschungen.
Zu Abb. 4: Man sieht entweder eine Ecke, in die man hineinschaut oder eine Ecke, auf die man von außen blickt – aber nie beides gleichzeitig.

Der Bau des Ohrs

22

Zwölf kleine Bilderrätsel

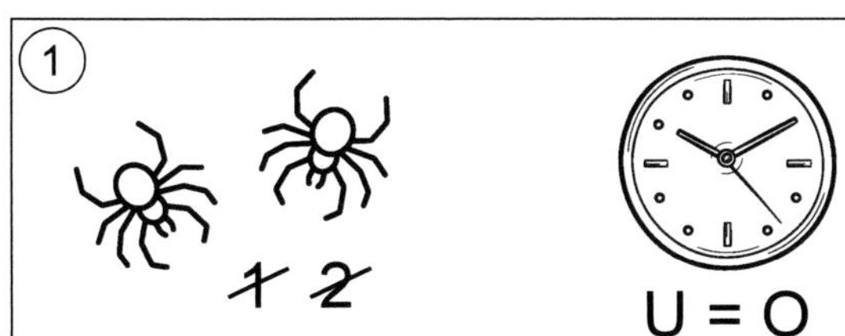

Nr. 1 = 

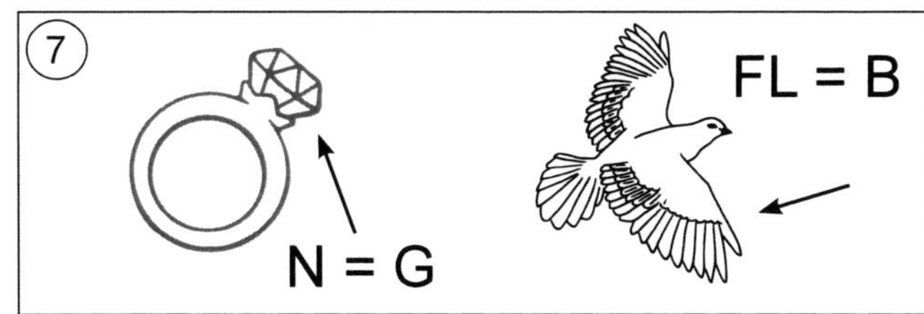

Nr. 7 = 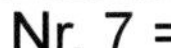

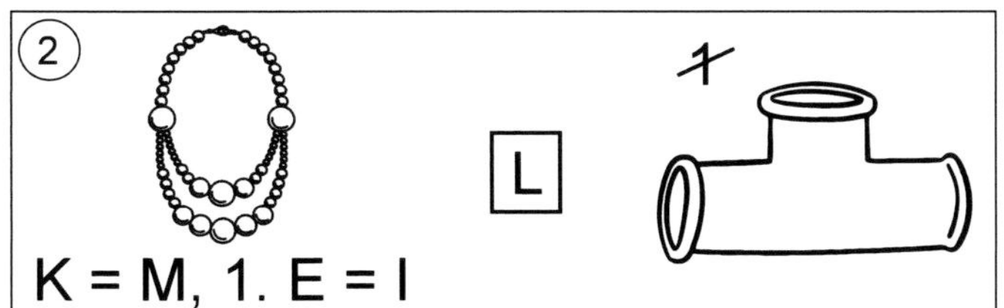

Nr. 2 = 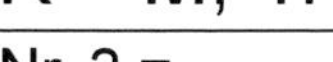

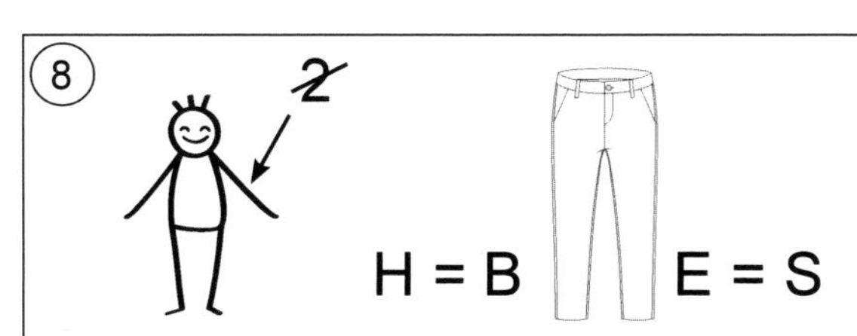

Nr. 8 = 

Nr. 3 = 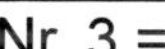

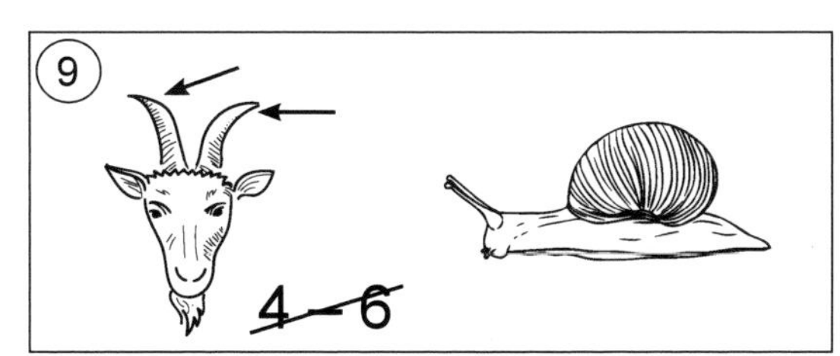

Nr. 9 =

Nr. 4 =

Nr. 10 = 

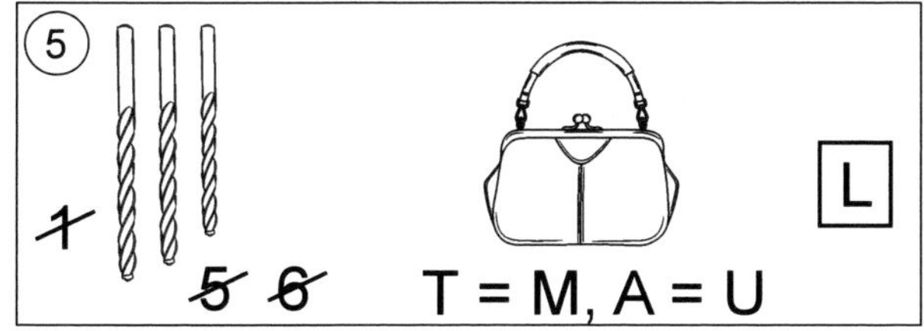

Nr. 5 =

Nr. 11 =

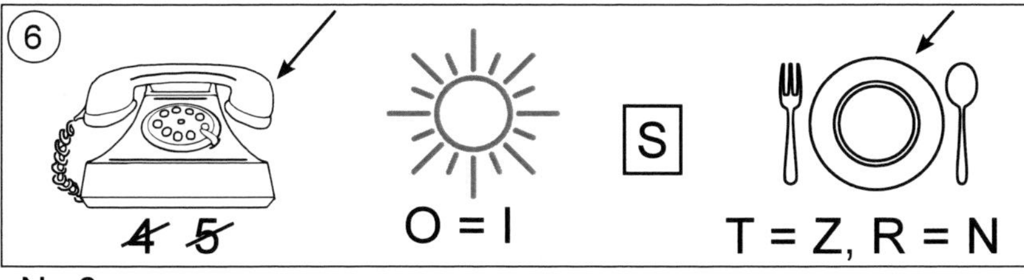

Nr. 6 =

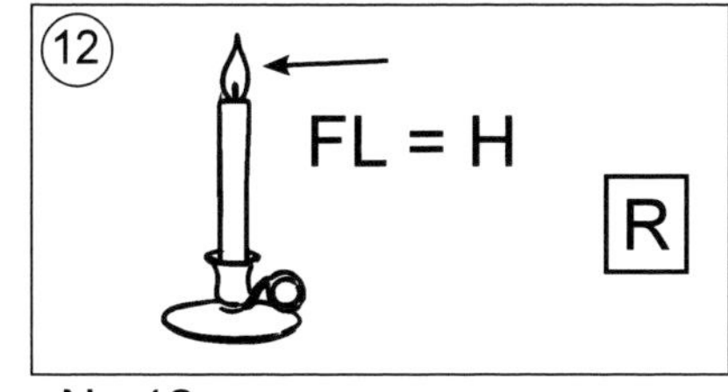

Nr. 12 =

Rätsel Biologie
Kommentierte Kopiervorlagen für S I und S II – Bestell-Nr. 12 845
KOHL VERLAG

LEHRERSEITE

22 Der Bau des Ohrs

Lösung und Hinweise zu Nr. 22

1. ~~SP~~INNEN ~~U~~HR O	= Innenohr
2. ~~KE~~TTE L ~~R~~OHR MI	= Mittelohr
3. T ~~B~~OMMEL ~~AP~~FEL L R	= Trommelfell
4. ~~K~~ÖRNER V H	= Hörnerv
5. ~~B~~OHR~~ER~~ ~~TA~~SCHE L MU	= Ohrmuschel
6. HÖR~~ER~~ S~~O~~NNE S ~~T~~ELLE~~R~~ I Z N	= Hörsinneszellen
7. STEI~~N~~ ~~FL~~ÜGEL G B	= Steigbügel
8. A~~R~~M ~~H~~OS~~E~~ B S	= Amboss
9. HÖR~~NER~~ SCHNECKE	= Hörschnecke
10. ~~I~~GE~~L~~ HÖR~~ER~~ ~~Z~~ANG~~E~~ G	= Gehörgang
11. PAUKEN ~~SO~~HLE HÖ	= Paukenhöhle
12. ~~FL~~AMME R H	= Hammer

Klassenstufe: 5. – 6.
Schwierigkeitsgrad: ★
Zeitbedarf: 10 Minuten

Mit den kleinen Bilderrätseln zur Anatomie unseres Hörorgans kann man das Thema „Hören“ auf legere Weise abschließen. Gängigen Biologiebüchern für die Klassen 5/6 folgend, sind **nur den Hörvorgang betreffende Strukturen** zu erraten, also nicht z. B. „Bogengänge“. Zum Entziffern der Bilderrätsel ist kein Fachwissen erforderlich; deshalb sollten **einige Fragen bzw. Aufgaben zu den gefundenen Begriffen** angeschlossen werden, beispielsweise:

- Welcher Ohrbereich gehört als dritter zu Nr. 1 und Nr. 2, kommt hier aber nicht vor?
  Zu „Innenohr“ (Nr. 1) und „Mittelohr“ (Nr. 2) gehört noch „Aussenohr“. Die Schüler können dafür eventuell ein Bilderrätsel anfertigen. Für den Wortanteil „O H R“ zeigt die Kopiervorlage drei Möglichkeiten (vgl. Nr. 1, 2 und 5), für „A U S S E N“ kämen z. B. in Frage: „~~H~~AUS ~~RO~~SEN“ oder „~~M~~AUS S~~TER~~N“ oder „AU~~TO~~S ~~BE~~SEN“
- Ordne Nr. 3 bis Nr. 12 gemäß dem Weg des Schalls bis zur Meldung ans Gehirn.
  Nr. 5 (Ohrmuschel), Nr. 10 (Gehörgang), Nr. 3 (Trommelfell), Nr. 11 mit 12, 8, 7 (Paukenhöhle mit Hammer, Amboss, Steigbügel), Nr. 9 mit 6 (Hörschnecke mit Hörsinneszellen), Nr. 4 (Hörnerv)

Rätsel Biologie
Kommentierte Kopiervorlagen für S I und S II – Bestell-Nr. 12 845

Ohr und Lärm

23

SCHÜLERSEITE

Ein Silbenrätsel mit zugehörigen Abbildungen

Beantworte die Rätselfragen unter Verwendung der Silben und lies dann entlang der bezifferten Buchstaben das **Lösungswort** ab; es sagt dir, wie die Prüfung unseres Hörvermögens in der Fachsprache heißt.

ba be bel bran bran che de deck dis druck er fre hö hö hör hung
im keit lar lärm lärm le le mem mem on per puls quenz rei rig
schall schall schmerz schutz schwel schwel schwer si si tra ul zi

1. Schall mit Frequenzen oberhalb des menschlichen Hörvermögens, f > 16 kHz .... 5 = ...
2. eine Merkmalsänderung der Schallwellen, die im Mittelohr erfolgt, ist wichtig für den Übergang von Luft- in Flüssigkeitsleitung .... 11 = ...

3. Maßeinheit für den Schalldruckpegel, hat das Symbol 1 dB (= 1/10 Bel) .... 1 = ...
4. untere Membran des Schneckengangs, trägt vier Reihen von Haarsinneszellen, wird zur Schneckenspitze hin breiter .... 4 = ...
5. die Registrierung der in den Schallwellen enthaltenen Komponenten in frequenzabhängigem Abstand vom ovalen Fenster (**Abb. 1**) .... 17 = ...
6. Membran, die die Hörzellen überdacht, reizt diese durch Abbiegen der Sinneshaare am jeweiligen Schwingungsmaximum von Nr. 4 .... 7 = ...
7. niedrigster Lautstärkepegel, den der Mensch noch hören kann, liegt bei 0 bis 4 dB(A) .... 8 = ...

8. Bezeichnung für Arbeitsbereiche, an denen gemäß EG-Richtlinie von 2003 ab 85 dB(A) ein Hörschutzgerät getragen werden muss .... 9 = ...
9. Lautstärkepegel, ab dem Schallwellen Schmerzen hervorrufen, liegt bei 130 dB(A) .... 6 = ...

10. sehr kurzer, heftiger Schall, wirkt weniger laut als länger andauernder von gleichem Schalldruckpegel, ist besonders gefährlich (z. B. Explosion, Knall) .... 1 = ...

11. Krankheitsbild, durch Lärm verursachte Folge zu starker und/oder zu langer Beanspruchung der Hörzellen (**Abb. 2**) .... 9 = ...

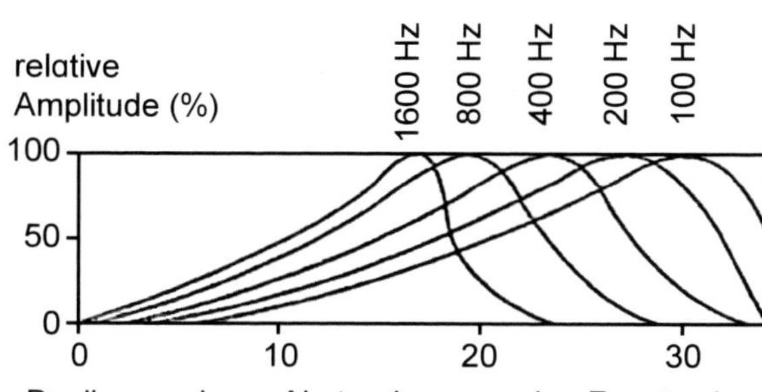

Abb. 1: Lage der Amplitudenmaxima auf der Basilarmembran für verschiedene Frequenzen

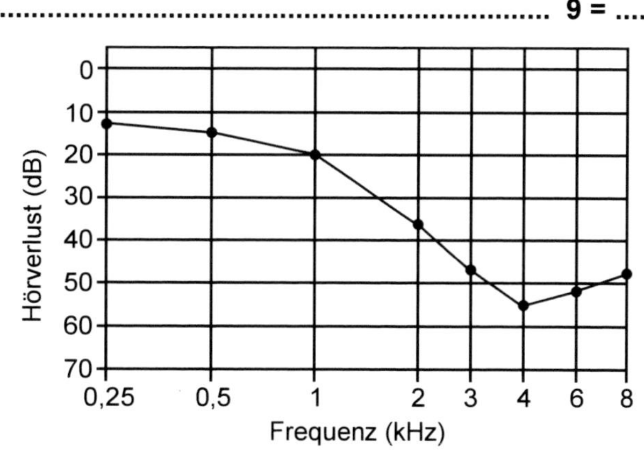

Abb. 2: Hörverlust durch 20 Jahre langen, berufsbedingten breitbandigen Dauerlärm

Rätsel Biologie
Kommentierte Kopiervorlagen für S I und S II – Bestell-Nr. 12 845
KOHL VERLAG

23 Ohr und Lärm

Lösung und Hinweise zu Nr. 23

1. Ultraschall (A), 2. Druckerhöhung (U), 3. Dezibel (D), 4. Basilarmembran (I), 5. Frequenzdispersion (O), 6. Deckmembran (M), 7. Hörschwelle (E), 8. Lärmschutzbereiche (T), 9. Schmerzschwelle (R), 10. Impulsschall (I), 11. Lärmschwerhörigkeit (E)

Lösungswort: AUDIOMETRIE

Klassenstufe: 9. – 13.
Schwierigkeitsgrad: ★★★
Zeitbedarf: 15 Minuten

Folgende **Zusatzfragen** zu den Abbildungen sind sinnvoll (hier mit Antworten):

Zu 1: a) Wo entlang der Basilarmembran werden hohe Töne, wo tiefe Töne registriert? (Hohe Töne werden nahe dem ovalen Fenster, tiefe in Richtung Schneckenspitze registriert.)
b) Warum betrifft Lärmschwerhörigkeit, auch Altersschwerhörigkeit, vor allem hohe Töne? (Die nahe dem Schneckeneingang liegenden Hörzellen werden am stärksten beansprucht/ geschädigt.)

Zu 2: a) Bei welchen Frequenzen zeigt das Audiogramm einen Hörverlust von mehr als 40 dB? (Bei Frequenzen über 2,4 kHz ist er größer als 40 dB.)
b) Inwiefern ist der entstandene Hörverlust eine starke Beeinträchtigung? (Sprachverstehen und dadurch verbale Kommunikation sind beeinträchtigt.)
Hinweis für die Schüler: Der Hörbereich, in dem Sprache stattfindet, reicht von 40 bis 70 dB (A) und von 250 Hz bis 8 kHz.

Das Beantworten der Fragen 1a) und 2a) erfordert das Lesen-Können von Kurvendiagrammen, das Beantworten der Fragen 1b) und 2b) das Anwenden-Können von deren Informationsgehalt auf komplexere Fragestellungen.

Das Rätsel ist recht anspruchsvoll, auch wegen der sich anschließenden Zusatzfragen. **Medizinische Aspekte** des Hörens werden im Rätsel betont, einige Fragen beziehen sich auf **Lärm**. Das Lösungswort „Audiometrie" legt es nahe, negative Auswirkungen von Lärm (aurale und extraaurale) auf die Gesundheit zu thematisieren und Möglichkeiten der Lärmvermeidung oder Lärmminderung zu benennen – am Ort der Schallentstehung, -übertragung oder -einwirkung.

Zum Lösungswort:

Es gibt mehrere Arten von Audiometrie, die **Schwellenaudiometrie** ist der wichtigste klinische Test. Bei ihr wird festgestellt, um wie viele Dezibel die Hörschwelle eines Patienten über der normalen Hörschwelle liegt. In den **Formularvordrucken** für Audiogramme (Abb. 2) ist die normale Hörschwelle als gerade Linie (Nulllinie, 0 dB) dargestellt. Der gemessene **Hörverlust** wird **nach unten abgetragen** und zwar für Frequenzen von 0,25 bis 8 kHz (Sprachbereich!).
Da Konsonanten geringere Intensitäten und höherfrequente Anteile aufweisen als Vokale, aber für das Sprachverstehen besonders wichtig sind, sind Hörverluste im höherfrequenten Bereich wie hier besonders tragisch.

Wird außer der **Luftleitung** auch die **Knochenleitung** überprüft, lässt sich durch Vergleich der Kurven erkennen, ob eine Schallleitungsstörung oder eine Schallempfindungsstörung vorliegt: Mittelohrschwerhörigkeit infolge einer Mittelohrentzündung beruht auf einer **Schallleitungsstörung**; nur die Luftleitung ist verschlechtert, die Kurven unterscheiden sich. Bei einem Innenohrschaden infolge Schädigung der Haarzellen dagegen liegt eine **Schallempfindungsstörung** vor; Luft- und Knochenleitung sind gleichermaßen verschlechtert.

Rätsel Biologie
Kommentierte Kopiervorlagen für S I und S II – Bestell-Nr. 12 845
KOHL VERLAG

Blut und Blutkreislauf

Ein Rätselalphabet

Ergänze die folgenden Sätze zu sinnvollen Aussagen und trage die gefundenen Begriffe in die dafür vorgesehenen Felder ein (Ä = AE, Ü = UE). Das **Lösungswort** erhältst du, wenn du die nummerierten Buchstaben wie angegeben aneinanderreihst. Es handelt sich um **eine internationale Einrichtung im medizinischen Bereich**.

Körperfremde Strukturen, die eine Immunreaktion auslösen, werden [A] genannt.

Bei der [B] fällt das im Blutplasma gelöste Fibrinogen als Fibrin fädig aus und verklebt mit den zelligen Bestandteilen des Bluts.

Die Erbanlagen bestimmen, ob bei fettreicher Nahrung zu viel [C] in den Adern abgelagert wird.

Bei Nierenversagen muss das Blut durch eine [D] gereinigt werden.

Unter einer [E] versteht man das oft gefährliche Verstopfen eines Blutgefäßes.

Die [F] stellen die erste Abwehrstufe gegen eingedrungene Bakterien dar.

Nach der Bildung von [G] sind wir gegen eine einmal überstandene Krankheit immun.

Die [H] übermitteln Informationen bei der Abwehr von Krankheitserregern.

Der Begriff [I] ist gleichbedeutend mit dem Begriff Antikörper, bezieht sich aber mehr auf die Form der Moleküle.

In der Maßeinheit [J] misst man den Energieinhalt von Nahrungsmitteln.

Das [K] ist ein Faktorensystem, das unsere Immunabwehr ergänzt, z. B. die Membranen von Bakterien angreifen kann.

Die gelbliche Flüssigkeit außerhalb der Adern heißt [L].

Die Erreger der [M], einer weltweit sehr verbreiteten Krankheit, schützen sich durch häufiges Ändern ihrer Oberfläche gegen Angriffe des Immunsystems.

Abfallstoffe werden durch die [N] aus dem Blut entfernt.

Auch das Blut ist ein [O].

Wenn die [P] einige Tage nach Infektionsbeginn ihre volle Arbeitsfähigkeit besitzen, haben Krankheitserreger meist keine Chance mehr.

[Q] sind kleine Erhebungen der Haut, die sich z. B. nach einem Insektenstich bilden können.

Der [R] ist ein Merkmal auf den roten Blutkörperchen, das etwa 85 % der Mitteleuropäer besitzen.

Aus den [S] entwickeln sich alle zelligen Bestandteile des Bluts.

Der [T] ist ein Organ hinter dem Brustbein; in ihm reifen weiße Blutkörperchen zu T-Zellen.

Viele Menschen reagieren aufgrund einer [U] allergisch auf den Kontakt mit bestimmten Stoffen.

Die [V] leiten das Blut zum Herzen hin und sind dünnerwandig als die Arterien.

Der Kreislauf hat wichtige Aufgaben bei der [W] unseres Körpers.

Die [Z] ist in sich flüssig und besteht aus einer Phospholipid-Doppelschicht mit eingelagerten Proteinmolekülen.

Rätsel Biologie
Kommentierte Kopiervorlagen für S I und S II – Bestell-Nr. 12 845

24 Blut und Blutkreislauf

Ein Rätselalphabet

	1	2	3	4	5	6	7	8	9	10	11	12	13	14	15	16	17	18	19
A				(17)															
B						R			(8)										
C		(15)																	
D			L		(21)														
E			(25)																
F				(14)															
G		D				(10)				S		(1)							
H			F		(16)														
I								B			(20)								
J		(7)																	
K			P						(23)	S									
L					(11)														
M		(2)		R															
N					(26)														
O		(4)																	
P			S		(18)														
Q			(9)	D															
R								K	(13)										
S			M							(19)									
T					(6)														
U				R					(12)		D		(24)						
V			(5)																
W						R				L		(3)							
Z				M					(22)										

Lösungswort:

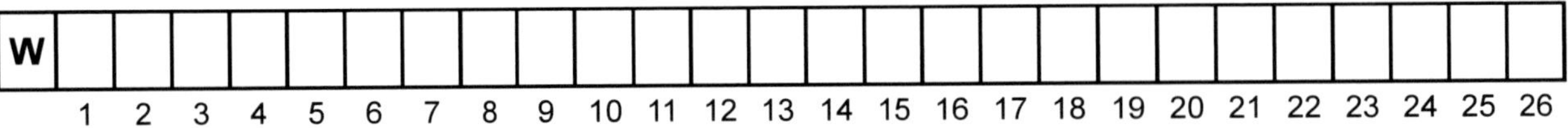

Rätsel Biologie
Kommentierte Kopiervorlagen für S I und S II – Bestell-Nr. 12 845

Blut und Blutkreislauf

24

Lösung und Hinweise zu Nr. 24

Antigene, **B**lutgerinnung, **C**holesterin, **D**ialyse, **E**mbolie, **F**resszellen, **G**edaechtniszellen, **H**elferzellen, **I**mmunglobulin, **J**oule, **K**omplementsystem, **L**ymphe, **M**alaria, **N**ieren, **O**rgan, **P**lasmazellen, **Q**uaddeln, **R**hesusfaktor, **S**tammzellen, **T**hymus, **U**eberempfindlichkeit, **V**enen, **W**aermeregulation, **Z**ellmembran

Lösungswort: WELTGESUNDHEITSORGANISATION

Klassenstufe: 9. – 10.
Schwierigkeitsgrad: ★★
Zeitbedarf: 15 Minuten

Voraussetzung für das erfolgreiche Lösen des Rätsels sind Kenntnisse über die **Bestandteile des Bluts** und **ihre Aufgaben**, insbesondere müssen Grundkenntnisse zur **Immunologie** vorhanden sein; einige der zu vervollständigenden Aussagen beziehen sich auf den **Blutkreislauf** und auf **Stoffwechselvorgänge**. Das Rätsel eignet sich für eine Wiederholung des **Themenkomplexes „Blut“**, eine schriftliche Lernkontrolle kann mit dem Rätsel vorbereitet werden. Zu Vertretungsstunden in fremden Klassen sollte man es nur verwenden, wenn man sich vorher über den Leistungsstand der betreffenden Klasse informieren konnte.

Ist das Rätsel als **Abschluss** der Unterrichtsreihe gedacht, kann man noch einige **Bemerkungen zum Lösungswort** anschließen. Für eine **besonders ausführliche Wiederholung** wird hingegen eine der **folgenden Ergänzungen** vorgeschlagen.

Man knüpft an die Antworten zu B, F, G, H, P und S an und entwickelt mit den Schülern eine Übersicht über die **Zusammensetzung** des Blutes oder über die **Bildung seiner zelligen Bestandteile**, in der sich dann auch die im Rätsel gesuchten Zelltypen und weitere den Schülern bekannte Komponenten wiederfinden; das folgende **Tafelbild** gehört zu dem zuletzt genannten Vorschlag und ergänzt, bis es fertig zusammengestellt ist, die Beschäftigung mit dem Rätsel zu einer vollen Unterrichtsstunde.

Tafelbild: **Die Bildung der zelligen Blutbestandteile**

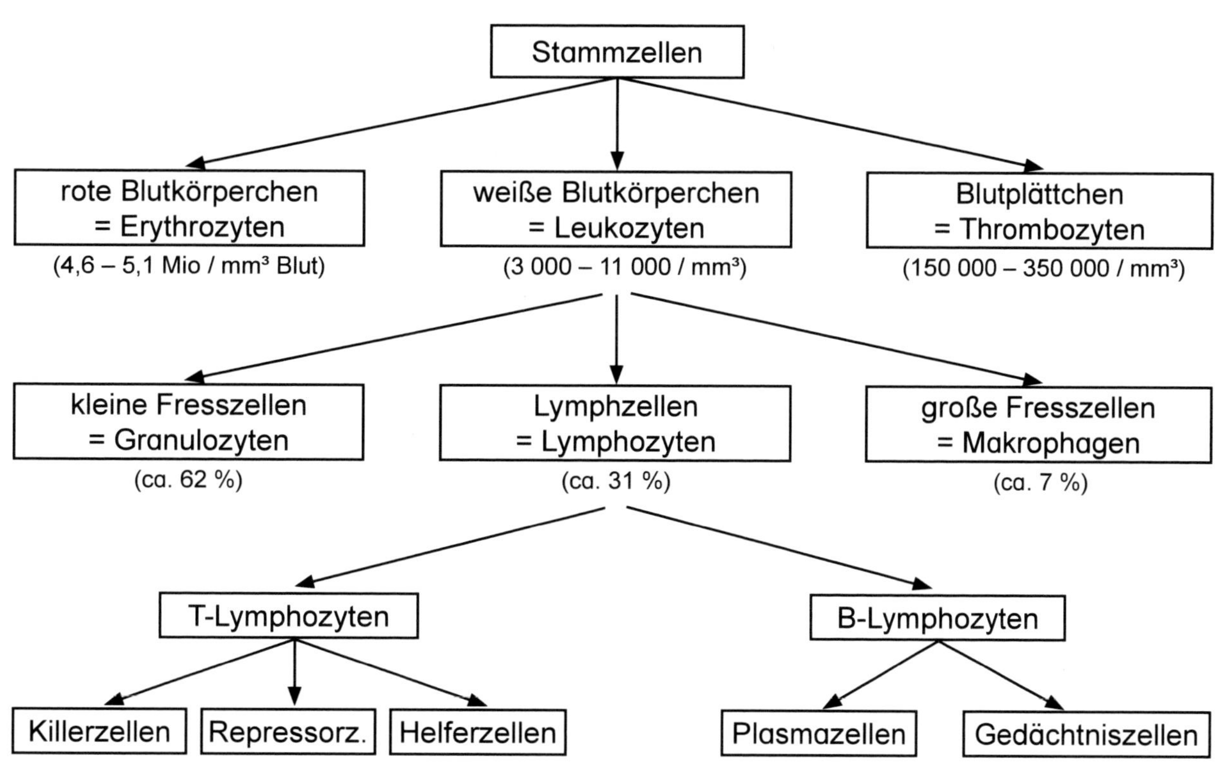

KOHL VERLAG Rätsel Biologie Kommentierte Kopiervorlagen für S I und S II – Bestell-Nr. 12 845

25 Unsere Nährstoffe

Ein Kreuzworträtsel

Trage alle Antworten in das Rätselgitter ein (Ä = AE, Ö = OE, Ü = UE). Die eingekreisten Buchstaben ergeben dann, der Reihe nach gelesen, als **Lösung** des Rätsels den Namen einer gentechnisch veränderten Getreidepflanze.

●	1▼	2▼	●	3►					N			4▼					5▼	●
●		6►			R								●	7►				8▼
9▼			●	10►		L							●	11▼	12▼	●		
	13►			N						R			14▼			●	C	
	15►			○				N		●	16▼		17►	○				
18►					●	●	●	●	●	●		D			○	●		
		R	●	19►		20▼				○			L			●		C
●		21►					K		●	●						●		
●	●		22►	○	L				○				S		T	●	23▼	
●	●	24►					25►			S		●	○			26▼	P	○
27▼	●		●	●	●		28►					●	●	R				
	29▼	30►		H							F							
31►							●	●	●	●	○	●	●		F			
○			32►						33►					●		S		●
	34▼		35►		S			○		●		36►						●
37►			Z							●	38►		○					39▼
●		40►					41►	R				T						
42►					G			43►						N		●	●	
●	●	●	44►			R				L							●	

Lösung: 

KOHL VERLAG Rätsel Biologie Kommentierte Kopiervorlagen für S I und S II – Bestell-Nr. 12 845

Unsere Nährstoffe

25

Ein Kreuzworträtsel

Waagrecht:

3. Gruppe von Nährstoffen, zu der Stärke und Zucker gehören
6. der bekannteste Zweifachzucker, unser Haushaltszucker
7. fein gemahlenes Getreideprodukt
10. einfach ungesättigte Fettsäure, Formel $C_{17}H_{33}COOH$
13. die Bausteine der Eiweiße
15. streichfähiges Speisefett vorwiegend pflanzlicher Herkunft
17. Bestandteil der Milch, gelbliche Flüssigkeit, bildet sich beim Gerinnen der Milch über der entstehenden käsigen Masse
18. große Gruppe heterotropher Lebewesen
19. Sammelname für Weizen, Roggen, Mais etc.
21. unser wichtigster Energielieferant, zählt zu Nr. 3 waagrecht
22. zum Gelieren von Lebensmitteln geeignetes Eiweiß tierischer Herkunft
24. der fettreiche Anteil der Milch, heißt auch Sahne
25. sehr anspruchslose Getreideart, in vielen Ländern Afrikas das Hauptnahrungsmittel, nicht backfähig
28. Organ, in dem die Eiweißverdauung (mittels Pepsin) beginnt
30. Gas, das beim Abbau der Nährstoffe im Körper entsteht
31. Brotaufstrich, Molkereiprodukt, wird aus Nr. 24 waagrecht gewonnen
32. das weltweit wichtigste Brotgetreide
33. Maßeinheit für den Brennwert von Lebensmitteln
35. Hormon der Bauchspeicheldrüse, verringert den Traubenzuckergehalt im Blut
36. Treibmittel für Kuchenteig und manche Brotsorten
37. Zweifachzucker, entsteht als Abbauprodukt der Stärke (mittels Amylase) im Mund
38. bekanntestes Milcheiweiß, fällt beim Gerinnen der Milch als weißer, flockiger Niederschlag aus
40. Frischkäse, besteht aus Nr. 38 waagrecht
41. Monosaccharid, das z. B. in Obst vorkommt, für Diabetiker geeignet
42. tierische Stärke
43. Fachausdruck für Eiweiße
44. Bezeichnung für die Mineralstoffe, die unser Körper nur in geringsten Mengen benötigt

Senkrecht:

1. lebenswichtige Wirkstoffe, von denen kleinste Mengen genügen
2. die Reihenfolge der Aminosäuren in einem Eiweißmolekül
4. Organ, in dem die wesentlichen Verdauungsprozesse stattfinden und von dem aus die verdauten Nährstoffe ins Blut gelangen
5. dreiwertiger Alkohol, in veresterter Form Bestandteil aller Fettmoleküle
8. Fachausdruck für Zweifachzucker (Plural)
9. Gruppe von Nährstoffen
11. Bestandteil aller tierischen Zellmembranen, steht im Verdacht, das Arteriosklerose-Risiko zu erhöhen
12. die unverdaulichen Bestandteile unserer Nahrung, regen die Darmtätigkeit an
14. lösliche pflanzliche Stärke
16. Gruppe eiweißreicher Gemüsearten (Erbsen, Bohnen, Linsen)
20. bekanntester Einfachzucker mit sechs C-Atomen, Abbauprodukt der Stärke
23. Körperflüssigkeit, in der (mittels Amylase) der Stärkeabbau beginnt
26. Fachausdruck für alle Einfachzucker mit sechs C-Atomen
27. Organ, das die Gallenflüssigkeit zur Fettemulgierung produziert
29. unser wichtigster Milchlieferant
34. Abkürzung für „Food an Agriculture Organization“
39. Backware, Grundnahrungsmittel

Rätsel Biologie
Kommentierte Kopiervorlagen für S I und S II – Bestell-Nr. 12 845
KOHL VERLAG

Unsere Nährstoffe

Lösung und Hinweise zu Nr. 25

Waagrecht: 3. Kohlenhydrate, 6. Rohrzucker, 7. Mehl, 10. Oelsaeure, 13. Aminosaeuren, 15. Margarine, 17. Molke, 18. Tiere, 19. Getreide, 21. Staerke, 22. Gelatine, 24. Rahm, 25. Hirse, 28. Magen, 30. Kohlenstoffdioxid, 31. Butter, 32. Weizen, 33. Joule, 35. Insulin, 36. Hefe, 37. Malzzucker, 38. Casein, 40. Quark, 41. Fruchtzucker, 42. Glykogen, 43. Proteine, 44. Spurenelemente

Senkrecht: 1. Vitamine, 2. Primaerstruktur, 4. Duenndarm, 5. Glycerin, 8. Disaccharide, 9. Fette, 11. Cholesterin, 12. Ballaststoffe, 14. Amylose, 16. Huelsenfruechte, 20. Traubenzucker, 23. Speichel, 26. Hexosen, 27. Leber, 29. Kuh, 34. FAO, 39. Brot

Lösungswort: GOLDENER REIS

Klassenstufe: 8. – 11.
Schwierigkeitsgrad: ★★
Zeitbedarf: 25 Minuten

Das Rätsel hat **Wiederholungscharakter**, die 44 Fragen beziehen sich auf die drei Nährstoffgruppen, den Abbau der Nährstoffe im Körper, wichtige Lebensmittel pflanzlicher und tierischer Herkunft. Die meisten Fragen sind relativ leicht zu beantworten, wenn ein entsprechender Unterricht über Nahrung und Ernährung vorangegangen ist. Nur wenige Fragen setzen genauere chemische Kenntnisse voraus (10 w., 5 s., 26 s.); hier muss der Lehrer eventuell erklärend weiterhelfen. Das **Lösungswort** ermöglicht es, auf Mangelkrankheiten ebenso einzugehen wie auf gentechnisch veränderte Lebensmittel. „Goldener Reis" (Lösungswort) ist eine **transgene Pflanze**, die **in den 1990er Jahren entwickelt** wurde. (Der Name darf nicht verwechselt werden mit „Wunderreis", dem Namen einer 1965 konventionell gezüchteten, besonders ertragsreichen Sorte.)

Zum Lösungswort:
Normalerweise enthält Reis **kein Provitamin A und wenig Eisen**, sodass besonders unter der ärmeren Bevölkerung der Tropen **Vitamin-A-Mangel und Eisenmangel** weit verbreitet sind. Millionen von Kindern sterben oder erblinden jährlich infolge Vitamin-A-Mangels. Eisenmangelanämie gehört weltweit zu den bedrohlichsten Mangelkrankheiten und ist u. a. Ursache für Millionen von Todesfällen im Zuge von Geburten.

Vor diesem Hintergrund haben **Ingo Potrykus** (Zürich) und **Peter Beyer** (Freiburg) 1992 begonnen, entsprechende Gene aus Narzissen, Pilzen, Bohnen und Basmatireis **gentechnisch** in das Erbgut von konventionellem Reis **einzuschleusen**. Da das Nährgewebe des Reiskorns kein Provitamin A (= β-Carotin) enthält, musste der gesamte biochemische Pfad implantiert werden. Außerdem musste nicht nur der Eisengehalt im Reiskorn erhöht, sondern auch der hohe Gehalt an einem Eisenaufnahme-Inhibitor gesenkt sowie ein resorptionsverstärkender Faktor eingebaut werden (Eisen aus pflanzlicher Kost wird generell nicht gut aufgenommen).

Anfang 2001 übergaben die „Erfinder" der genetisch veränderten Reispflanze dem **internationalen Reisforschungsinstitut** in Los Banos auf den Philippinen symbolisch die ersten (durch β-Carotin gelblichen) Körner. Das nächste Ziel, die relevanten Merkmale der Laborvarietät in lokale Sorten einzukreuzen, wurde mittlerweile erreicht. Da jede Ernte zur Wiederaussaat verwendet werden kann, mussten Patent- und Lizenzfragen geklärt werden. Bauern in den Entwicklungsländern können so ihr Saatgut selbst gewinnen und Goldenen Reis bis zu einem bestimmten jährlichen Umsatz lizenzfrei anbauen. Die Forschung geht weiter: Für einen höheren Vitamin-A-Gehalt wurde in der Variante „Golden Rice 2" das Gen für das aus der Narzisse stammende Enzym gentechnisch durch das leistungsfähigere aus Mais ersetzt.

Vom Aufbau der Haut

Ein Silbenrätsel

Die Haut ist unser größtes Organ, sie erfüllt vielfältige Aufgaben – dazu gehört das Verhindern von Austrocknung und Überhitzung unseres Körpers ebenso wie der Schutz vor Krankheitserregern und die Registrierung unterschiedlichster Sinnesreize.
Mit dem Rätsel kannst du dein Wissen über den Aufbau der menschlichen Haut testen; streiche die verwendeten Silben stets aus, es darf keine Silbe übrig bleiben. Die nummerierten Buchstaben ergeben, der Reihe nach gelesen, das **Lösungswort** des Rätsels.

---

be bel brand chen chen chen chen der di drü drü en fett gän ge gen gun
haar haar haut haut haut horn käl keim kel kör kör kör kör la le len len
me mel ment mus nen ner per per per per pig po ren schicht schicht
schweiß schweiß se se sen son talg tast te ter un ven wär we zel zwie

---

1. Schicht der Oberhaut, die die neuen Hautzellen nachliefert .... 5 = ...
2. aus kernlosen, abgestorbenen Zellen bestehende äußere Schicht der Oberhaut, schuppt laufend ab .... 2 = ...
3. schmerzhafte, nicht ungefährliche Schädigung der Haut durch zu intensive UV-Strahlung .... 3 = ...
4. Zelle mit Farbstoffkörnchen, im untersten Bereich der Keimschicht gelegen .... 6 = ...
5. zähe, dehnbare Hautschicht aus Bindegewebe zwischen Ober- und Unterhaut, enthält viele Sinneskörperchen .... 2 = ...
6. die unterste Hautschicht, wird von größeren Blutgefäßen durchzogen, enthält Fetteinlagerungen .... 2 = ...
7. ganz oben in der Lederhaut befindliche Sinneskörperchen, besonders viele an den Fingerspitzen .... 3 = ...
8. Drüsen, die eine wässrige Salzlösung absondern und so einer Überhitzung des Körpers entgegenwirken .... 2 = ...
9. am Haarbalg ansitzende Vorrichtung, zieht sich bei Kälte zusammen und richtet so das Haar auf .... 1 = ...
10. noppige Haut, entsteht beim Zusammenziehen der Haarmuskeln meist infolge von Kälte .... 8 = ...
11. am Haarbalg ansitzende Drüse, die das Haar fettet und dadurch geschmeidig macht .... 1 = ...
12. der unterste, verdickte Abschnitt der Haarwurzel, enthält teilungsfähige Zellen für den Haarwuchs .... 5 = ...
13. Sinneskörperchen, die auf Temperaturerhöhung ansprechen, melden den Reiz „heiß“ .... 4 = ...
14. Öffnungen an der Hautoberfläche, stehen mit den Schweißdrüsen in Verbindung .... 6 = ...
15. Sinneskörperchen, die auf Temperaturerniedrigung ansprechen, melden den Reiz „kalt“ .... 4 = ...
16. typisches Gewebe der Unterhaut, wirkt als Kälteschutz, Energiespeicher und Polsterung .... 3 = ...
17. verästelte Reizempfänger, melden schädigende Einflüsse unterschiedlicher Art als Schmerz .... 2 = ...
18. tief in der Haut liegende Sinneskörperchen, die auf Vibration und starken Druck reagieren .... 1 = ...

Lösungswort: ______________________________

Rätsel Biologie
Kommentierte Kopiervorlagen für S I und S II – Bestell-Nr. 12 845
KOHL VERLAG

26 Vom Aufbau der Haut

Lösung und Hinweise zu Nr. 26

1.	Keimschicht	5 = S	7.	Tastkörperchen	3 = S	13.	Wärmekörperchen	4 = M
2.	Hornschicht	2 = O	8.	Schweißdrüsen	2 = C	14.	Schweißporen	6 = I
3.	Sonnenbrand	3 = N	9.	Haarmuskel	1 = H	15.	Kältekörperchen	4 = T
4.	Pigmentzellen	6 = N	10.	Gänsehaut	8 = U	16.	Fettgewebe	3 = T
5.	Lederhaut	2 = E	11.	Talgdrüse	1 = T	17.	Nervenendigungen	2 = E
6.	Unterhaut	2 = N	12.	Haarzwiebel	5 = Z	18.	Lamellenkörperchen	1 = L

Lösungswort: SONNENSCHUTZMITTEL

Klassenstufe: 5. – 8.
Schwierigkeitsgrad: ★★
Zeitbedarf: 15 Minuten

Das Rätsel dient der **Stoffwiederholung**, erfragt werden die in den betreffenden Biologiebüchern genannten biologischen Strukturen (Hautschichten, Rezeptoren für verschiedenartige Sinnesreize, Drüsen). Das **Lösungswort** setzt einen besonderen Akzent, der im Unterricht ausgebaut werden kann.

Was Schüler schon ab Klasse 5/6 zum Lösungswort wissen könnten:

- Die Empfindlichkeit gegen UV-Strahlen hängt wesentlich vom **Hauttyp** ab.
- Sonnenschutzmittel sollten **rechtzeitig** vor dem Aufenthalt in der Sonne aufgetragen und etwa alle zwei Stunden ergänzt werden.
- Die Intensität der UV-Strahlung **variiert** je nach geographischen Gegebenheiten, Tageszeit, Jahreszeit, Wetter und weiteren Parametern.

Was Schüler ab Klasse 7/8 ebenfalls wissen sollten:

- Bei den UV-Strahlen ist zu unterscheiden zwischen **UV-A-Strahlen und UV-B-Strahlen**; die energiereiche, kurzwellige UV-B-Strahlung ist die gefährlichere (der Begriff „energiereich" kann in den genannten Klassenstufen noch nicht vollinhaltlich verstanden werden). Mögliche **Schädigungen** (Sofortschäden, Spätschäden) können genannt werden. UV-B (λ = 280 bis 320 nm) wird weitgehend von der Epidermis absorbiert, UV-A (λ = 320 bis 380 nm) gelangt tiefer.
- Der **Lichtschutzfaktor LSF** gibt an, auf das Wievielfache der ohne Sonnenschutzmittel vertragenen Zeit eine Person sich nach sachgerechtem Auftragen des Mittels unmittelbar der Sonne aussetzen kann, ohne Schaden zu nehmen; er **gilt für die UV-B-Strahlung**, da diese für das Auftreten von Hautrötung (und Folgen) hauptverantwortlich ist. Sonnenschutzmittel müssen aber auch einen **UV-A-Schutzfaktor** enthalten; dass dies der Fall ist, muss durch ein **eingekreistes „UVA"** kenntlich gemacht werden.
- Es gibt **zwei unterschiedliche Wirkungsprinzipien** von Sonnenschutzmitteln: die einen dringen in die Haut ein; sie enthalten Substanzen, die UV unterschiedlicher Wellenlängen **absorbieren** und in Wärme umwandeln; die anderen dringen nicht in die Haut ein; sie enthalten dispergierte Partikel als Deckpigmente (z. B. Zinkoxid, Titandioxid), die an der Hautoberfläche die UV-Strahlung **reflektieren**. (Immer häufiger enthalten Sonnencremes auch Nanopartikel, die das Licht in unterschiedliche Richtungen **streuen** und auf diese Weise Sonnenschutzmittel mit mineralischen Deckpigmenten transparent machen.)

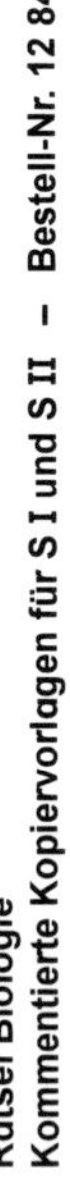

Rätsel Biologie
Kommentierte Kopiervorlagen für S I und S II – Bestell-Nr. 12 845

Begriffe aus der Menschenkunde

Ein Kreuzworträtsel

Trage zunächst die gesuchten Begriffe ein (Ä = AE, Ü = UE, Ö = OE, ß = SS). Das **Lösungswort** erhältst du, wenn du die eingekreisten Buchstaben in die richtige Reihenfolge bringst. Es handelt sich um **eine Gruppe wichtiger Stoffe** in unserem Körper.

Waagrecht:

1. Name der vorderen Zähne
5. Darmbakterien
8. vorderer, durchsichtiger Teil des Augapfels
13. die Verbindungsleitungen zwischen Sinnesorganen und Gehirn einerseits sowie zwischen Gehirn und Muskeln oder Drüsen andererseits
15. sie befindet sich zwischen Rachen und Bronchien
17. die kleinsten lebenden Bausteine
20. Teil des Beins
21. Sinnesorgan (Plural)
22. wenn sie sich zusammenzieht, gibt es Seitenstechen
24. die „Motoren" des Körpers
27. Haut, die den Augapfel bedecken kann und ihn reinigt
30. Atmungsorgan der Landwirbeltiere
31. Fachausdruck für Erbanlage
33. Sinnesorgan
35. Fähigkeit, bestimmte Reize der Umwelt wahrzunehmen
36. Geschmacksrichtung, die vor allem mit den Sinneszellen in den seitlichen Bereichen der Zunge wahrgenommen wird
38. sie beginnen am Ende der Luftröhre
39. allgemeiner Ausdruck für einen Körperbestandteil mit einer bestimmten Funktion
40. sie erzeugt die Gallenflüssigkeit und speichert auch Vitamin D
41. einer der kleinsten Knochen des Menschen, im Mittelohr gelegen
42. hiermit denken wir
43. er hat Verbindungen zu Nase, Mund, Speiseröhre und Luftröhre
44. so wird man, wenn es in der Disco zu oft zu laut ist
45. Abwehrstoffe unseres Körpers

Senkrecht:

1. Knochen am oberen Ende des Arms
2. Teil des Fußes
3. wichtiger Nahrungsmittelbestandteil, z. B. in Fleisch und in Käse
4. einer der beiden Unterarmknochen
6. Erscheinung, dass wir ein helles Bild kurzfristig noch sehen, wenn es schon verschwunden ist
7. Stoff, der bei Aufregung (Stress) eine besondere Rolle spielt
9. Nervenschaltung, die eine kurzfristige Bewegung ohne Denken (eine sogenannte unwillkürliche Bewegung) ermöglicht
10. sie enthält die lichtempfindlichen Sinneszellen
11. er darf nie ruhen
12. bei Kindern beliebte Geschmacksrichtung, die vor allem an der Zungenspitze wahrgenommen wird
14. Adern, in denen das Blut zum Herzen fließt
16. Zähne, die auf Nr. 1 waagrecht folgen; sie sind bei den meisten Menschen zugespitzt
18. Abkürzung für Elektrokardiogramm, eine Untersuchungsmethode für die Tätigkeit des Herzens
19. der Strecker des Arms
22. hier wird Eiweiß verdaut
23. Krankheitserreger, die so klein sind, dass man sie mit dem normalen Mikroskop nicht sehen kann
25. Teil des Gehirns, beim Menschen nicht sehr groß
26. es enthält die Hörschnecke und die Bogengänge
28. wichtiges Organ von ca. 6 m Länge, das zur Verdauung und zur Nährstoffaufnahme dient
29. eine weitere Geschmacksrichtung; sie wird durch einen lebenswichtigen Stoff hervorgerufen
30. ein in seiner Form veränderbarer Teil des Auges, der zur Bildentstehung wichtig ist
32. die Verbindung zwischen Muskel und Knochen
34. ein Teil unseres Körpers, den wir zum Sprechen und zum Herunterschlucken unserer Nahrung unbedingt benötigen
37. Teil des Körpers, den man meistens in drei große Abschnitte einteilt; er enthält 29 Knochen
38. Körperflüssigkeit (ein Organ, das vor allem Transportaufgaben hat)

Rätsel Biologie
Kommentierte Kopiervorlagen für S I und S II – Bestell-Nr. 12 845

27 Begriffe aus der Menschenkunde

Ein Kreuzworträtsel

Die Buchstaben sind:

Das Lösungswort lautet:

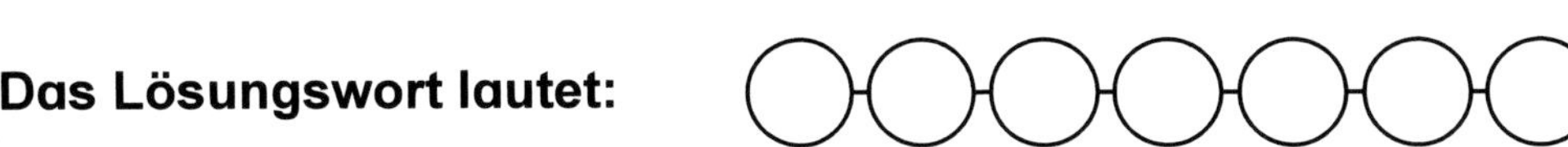

KOHL VERLAG
Rätsel Biologie
Kommentierte Kopiervorlagen für S I und S II – Bestell-Nr. 12 845

Begriffe aus der Menschenkunde

27

Lösung und Hinweise zu Nr. 27

Waagrecht: 1. Schneidezaehne, 5. Colibakterien, 8. Hornhaut, 13. Nerven, 15. Luftroehre, 17. Zellen, 20. Knie, 21. Augen, 22. Milz, 24. Muskeln, 27. Lid, 30. Lunge, 31. Gen, 33. Ohr, 35. Sinn, 36. sauer, 38. Bronchien, 39. Organ, 40. Leber, 41. Hammer, 42. Gehirn, 43. Rachen, 44. taub, 45. Antikoerper

Senkrecht: 1. Schulterblatt, 2. Zeh, 3. Eiweiss, 4. Elle, 6. Nachbild, 7 Adrenalin, 9. Reflex, 10. Netzhaut, 11. Herzmuskel, 12. suess, 14. Venen, 16. Eckzaehne, 18. EKG, 19. Trizeps, 22. Magen, 23. Viren, 25. Kleinhirn, 26. Innenohr, 28. Darm, 29. salzig, 30. Linse, 32. Sehne, 34. Zunge, 37. Arm, 38. Blut

Die Buchstaben sind (in waagrechter Reichenfolge): O R E N H O M

Das Lösungswort lautet: HORMONE

Beantwortung des Zusatzrätsels:

5. Insulin, 1. Thyroxin, 2. Glukagon, 3. Oestrogen, 6. Adrenalin, 4. Cortisol

Klassenstufe:	7. – 10.	9. – 10. (Ergänzungsrätsel)
Schwierigkeitsgrad:	★★	★★
Zeitbedarf:	30 Minuten	5 Minuten

Weitere Hinweise:

Da sich die 49 gesuchten Begriffe auf **alle Teilgebiete der Menschenkunde** beziehen, ist das Rätsel erst gegen Ende des Schuljahrs geeignet, in dem die Menschenkunde auf dem Lehrplan steht. Die Schüler müssen das gesamte im Unterricht erarbeitete Wissen zur Menschenkunde präsent haben, um gut beim Lösen voranzukommen. Mit dem Rätsel kann man die Menschenkunde abschließen.

Wegen seines **erheblichen Umfangs** – **inhaltlich** wie auch von der **Anzahl der Fragen** her – ist das Rätsel für jüngere Schüler durchaus anspruchsvoll. Das Arbeiten in kleinen Gruppen von zwei bis drei Schülern an jeweils einem Rätselvordruck kann deshalb sinnvoll sein.

Bei taktisch geschicktem Vorgehen können die Schüler das aus nur sieben Buchstaben bestehende **Lösungswort relativ früh finden**. Wegen des Wiederholungseffekts, der mit dem Bearbeiten des Rätsels angestrebt wird, sollte man es aber auf jeden Fall vollständig lösen lassen.

Besonders schnellen Schülern könnte man, passend zum Lösungswort, ein **kleines Zusatzrätsel** anbieten, das allerdings nur mit entsprechendem Vorwissen lösbar ist.

- E-r-g-ä-n-z-u-n-g -

Kennst du diese Hormone? Trage ihre Namen an den passenden Stellen ein (Ö = OE).

Nr.
( ) senkt den Blutzuckerspiegel
( ) Schilddrüsenhormon
( ) steigert den Blutzuckerspiegel durch Abbau von Glykogen
( ) ein Geschlechtshormon
( ) Stresshormon
( ) wirkt u. a. entzündungshemmend

Rätsel Biologie
Kommentierte Kopiervorlagen für S I und S II – Bestell-Nr. 12 845
KOHL VERLAG

SCHÜLERSEITE

28 Menschenkunde und Allgemeine Biologie

Ein Kammrätsel

Trage senkrecht die gesuchten Begriffe ein (Ä = AE, Ö = OE, Ü = UE). Als Lösungswort erhältst du dann waagrecht den Namen eines **biologisch sehr bedeutsamen Makromoleküls**.

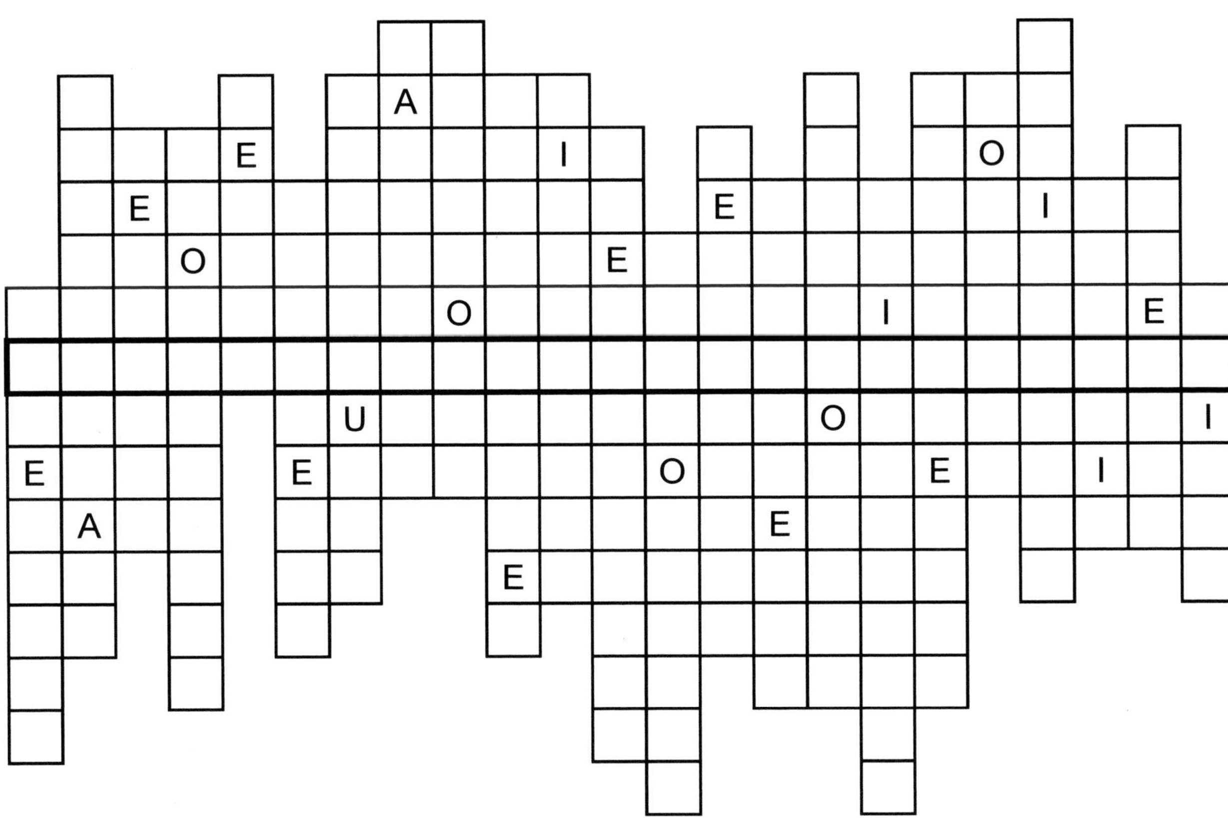

1. ein Hormon der Nebenniere; das erste Hormon, das künstlich hergestellt wurde (1906)
2. Teil des Zentralnervensystems
3. Fachausdruck für verdeckte Erbeigenschaften
4. Hauptbestandteil des Zellinneren
5. Sicherheitsschaltung des Nervensystems
6. sie liegt vor, wenn ein Erbmerkmal durch mehrere Gene bestimmt wird
7. ein sehr wichtiges Charakteristikum des menschlichen Bluts
8. manche dieser Lebewesen können Krankheiten hervorrufen
9. roter Farbstoff der Muskelzellen
10. eine Gruppe weißer Blutkörperchen (30 bis 36 % der weißen Blutkörperchen)
11. ein Bestandteil des Blutgerinnungssystems
12. ein weiteres Charakteristikum des Bluts (man hat es oder man hat es nicht)
13. eine andere Gruppe weißer Blutkörperchen (4 bis 10 % der weißen Blutkörperchen)
14. Erklärungsschema für die Konstanthaltung vieler Körperzustände
15. natürliches Abwehrmittel des menschlichen Körpers gegen Viren
16. allgemeine Bezeichnung für einen von Mikroorganismen gebildeten Stoff, der antibakteriell wirkt, bekanntestes Beispiel ist Penicillin
17. acht dieser Substanzen sind für den Menschen essentiell
18. sie vermitteln unseren Kontakt mit der Außenwelt
19. Fachwort für vorherrschende Erbeigenschaften
20. sie schützen uns vor vielen Krankheiten
21. Hormon des Inselorgans; das erste Protein, dessen Struktur aufgeklärt wurde (1951)
22. Überempfindlichkeit gegen bestimmte Stoffe
23. eine Art der Zellteilung

Rätsel Biologie
Kommentierte Kopiervorlagen für S I und S II – Bestell-Nr. 12 845

Menschenkunde und Allgemeine Biologie

28

LEHRERSEITE

Lösung und Hinweise zu Nr. 28

1. Adrenalin, 2. Rueckenmark, 3. rezessiv, 4. Protoplasma, 5. Reflex, 6. Polygenie, 7. Blutgruppe, 8. Bakterien, 9. Myoglobin, 10. Lymphozyten, 11. Fibrinogen, 12. Rhesusfaktor, 13. Makrophagen, 14. Regelkreis, 15. Interferon, 16. Antibiotikum, 17. Aminosaeuren, 18. Sinneszellen, 19. dominant, 20. Antikoerper, 21. Insulin, 22. Allergie, 23. Meiose

Lösungswort: DESOXYRIBONUKLEINSAEURE *)

*) In den Schulbüchern wird das Lösungswort teils mit K teils mit C geschrieben. Das ausgefüllte Rätselgitter zeigt, dass sich im Rätsel ein K ergibt.

1.	2.	3.	4.	5.	6.	7.	8.	9.	10.	11.	12.	13.	14.	15.	16.	17.	18.	19.	20.	21.	22.	23.
							B	M											A			
	R			R		B	A	Y	L	F					A		S	D	N			
	U	R	P	E		L	K	O	Y	I	R		R		N		I	O	T		A	
	E	E	R	F	P	U	T	G	M	B	H		E	I	T	A	N	M	I	I	L	
	C	Z	O	L	O	T	E	L	P	R	E	M	G	N	I	M	N	I	K	N	L	
A	K	E	T	E	L	G	R	O	H	I	S	A	E	T	B	I	E	N	O	S	E	M
D	**E**	**S**	**O**	**X**	**Y**	**R**	**I**	**B**	**O**	**N**	**U**	**K**	**L**	**E**	**I**	**N**	**S**	**A**	**E**	**U**	**R**	**E**
R	N	S	P		G	U	E	I	Z	O	S	R	K	R	O	O	Z	N	R	L	G	I
E	M	I	L		E	P	N	N	Y	G	F	O	R	F	T	S	E	T	P	I	I	O
N	A	V	A		N	P			T	E	A	P	E	E	I	A	L		E	N	E	S
A	R		S		I	E			E	N	K	H	I	R	K	E	L		R			E
L	K		M		E				N		T	A	S	O	U	U	E					
I			A								O	G		N	M	R	N					
N											R	E				E						
												N				N						

Klassenstufe: 9. – 11.
Schwierigkeitsgrad: ★★
Zeitbedarf: 15 Minuten

Wie für Rätsel mit **Übersichtscharakter** typisch, eignet sich das Rätsel besonders für sinnvolle letzte Stunden vor Ferienbeginn. Auch zu Vertretungsstunden und in fremden Klassen kann man es nutzen, wenn man davon ausgehen kann, dass der Unterricht hinreichend weit fortgeschritten ist. Einzeln betrachtet, sind die Fragen einfach gehalten, in ihrer Gesamtheit erfordert das Lösen des Rätsels allerdings ein breites Fachwissen. Hierin liegt die eigentliche Schwierigkeit des Rätsels.

Einfache Fragen zur Zusammensetzung des **menschlichen Bluts** (Nr. 7, 10, 11, 12, 13) und zur **Immunologie** (Nr. 8, 15, 16, 20, 22) stehen im Vordergrund; Fragen aus anderen Teilbereichen der Biologie kommen hinzu, besonders zur **Genetik** (Nr. 3, 6, 19, 23), der auch, vorbereitend auf einen künftigen Genetik-Kurs in der SII, das Lösungswort zuzurechnen ist. Auf die übliche Abkürzung **DNA** (A von acid) statt DNS (eher selten) weist man hin.

29 Pflanzenzelle und Tierzelle im Vergleich

Ein Kreuzworträtsel

Links siehst du das Schema einer Pflanzenzelle, **rechts** das Schema einer Tierzelle. Pflanzenzellen und Tierzellen haben Gemeinsamkeiten, aber auch Unterschiede. Wenn du die bezifferten Zellteile benennen kannst, ist das Rätselgitter schnell ausgefüllt (beachte: Ö = OE, Ü = UE). Aus den Buchstaben in den markierten Feldern kannst du anschließend einen **Lösungssatz** zusammensetzen; er ist von allgemeiner Gültigkeit.

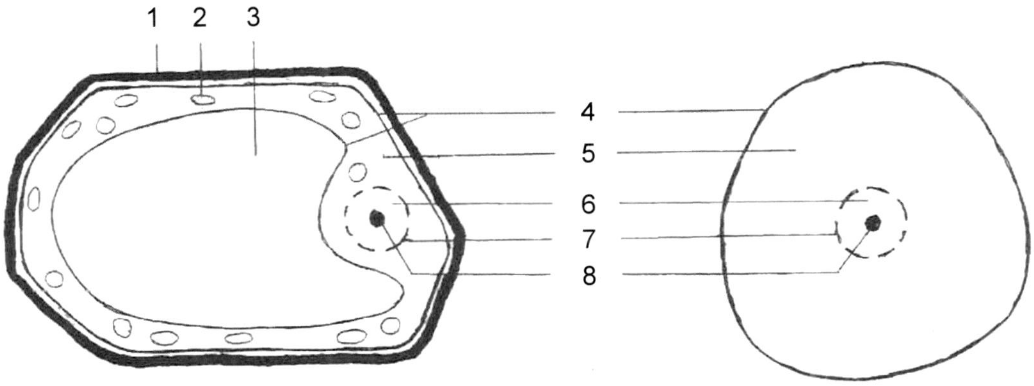

1 2 3

4
5
6
7
8

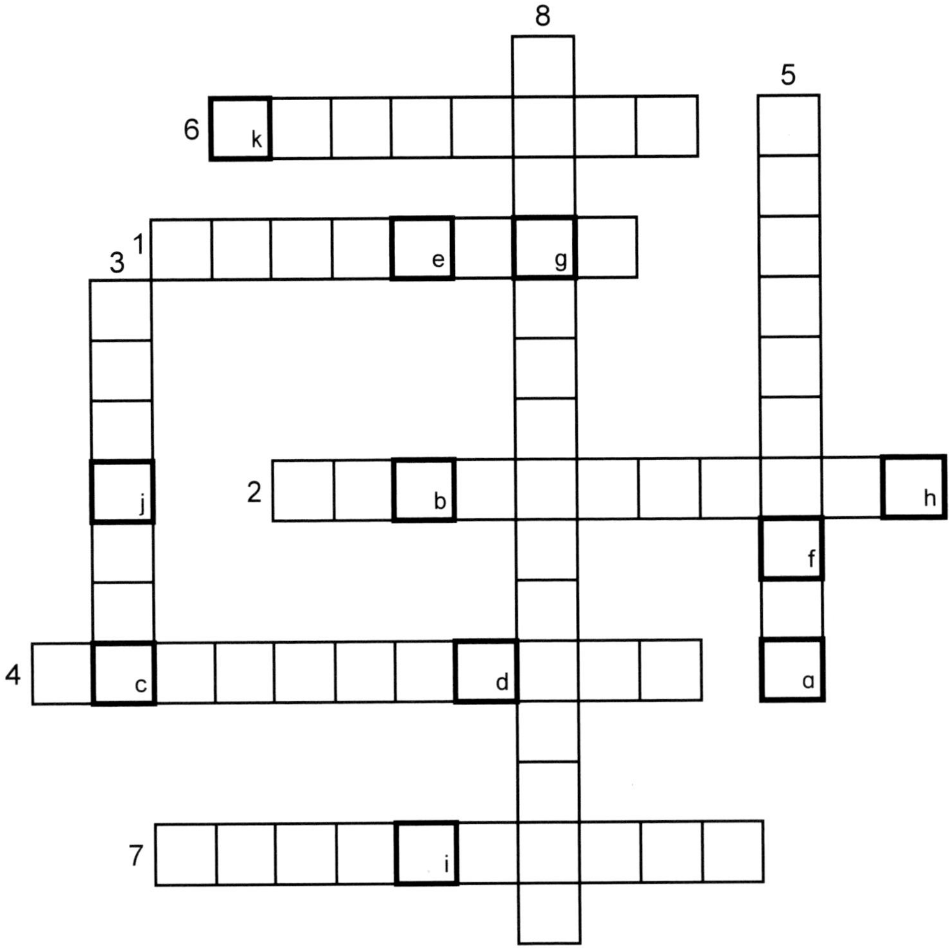

8
5
6 k
3 1 e g
2 b h
j
f
4 c d a
7 i

Lösungssatz:

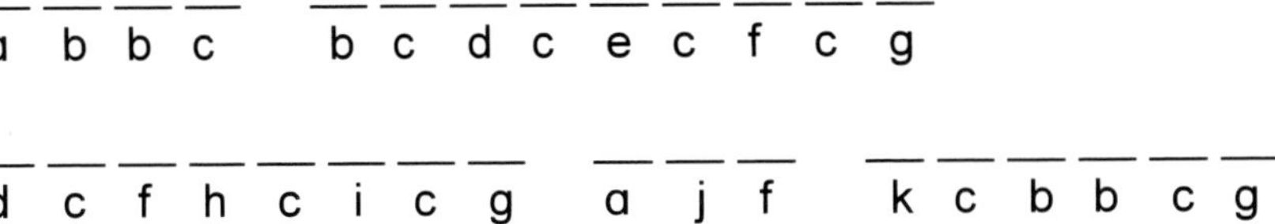

Rätsel Biologie
Kommentierte Kopiervorlagen für S I und S II – Bestell-Nr. 12 845

Pflanzenzelle und Tierzelle im Vergleich

29

LEHRERSEITE

Lösung und Hinweise zu Nr. 29

Nur bei Pflanzenzellen:
1. Zellwand
2. Chloroplast
3. Vakuole

Bei Pflanzen- und Tierzellen:
4. Zellmembran
5. Zellplasma *)
6. Zellkern
7. Kernhuelle **)
8. Kernkoerperchen

*) Bei Nr. 5 könnte statt des in der SI verwendeten Begriffs Zellplasma auch der in der SII verwendete Begriff Cytoplasma eingetragen werden; auf die Buchstaben für den Lösungssatz hätte dies keine Auswirkung.

**) Nr. 7 wird weitgehend als Kernhülle bezeichnet, seltener und nur in der SI auch als Kernmembran, weswegen im Rätselgitter der verbreitetere Begriff eingetragen werden muss.

Lösungssatz: ALLE LEBEWESEN BESTEHEN AUS ZELLEN.

Das ausgefüllte Rätselgitter zeigt die für den Lösungssatz erforderlichen Buchstaben.

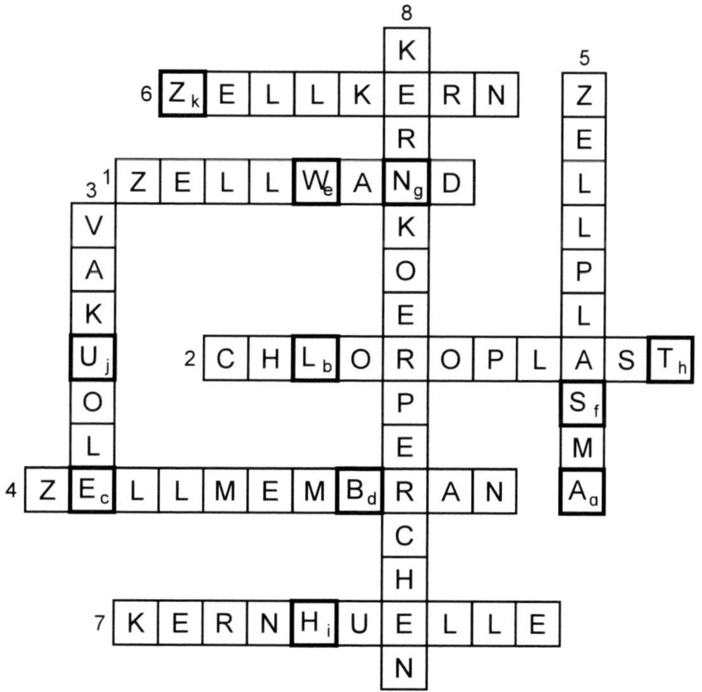

Klassenstufe: 5. – 7.
Schwierigkeitsgrad: ★
Zeitbedarf: 10 Minuten

Das Rätsel eignet sich für eine kurze Wiederholung gegen Ende einer Unterrichtsstunde oder als Hausaufgabe und wird am besten im Rahmen der Einführung in die Mikroskopie genutzt. Gemäß dem für den Biologieunterricht typischen Spiralcurriculum werden in den genannten Klassenstufen **nur die einfachsten Strukturen der Eukaryoten** besprochen; die einzige „Feinheit" in der Abbildung sind die Kernporen der Kernhülle. Da diese in den genannten Klassenstufen aber noch nicht relevant sind, wurden sie nicht gesondert beziffert und werden somit auch nicht erfragt; allenfalls kann man mitteilen, dass durch Poren in der Kernhülle das Kerninnere mit dem Zellplasma in Verbindung steht. Für den **Lösungssatz** werden viele Buchstaben mehrfach benötigt (z. B. das E zehnmal, das L fünfmal); darauf weist man eigens hin.

Rätsel Biologie
Kommentierte Kopiervorlagen für S I und S II – Bestell-Nr. 12 845

SCHÜLERSEITE 1

30 Die Zelle

Ein Silbenrätsel

Mit Hilfe der angegebenen Silben sind zunächst die 31 gesuchten Begriffe zu finden; die verwendeten Silben werden stets ausgestrichen, sodass zum Schluss keine Silbe übrig bleibt. Die bezifferten Buchstaben ergeben dann, jeweils von oben nach unten gelesen (zuerst die linken Spalten, dann die rechten), **als Lösung** des Rätsels **6 Fachausdrücke**, die sich auf Struktur, Eigenschaften und Funktionen *eines* Zellbereichs beziehen.

---

ade är bak blatt bo bran brü chlo chon chro cken cy del den des dra dri dri
elek en en eu falt fu ga ge go ha hy id id in iso
ka kern ko koh kom kro kuo la la le le len len
ma mel mem men men mi mi mi mit mo mo nel nen nisch no no
on or par pha pha phat phos pi plas plas plast plo re ren ri ri ro ry
se se se se ser sin skop som som spin stoff struk struk
te te te tel ten ten ter ter thy ti ti to to to to to to to tra tri tri tro
tur tur ul va wand was zell zell zen zep zy zy

---

1. Zellteilungsart, die in unserem Körper etwa 3 Mio. mal pro Sekunde stattfindet .... 5 = ... 4 = ...
2. energetisches „Kleingeld" der Zelle .... 3 = ... 6 = ...
3. im Mikroskop erkennbarer Träger der Erbanlagen .... 5 = ... 9 = ...
4. mit einfachem Chromosomensatz .... 6 = ... 5 = ...
5. Verbindungen zwischen Pflanzenzellen .... 1 = ... 4 = ...
6. heterotrophe Prokaryonten .... 5 = ... 8 = ...
7. Moleküle, die auf spezifische Signalstoffe ansprechen und Folgereaktionen auslösen .... 1 = ... 5 = ...
8. Bestandteil aller Zellen, hat selektive Permeabilität .... 5 = ... 3 = ...
9. typischer Teil der pflanzlichen Zelle, besteht aus einem Polysaccharid .... 2 = ... 6 = ...
10. Teil der Pflanzenzellen, in dem die Fotosynthese stattfindet .... 9 = ... 10 = ...
11. Ort der Protein-Biosynthese, „Eiweiß-nähmaschine" .... 3 = ... 7 = ...
12. Gerät zur Betrachtung ultrafeiner Strukturen .... 12 = ... 7 = ...
13. allgemeine Bezeichnung für Zellbestandteile, die vergleichbar sind mit den Organen eines Organismus .... 7 = ... 8 = ...
14. eine Art der Aufnahme flüssiger Stoffe durch eine Zelle (das „Trinken" einer Zelle) .... 2 = ... 6 = ...

Rätsel Biologie
Kommentierte Kopiervorlagen für S I und S II – Bestell-Nr. 12 845

Die Zelle

30

Ein Silbenrätsel

15. Zustand, in dem sich Chromatiden verdoppeln .... 3 = ... 9 = ...
16. typischer Bestandteil einer ausdifferenzierten Pflanzenzelle, nimmt den größten Raumteil ein .... 2 = ... 7 = ...
17. älteste, d. h. zuerst angelegte Schicht einer Zellwand .... 5 = ... 3 = ...
18. Lebewesen mit Zellkern (Plural) .... 9 = ... 2 = ...
19. membranbegrenzte Reaktionsräume in der Zelle .... 4 = ... 6 = ...
20. eine Art der Aufnahme fester Stoffe durch eine Zelle .... 2 = ... 4 = ...
21. die „Kraftwerke" der Zelle .... 4 = ... 7 = ...
22. die räumliche Struktur eines Makromoleküls .... 8 = ... 3 = ...
23. System von Mikrotubuli, das bei Kernteilungen unentbehrlich ist .... 6 = ... 9 = ...
24. Membransäckchen der Chloroplasten (Singular) .... 2 = ... 8 = ...
25. Bindungskräfte zwischen polaren Molekülen .... 9 = ... 10 = ...
26. Struktur mancher Eiweißmoleküle, kommt z. B. in Seide vor .... 3 = ... 1 = ...
27. Gerät zum Trennen von Zellbestandteilen aufgrund ihrer unterschiedlichen physikalischen Eigenschaften .... 11 = ... 1 = ...
28. Grundplasma der Zelle .... 5 = ... 8 = ...
29. von gleicher Konzentration an gelösten Teilchen .... 1 = ... 7 = ...
30. Stoffgruppe, wichtigste Energiequelle der Zellen, Reservestoffe, Stützsubstanzen .... 9 = ... 2 = ...
31. verästelte Fortsätze von Nervenzellen, für Reizaufnahme und -weiterleitung .... 2 = ... 3 = ...

Lösungswörter:

1. ______________________ 2. ______________________

3. ____________ 4. ____________ 5. ____________ 6. ____________

KOHL VERLAG
Rätsel Biologie
Kommentierte Kopiervorlagen für S I und S II – Bestell-Nr. 12 845

LEHRERSEITE

30 Die Zelle

Lösung und Hinweise zu Nr. 30

1. Mitose	5 = S	4 = O	
2. Adenosintriphosphat	3 = E	6 = S	
3. Chromosom	5 = M	9 = M	
4. haploid	6 = I	5 = O	
5. Plasmodesmen	1 = P	4 = S	
6. Bakterien	5 = E	8 = E	
7. Rezeptoren	1 = R	5 = P	
8. Zellmembran	5 = M	3 = L	
9. Zellwand	2 = E	6 = A	
10. Chloroplast	9 = A	10 = S	
11. Ribosom	3 = B	7 = M	
12. Elektronenmikroskop	12 = I	7 = O	
13. Organellen	7 = L	8 = L	
14. Pinozytose	2 = I	6 = Y	
15. Interphase	3 = T	9 = S	
16. Vakuole	2 = A	7 = E	
17. Mittellamelle	5 = E	3 = T	
18. Eukaryonten	9 = T	2 = U	
19. Kompartimente	4 = P	6 = R	
20. Phagozytose	2 = H	4 = G	
21. Mitochondrien	4 = O	7 = O	
22. Tertiärstruktur	8 = S	3 = R	
23. Kernspindel	6 = P	9 = D	
24. Thylakoid	2 = H	8 = I	
25. Wasserstoffbrücken	9 = O	10 = F	
26. Faltblattstruktur	3 = L	1 = F	
27. Ultrazentrifuge	11 = I	1 = U	
28. Cytoplasma	5 = P	8 = S	
29. isotonisch	1 = I	7 = I	
30. Kohlenhydrate	9 = D	2 = O	
31. Dendriten	2 = E	3 = N	

Lösungswörter: 1. SEMIPERMEABILITAET, 2. PHOSPHOLIPIDE, (linke Spalten)
3. OSMOSE, 4. PLASMOLYSE, 5. TURGOR, 6. DIFFUSION (rechte Spalten)

Klassenstufe: 10. – 11.
Schwierigkeitsgrad: ★★
Zeitbedarf: 20 Minuten

Das Rätsel befasst sich mit dem **Feinbau der Zelle**, wie er üblicherweise zu Beginn der Sekundarstufe II als Vorbereitung auf künftige Kurse erarbeitet wird; auch **Eigenschaften und Funktionen von Zellbestandteilen** werden angesprochen. Allzu spezielle Fragen kommen im Rätsel nicht vor, die sechs **Lösungswörter** beziehen sich auf die Zellmembran. Die durch das Rätsel angestrebte Stoffwiederholung kann man eventuell noch ausbauen, beispielsweise durch den mitunter gern gebrauchten **Vergleich einer Zelle mit einer Industrieanlage** (Tabelle); die linke Seite der Tabelle gibt man vor, die rechte Seite wird gemeinsam in der Unterrichtsstunde oder als Hausaufgabe ausgefüllt.

Die Zelle als Produktionsstätte – zur Funktion der Zellbestandteile:

Industrieanlage	Zelle
Werkszaun	Zellmembran (+ Zellwand bei Pflanzen)
Werkstore + Pförtner	Poren, Carrier
Werksstraßen	Endoplasmatisches Reticulum
Befehlszentrale + Steuerung	Zellkern
Baupläne	Erbsubstanz
Kraftwerke	Mitochondrien
Energielieferant (Niedrigspannung)	ATP
Werkstätten	Multienzymkomlexe, z. B. Ribosomen
einzelne Maschinen	Enzyme
Vorratsbehälter	Vesikel
Transportsystem aus der Zelle heraus	Golgi-Apparat
Müllhalde	Vakuolen (bei Pflanzen)
Rohstoffe (als Energielieferanten und als Baustoffe)	Nährstoffe sowie bei autotrophen Zellen Wasser und Kohlenstoffdioxid

Rätsel Biologie Kommentierte Kopiervorlagen für S I und S II – Bestell-Nr. 12 845
KOHL VERLAG

Gen, Allel & Co.

Ein Kreuzworträtsel zur Vererbungslehre

Trage die gesuchten Begriffe ein (Ä = AE), das **Lösungswort** ergibt sich aus den mit (a) bis (j) gekennzeichneten Buchstaben. Es benennt eine **praxisorientierte Forschungsrichtung** der Biologie.

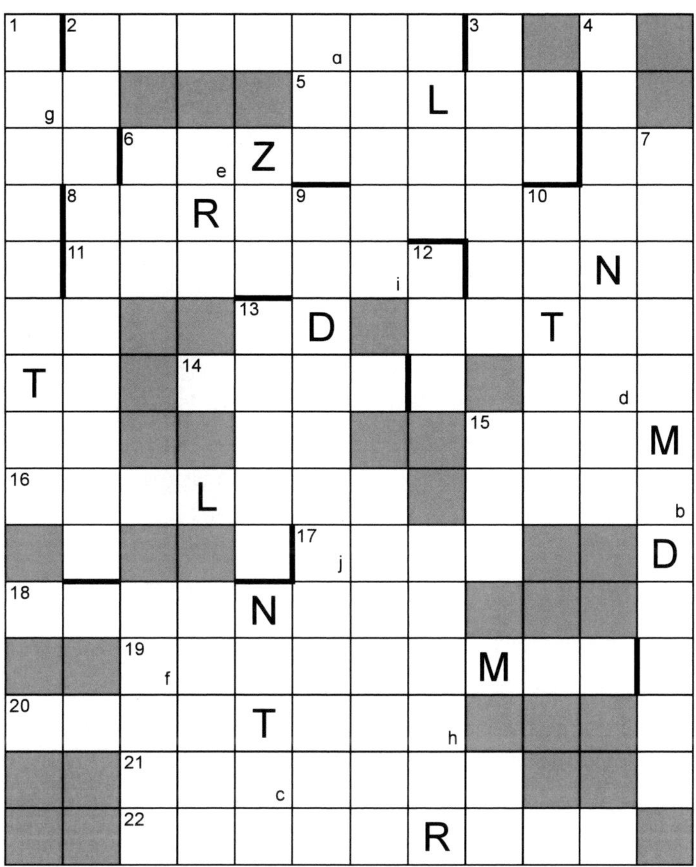

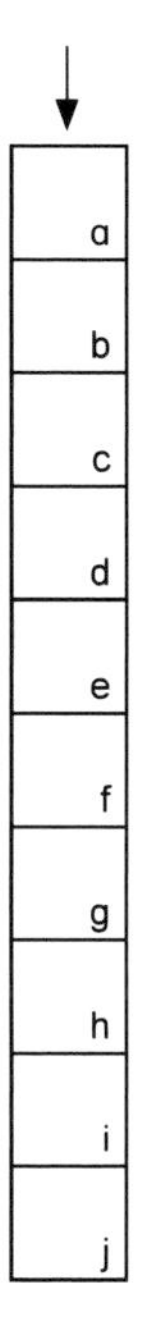

Waagrecht:

2. Fachwort für erbgutverändernd
5. Informationsgehalt eines Gens
6. Fachwort für unterdrückte Erbmerkmale
8. Träger der Erbanlagen
11. einfacher Chromosomensatz, typisch für Keimzellen
14. tropisches Getreide, von dem es sowohl durch Züchtung (1965) als auch durch Gentechnik (2001) verbesserte Sorten gibt
16. doppelter Chromosomensatz, typisch für Körperzellen
17. die Gesamtheit aller durch ungeschlechtliche Vermehrung aus einem Individuum hervorgegangenen Lebewesen
18. Fachwort für sich durchsetzende Erbmerkmale
19. Verbindungsstelle zwischen den Chromosomenhälften
20. Veränderung einer Erbanlage
21. Fachwort für Erbbild
22. bedeutet, dass die Informationen entsprechender Gene eines Individuums gleich sind

Senkrecht:

1. die Hälfte eines Chromosoms
2. bedeutet, dass die Informationen entsprechender Gene eines Individuums unterschiedlich sind
3. Zellteilungsart, die zur Bildung von Keimzellen führt, heißt auch Reifeteilung
4. Fachwort für Erscheinungsbild
7. Art des Erbgangs bei vergleichbar starken Erbmerkmalen
9. umweltbedingte Veränderung im Erscheinungsbild eines Lebewesens
10. Zellteilungsart, die zur Bildung von Körperzellen führt, findet beim Menschen rund 3 Millionen mal pro Sekunde statt
12. chemische Verbindung, in der die Erbinformationen verschlüsselt sind, Abkürzung für Desoxyribonukleinsäure
13. die Gesamtheit aller Gene eines Chromosomensatzes
15. Ort auf einem Chromosom, der die Information für ein bestimmtes Merkmal enthält

Rätsel Biologie
Kommentierte Kopiervorlagen für S I und S II – Bestell-Nr. 12 845

31 Gen, Allel & Co.

Lösung und Hinweise zu Nr. 31

Waagrecht: 2. mutagen, 5. Allel, 6. rezessiv, 8. Chromosomen, 11. haploid, 14. Reis, 16. diploid, 17. Klon, 18. dominant, 19. Centromer, 20. Mutation, 21. Genotyp, 22. reinerbig

Senkrecht: 1. Chromatid, 2. mischerbig, 3. Meiose, 4. Phaenotyp, 7. intermediaer, 9. Modifikation, 10. Mitose, 12. DNS (oder DNA), 13. Genom, 15. Gen

Lösungswort: GENTECHNIK

Klassenstufe: 8. – 10.
Schwierigkeitsgrad: ★★
Zeitbedarf: 15 Minuten

Das Rätsel kann den Genetikunterricht der SI stichpunktartig zusammenfassen und abschließen. Mit Ausnahme von Frage 14 waagrecht und Frage 12 senkrecht werden nur Begriffe aus der **klassischen Genetik** erfragt. Als aufgelockerte Form der **Wiederholung** eignet sich das Rätsel sowohl zur Bearbeitung im Unterricht als auch für eine Hausaufgabe. Beim Lösen dürften kaum Schwierigkeiten auftreten, zumal als Lösungshilfe bereits einige Buchstaben angegeben sind. Man kann das Rätsel aber auch in unterschiedlicher Weise **weiternutzen (I, II)**.

I. Anknüpfend an das **Lösungswort** bietet sich im Zusammenhang mit dem in Frage 14 waagrecht erwähnten gentechnisch veränderten Reis die Gelegenheit, Schülern einen ersten Ausblick auf **Anwendungsbereiche der Gentechnik** zu vermitteln. (Obwohl den Schülern die molekularen Grundlagen zum Verständnis noch weitestgehend fehlen dürften, ist dies durchaus möglich.) Möglichkeiten und Risiken der Gentechnik könnten einfachstmöglich angesprochen werden. Zum **Goldenen Reis** findet man Angaben auf der Lehrerseite von Rätsel Nr. 25.
In Schulbüchern der SI wird mitunter die Produktion von **Insulin** mittels eines gentechnisch veränderten Bakteriums vorgestellt. Auch die Herstellung **genetischer Fingerabdrücke** beruht auf gentechnischen Verfahren; **Anwendungsbereiche** sind z. B. Abstammungsnachweise und die Kriminalistik; Auswertungsbeispiele dazu findet man bei Rätsel Nr. 32.

II. Für eine **ausführliche Wiederholung**, beispielsweise als Vorbereitung auf eine schriftliche Lernkontrolle, könnte der Lehrer **zusätzlich** zu den im Rätsel vorkommenden Fachausdrücken (a) weitere aus dem vorangegangenen Genetikunterricht benennen (b), für die die Schüler dann möglichst kurze, präzise Definitionen formulieren. Bei alphabetischer Sortierung der Begriffe entsteht dadurch eine Art **Glossar**. Die Vorgehensweise bringt es mit sich, dass die Schüler sich den gesamten Genetikunterricht inhaltlich nochmals vergegenwärtigen müssen.

(a) Allel – Centromer – Chromatid – Chromosomen – diploid – DNA – dominant – Gen – Genom – Genotyp – haploid – intermediär – Klon – Meiose – mischerbig – Mitose – Modifikation – mutagen – Mutation – Phänotyp – reinerbig – rezessiv

(b) Autosomen – Chromosomensatz – crossing-over – Doppelhelix – Erbanlagen – Erbgang – Erbgut – genetischer Code – Genpool – Gentechnik – Geschlechtschromosomen – heterozygot – homolog – homozygot – Hybride – Interphase – Keimzellen – Kernteilung – Kernspindel – Körperzellen – Kreuzung – mendelsche Regeln – mutagen – Mutante – Polygenie – polyploid – Reifeteilung – X-Chromosom – Y-Chromosom – Zellkern – Zellteilung – Züchtung – zweieiig

Genetik

Ein Kreuzworträtsel für Fortgeschrittene

Wenn man die 46 Fachausdrücke aus der Genetik gefunden hat und die eingekreisten Buchstaben wie angegeben sortiert, erhält man als **Lösungswort** einen Begriff, der mit Gentechnik zu tun hat.

Lösungswort:

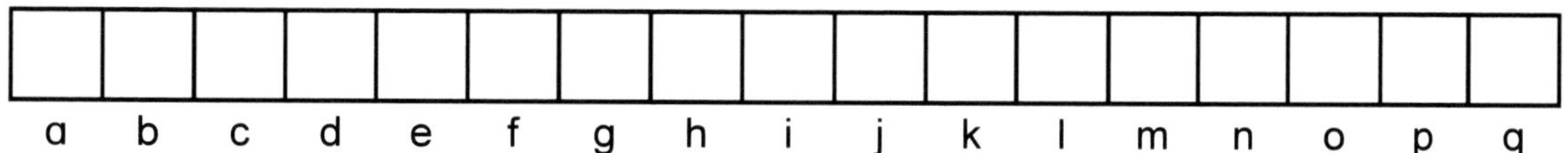

Rätsel Biologie
Kommentierte Kopiervorlagen für S I und S II – Bestell-Nr. 12 845
KOHL VERLAG

SCHÜLERSEITE 2

32 Genetik

Ein Kreuzworträtsel für Fortgeschrittene

Waagrecht:

1. Stoff, der die Verdopplung der Chromosomenzahl ermöglicht
3. dient zum Auffinden bestimmter Basensequenzen
5. große Gruppe der Prokaryonten
6. Untersuchungsobjekt von Mendel
8. männliche Keimzelle von Blütenpflanzen
9. so nennt man vorherrschende Allele
10. bei gleichem Erbgut durch verschiedene Umweltbedingungen hervorgerufene Variante
12. Getreide, das sehr intensiv und erfolgreich züchterisch bearbeitet wird
14. wirksamer Teil der DNS
15. Zustand der Zelle, in dem sich die Chromatiden verdoppeln
16. Fachausdruck für Mischling
17. klärte die Bedeutung der DNS auf
20. erbliche Merkmale auf den roten Blutkörperchen
22. Gesamtheit aller durch ungeschlechtliche Vermehrung aus einem Lebewesen entstandenen Individuen
23. Vermehrung zweier genetisch verschiedener Lebewesen
24. Bakterienfresser (Singular)
26. Veränderung einer Erbanlage
29. weibliche Keimzelle
30. enthält Uracil
31. Information eines Streckenabschnitts der DNS
33. Zellteilungsart, die beim Menschen relativ selten geschieht
34. Energieüberträger
35. Streckenabschnitt der DNS, Träger einer genetischen Information
36. Gesamtheit aller Lebewesen, die zu einem Genpool gehören
37. Mitentdecker der Molekularstruktur der DNS (zusammen mit Nr. 43 waagrecht)
39. die Chromosomen, die an der Geschlechtsbestimmung nicht beteiligt sind
40. Getreideart, an der erstmals springende Gene entdeckt wurden
41. Zellteilungsart, die beim Menschen etwa 3 Mio. mal pro Sekunde geschieht
42. gut färbbares Körperchen in der Zelle
43. Mitentdecker der Molekularstruktur der DNS (zusammen mit Nr. 37 waagrecht)
44. Lebewesen ohne Kernmembran (Plural)
45. Botenstoffe; manche können Gene schalten
46. Baustein der DNS

Senkrecht:

2. bekannte Struktur mancher Makromoleküle
3. Gegensatz von Phänotyp
4. bildet 20 % der Chromosomenmasse
5. Verschmelzung zweier Zellkerne
7. Überkreuzung von Chromosomen
8. typisches Merkmal vieler Nutzpflanzen
11. das Einschalten von Genen
13. Begründer der Genetik (1822 – 1884), entdeckte grundlegende Gesetze der Vererbung
18. das bekannteste Modell hierzu stammt von *Jakob* und *Monod*
19. Übertragungsschlüssel z. B. von Basentripletts zu Aminosäuren
21. Fachwort für springendes Gen
24. der Großproduzent von Proteinen
25. anderer Ausdruck für Keimzelle
27. DNS-Abschnitt ohne Bedeutung
28. Gesamtbestand der Chromosomen einer Zelle
29. aus Eiweiß bestehender Katalysator
32. Zusatzchromosom
38. Hauptbegründer der modernen Bakteriologie, entdeckte u. a. den Erreger der Tuberkulose

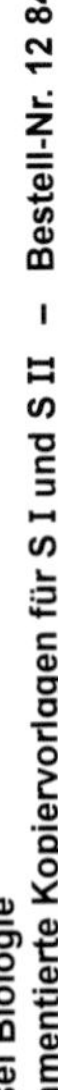
Rätsel Biologie
Kommentierte Kopiervorlagen für S I und S II – Bestell-Nr. 12 845
KOHL VERLAG

Genetik

Ergänzungsseite: Genetische Fingerabdrücke

Mutter | Kind | Mann 1 | Mann 2

1. Ein Vaterschaftsnachweis

Für ein Vaterschaftsgutachten wurden die genetischen Fingerabdrücke einer Mutter, ihres Kinds und zweier möglicher Väter, sog. Putativväter, erstellt. Die abgebildeten, aussagekräftigen Partien zeigen, welcher Mann der leibliche Vater des Kinds ist und welcher als Vater ausgeschlossen werden muss.

Zu welchem Ergebnis kommen Sie? Erklären Sie genau, inwiefern der Ausschnitt zweifelsfrei die Vaterschaft des einen Mannes beweist und die des anderen Mannes ausschließt.

Welche biologische Gesetzmäßigkeit liegt dem Auswertungsprinzip zugrunde?

____

____

____

Opfer | Beweis-material | Verdächtige 1 | 2

2. Eine Täterermittlung

Jemand wird überfallen und wehrt sich erfolgreich durch Kratzen, der Täter entkommt. An den Fingernägeln des Opfers befinden sich Hautpartikel und Blutspuren des Täters; diese werden so vorsichtig wie möglich entfernt und als Beweismaterial sichergestellt. Später werden zwei Verdächtige festgenommen.

Stellen Sie anhand der genetischen Fingerabdrücke fest, ob einer der beiden Festgenommenen der Täter ist und begründen Sie Ihr Ergebnis.

____

____

____

Rätsel Biologie
Kommentierte Kopiervorlagen für S I und S II – Bestell-Nr. 12 845

L E H R E R S E I T E

32 Genetik

Lösung und Hinweise zu Nr. 32

Waagrecht: 1. Colchicin, 3. Gensonde, 5. Bakterien, 6. Erbse, 8. Polle, 9. dominant, 10. Modifikation, 12. Reis, 14. Exon, 15. Interphase, 16. Hybrid, 17. Avery, 20. Blutgruppen, 22. Klon, 23. Kreuzung, 24. Phage, 26. Mutation, 29. Ei, 30. RNS (oder RNA), 31. Allel, 33. Meiose, 34. ATP, 35. Gen, 36. Art, 37. Watson, 39. Autosomen, 40. Mais, 41. Mitose, 42. Chromosom, 43. Crick, 44. Prokaryonten, 45. Hormone, 46. Nucleotid

Senkrecht: 2. Helix, 3. Genotyp, 4. DNS (oder DNA), 5. Befruchtung, 7. Chiasma, 8. Polyploidie, 11. Induktion, 13. Mendel, 18. Regulation, 19. Code, 21. Transposon, 24. Polysom, 25. Gamet, 27. Intron, 28. Genom, 29. Enzym, 32. Plasmid, 38. Koch

Lösungswort: RESTRIKTIONSENZYM

Klassenstufe: 10. – 13.
Schwierigkeitsgrad: ★★★
Zeitbedarf: 30 Minuten

Mit dem Rätsel lässt sich ein Genetik-Kurs **abschließen**. Die erfragten Begriffe und Zusammenhänge sind in ihrer Gesamtheit speziell genug, um den Schülern als **Anhaltspunkte für die Vorbereitung auf eine Klausur** zu dienen. Dazu gibt man ihnen die Rätselvorlagen zwei bis drei Stunden vorher zur Bearbeitung als Hausaufgabe mit. Außerdem kann man das **Lösungswort** zur Vorstellung des **DNA-Fingerprintings** heranziehen.

Die Herstellung eines genetischen Fingerabdrucks beruht auf dem Einsatz von **Restriktionsenzymen**, mittels derer genomische DNA der untersuchten Proben zunächst in Fragmente geschnitten wird. Die Fragmente werden durch Gel-Elektrophorese entlang der Gelbahn nach Längen sortiert. Nach Aufteilen der Doppelstränge in Einzelstränge und weiteren Bearbeitungsschritten resultiert schließlich ein Muster aus Linien („Banden").

Genetische Fingerabdrücke sind **personenspezifisch** und dennoch **persönlichkeitsneutral**. Obwohl aus genomischer DNA gewonnen, geben sie keine Auskunft über die genetischen Merkmale der untersuchten Personen, weil **repetitive Sequenzabschnitte der Introns** dargestellt werden und diese ja gerade keine genetischen Informationen codieren. Die Abschnitte sind **hypervariabel** und für jedes Individuum charakteristisch, sie werden **ererbt**.

Genetische Fingerabdrücke ermöglichen zweifelsfreie Abstammungsnachweise und werden u. a. auch zur Verbrechensaufklärung genutzt. Liegt nur sehr wenig Beweismaterial vor, kann dieses mittels PCR vermehrt werden. **Zwei „Fälle"** sind auf der Ergänzungsseite wiedergegeben (ein Abstammungsnachweis, eine Täterermittlung); sie können von den Schülern ausgewertet werden. Folgende **Antworten** sind zu erwarten:

1. Die obere Bande des Kinds stammt von Mann 2; weder die Mutter noch Mann 1 haben an dieser Stelle eine Bande. **Mann 2** ist der leibliche Vater des Kinds, bei Mann 1 ist die Vaterschaft ausgeschlossen. (Unterschiedliche Breiten der Banden hängen von der Menge des aufgetragenen Materials ab.) Das Bandenmuster wird nach den mendelschen Regeln je zur Hälfte von Mutter und Vater ererbt.

2. Der **2. Tatverdächtige** ist der Täter. Alle Banden im Beweismaterial, die nicht vom Opfer stammen, kommen bei ihm vor. Der 1. Tatverdächtige ist unschuldig; seine Banden kommen im Beweismaterial nicht vor.

Rätsel Biologie
Kommentierte Kopiervorlagen für S I und S II – Bestell-Nr. 12 845

Beispiele für Symbiosen

33

SCHÜLERSEITE

Ein Rätsel zum Ausschneiden und Einkleben

Wechselbeziehungen artverschiedener Individuen zu beiderseitigem Nutzen sind sehr speziell. Wenn man die mittleren und rechten Teile der Rätselvorlage ausschneidet (gestrichelte Linien) und an passender Stelle neu einklebt, kann man **zeilenweise von ganz links nach ganz rechts** 14 Beispiele und entlang der Buchstaben (rechts) die **Lösung** des Rätsels ablesen.

1 Über 80 % aller Pflanzen le- bezeichneten Symbiose. Mit salzversorgung der Pflanzen,	Termiten verzehrte Holz ab- die die Einzeller abgeben, **U**	in größere übertragen sie selnden Tentakeln bieten abfällen und Ortswechsel. **S**
2 Die bedeutendsten Symbiosen einige Vögel und Fleder- zur Ernährung (Pollen, Nek-	bauen Bakterien einige Bestand- zieren auch Vitamine. Den dingungen (Nahrung, Schutz,	aus Pilzen und im Fadengeflecht algen, Blaualgen). Die Algen erhalten von den Pilzen Wasser,
3 Bodenbakterien in den stickstoff binden. Sie bie- dungen und erhalten im	lassen ihre Haut und das freien. Die Putzerfische erhal- Hautreste).	dicht mit Blattläusen besetzt, es Ameisen abgesehen haben. Als vor Fressfeinden, z. B. den
4 Flechten sind Lebensformen einzelligen Algen (Grün- syntheseprodukte und	schen den Tentakeln großer Tentakeln bieten ihnen und ist bisher nicht bekannt. **E**	Maulinnere durch Putzer- ten auf diese Weise Nahrung **I**
5 Junge Pflanzen sind oft scheidungen, den Honigtau, die Ameisen die Blattläuse	teile des Nahrungsbreis Symbionten bieten sich im geeignete Temperatur). **H**	rallenfische) halten sich zwi- werden nicht genesselt. Die Vorteil für die Seeanemonen
6 Die Blattschneiderameisen tene Blätter in ihr Erd- die Wachstumsgrundlage.	rallen leben Algen, die bei herstellen. Die Polypen ihrer- Nährsalze.	zen in einer als Mykorrhiza Pilze die Wasser- und Nähr- organische Nährstoffe. **M**
7 Im Dickdarm des Menschen noch weiter ab, sie produ- Darm günstige Lebensbe-	die Cellulose des nähr- organismen ihrerseits sind **A**	der Tropen und Subtropen nest, zerkauen sie und bieten Die Ameisen ihrerseits ernähren
8 Im Pansen der Wiederkäuer stoffarmen Grases in für die Wiederkäuer die	afrikanischer Steppen) suchen Rind, nach Zecken und Fliegen- fliegen der Vögel kann eine	Amerikas schaffen zerschnit- so einem bestimmten Pilz sich von Pilzhyphen. **H**
9 Im Darm von Termiten leben bauen können. Die Termiten und von den Symbionten	lingsblütlern können Luft- wichtige Stickstoffverbin- benötigte Stoffe. **N**	Einzeller, die das von den ernähren sich von Substanzen, selbst.
10 Einsiedlerkrebse leben in die aufsitzenden Seerosen auf den Krebsen Schutz, die See-	guter Belichtung Nährstoffe seits liefern den Algen **T**	der Pilze eingelagerten liefern den Pilzen Foto- Salze und Schutz. **S**
11 In den Zellen vieler Ko- für sich und die Korallen Kohlenstoffdioxid und	sind die zwischen Pflanzen und mäuse). Den Pflanzen dienen sie tar). Die gegenseitigen Anpas-	wandeln Bakterien und Einzeller tierische Stärke um. Die Mikro- Haupt-Eiweißquelle.
12 Viele Korallenfische fische von Parasiten be- (Parasiten und abgestorbene	Wurzelknöllchen von Schmetter- ten den Pflanzen lebens- Gegenzug von den Pflanzen andere	die Haut großer Tiere, z. B. larven ab; das dient der Warnung vor Feinden sein. **R**
13 Clownfische (bestimmte Ko- Seeanemonen auf, sie ihren Eiern Schutz. Ein	ihren Bestäubern (Insekten, zur Vermehrung, den Tieren sungen sind oft erheblich. **E**	Schneckenhäusern; beim Wechsel die neue Behausung. Die nes- rosen profitieren von Nahrungs-
14 Die Madenhacker (Stare Elefant, Nashorn, Zebra, Seuchenbekämpfung. Fort-	ben im Wurzelbereich mit Pil- ihrem Mycel erleichtern die die Pflanzen liefern den Pilzen	auf deren zuckerreiche Aus- Gegenleistung verteidigen Larven der Marienkäfer. **C**

Rätsel Biologie
Kommentierte Kopiervorlagen für S I und S II – Bestell-Nr. 12 845
KOHL VERLAG

33 Beispiele für Symbiosen

Lösung und Hinweise zu Nr. 33

1 Über 80 % aller Pflanzen le- bezeichneten Symbiose. Mit salzversorgung der Pflanzen,	ben im Wurzelbereich mit Pil- ihrem Mycel erleichtern die die Pflanzen liefern den Pilzen	zen in einer als Mykorrhiza Pilze die Wasser- und Nähr- organische Nährstoffe.	**M** *(En)*
2 Die bedeutendsten Symbiosen einige Vögel und Fleder- zur Ernährung (Pollen, Nek-	sind die zwischen Pflanzen und mäuse). Den Pflanzen dienen sie tar). Die gegenseitigen Anpas-	ihren Bestäubern (Insekten, zur Vermehrung, den Tieren sungen sind oft erheblich.	**E** *(do)*
3 Bodenbakterien in den stickstoff binden. Sie bie- dungen und erhalten im	Wurzelknöllchen von Schmetter- ten den Pflanzen lebens- Gegenzug von den Pflanzen andere	lingsblütlern können Luft- wichtige Stickstoffverbin- benötigte Stoffe.	**N** *(sy)*
4 Flechten sind Lebensformen einzelligen Algen (Grün- syntheseprodukte und	aus Pilzen und im Fadengeflecht algen, Blaualgen). Die Algen erhalten von den Pilzen Wasser,	der Pilze eingelagerten liefern den Pilzen Foto- Salze und Schutz.	**S** *(mb)*
5 Junge Pflanzen sind oft scheidungen, den Honigtau, die Ameisen die Blattläuse	dicht mit Blattläusen besetzt, es Ameisen abgesehen haben. Als vor Fressfeinden, z. B. den	auf deren zuckerreiche Aus- Gegenleistung verteidigen Larven der Marienkäfer.	**C** *(io)*
6 Die Blattschneiderameisen tene Blätter in ihr Erd- die Wachstumsgrundlage	der Tropen und Subtropen nest, zerkauen sie und bieten Die Ameisen ihrerseits ernähren	Amerikas schaffen zerschnit- so einem bestimmten Pilz sich von Pilzhyphen.	**H** *(nt)*
7 Im Dickdarm des Menschen noch weiter ab, sie produ- Darm günstige Lebensbe-	bauen Bakterien einige Bestand- zieren auch Vitamine. Den dingungen (Nahrung, Schutz,	teile des Nahrungsbreis Symbionten bieten sich im geeignete Temperatur).	**H** *(en)*
8 Im Pansen der Wiederkäuer stoffarmen Grases in für die Wiederkäuer die	wandeln Bakterien und Einzeller tierische Stärke um. Die Mikro- Haupt-Eiweißquelle.	die Cellulose des nähr- organismen ihrerseits sind	**A** *(t)*
9 Im Darm von Termiten leben bauen können. Die Termiten und von den Symbionten	Einzeller, die das von den ernähren sich von Substanzen, selbst.	Termiten verzehrte Holz ab- die die Einzeller abgeben,	**U** *(h)*
10 Einsiedlerkrebse leben in die aufsitzenden Seerosen auf den Krebsen Schutz, die See-	Schneckenhäusern; beim Wechsel die neue Behausung. Die nes- rosen profitieren von Nahrungs-	in größere übertragen sie selnden Tentakeln bieten abfällen und Ortswechsel.	**S** *(e)*
11 In den Zellen vieler Ko- für sich und die Korallen Kohlenstoffdioxid und	rallen leben Algen, die bei herstellen. Die Polypen ihrer- Nährsalze.	guter Belichtung Nährstoffe seits liefern den Algen	**T** *(o)*
12 Viele Korallenfische fische von Parasiten be- (Parasiten und abgestorbene	lassen ihre Haut und das freien. Die Putzerfische erhal- Hautreste).	Maulinnere durch Putzer- ten auf diese Weise Nahrung	**I** *(r)*
13 Clownfische (bestimmte Ko- Seeanemonen auf, sie ihren Eiern Schutz. Ein	rallenfische) halten sich zwi- werden nicht genesselt. Die Vorteil für die Seeanemonen	schen den Tentakeln großer Tentakeln bieten ihnen und ist bisher nicht bekannt.	**E** *(i)*
14 Die Madenhacker (Stare Elefant, Nashorn, Zebra, Seuchenbekämpfung. Fort-	afrikanischer Steppen) suchen Rind, nach Zecken und Fliegen- fliegen der Vögel kann eine	die Haut großer Tiere, z. B. larven ab; das dient der Warnung vor Feinden sein.	**R** *(e)*

Lösungswörter: MENSCH / HAUSTIER (für SI) **oder** ENDOSYMBIONTENTHEORIE (für SII)

Klassenstufe: 8. – 13.
Schwierigkeitsgrad: ★★
Zeitbedarf: 20 Minuten

Die 14 Beispiele zeigen die **Vielfalt, Verbreitung** und **Bedeutung** symbiotischer Lebensformen. Beschrieben werden sporadische und dauerhafte Symbiosen, fakultative und obligatorische Symbiosen, Ekto- und Endosymbiosen, Symbiosen von unterschiedlichem Nutzen. Einige Beispiele werden in der SI besprochen, aber mitunter in anderem Kontext (vgl. Nr. 2, Nr. 7). Die **Lösung** benennt die jüngste und zugleich einzige anthropogene Symbiose.

In der SII im Rahmen der Evolution oder Ökologie eingesetzt, könnte ein **anderes Lösungswort** wünschenswert sein; es ist bei der Lösung als Alternative in Klammern geschrieben und müsste vom Lehrer auf der Kopiervorlage gegen die bisherigen Buchstaben ausgetauscht werden.

Rätsel Biologie
Kommentierte Kopiervorlagen für S I und S II – Bestell-Nr. 12 845

Spurensuche

34

Eine Rätselspirale zur Stammesgeschichte des Menschen

Tragen Sie die **gesuchten Begriffe** oder die in den Sätzen **fehlenden Fachausdrücke**, innen beginnend, in die Rätselspirale ein; beachten Sie dabei: Ä = AE, Ö = OE, Ü = UE, ß = SS. Wenn Sie dann die **stark eingekreisten Buchstaben** der Reihe nach lesen, erhalten Sie als **Lösungswort** die Fachbezeichnung für den Zeitraum, in dem vor 6 bis 12 Millionen Jahren aus tierischen Vorfahren die ersten Menschen entstanden.

1. Ordnung, zu der Halbaffen, Affen und Menschen zählen
2. Sammelbezeichnung für sehr verschiedenartige, auch unterschiedlich gut erhaltene Funde prähistorischen Lebens, von denen manche in Grenzen Auskunft geben können über unsere stammesgeschichtlichen Vorfahren
3. Aschereste in bestimmten geologischen Schichten legen die Vermutung nahe, dass der Mensch schon vor rund 1,5 Millionen Jahren das ..... kannte und nutzte
4. eine Reihe angeborener Merkmale im ..... des Menschen lässt sich durch stammesgeschichtliche Zusammenhänge erklären
5. ..... und Bonobo sind unsere nächsten lebenden Verwandten
6. er hatte bereits ein menschenähnliches Gebiss und einen aufrechten Gang; wird als Vormensch bezeichnet
7. Affen haben einen Greiffuß, Menschen dagegen einen .....
8. sie ist beim Menschen über den Lendenwirbeln „abgeknickt", was Voraussetzung für den aufrechten Gang ist
9. Name des bekanntesten Individuums der Gattung *Australopithecus*
10. die Gattung ..... (lat. *Homo*) gibt es seit mindestens 3 Millionen Jahren, vielleicht auch schon wesentlich länger
11. ein typisches Werkzeug der Steinzeit, wurde durch Behauen z. B. von Feuerstein hergestellt
12. der Vormensch und der auf ihn folgende ..... lebten nur im östlichen Afrika
13. abgerundete Zahnbögen und kleine Eckzähne kennzeichnen das menschliche ....
14. Fähigkeit, die als wesentlicher Schritt in der Entwicklung zum Menschen gilt
15. der ..... und der Pekingmensch sind bedeutende Vertreter des bereits weit über Afrika hinaus verbreiteten Frühmenschen
16. eine fliehende Stirn, ein fliehendes Kinn und ein ..... sind charakteristische Schädelmerkmale aller frühen Menschen
17. er gehörte zur Gattung *Homo*, ist aber nicht unser Vorfahre; er bewohnte vor 120 000 bis vor 30 000 Jahren Europa und Asien
18. Linie, zu der wir gehören und die sich vor ca. 1 Million Jahren vom späteren Neandertaler trennte; ihre ältesten Funde in Europa sind 40 000 Jahre alt
19. jetzige Meeresstraße; bis vor rund 14 000 Jahren Festlandsebene, über die der heutige Mensch vor 25 000 bis 15 000 Jahren von Sibirien aus auf den amerikanischen Kontinent gelangte
20. Zeit, an die der Neandertaler mit seiner kräftigen, gedrungenen Gestalt hervorragend angepasst war
21. Name der für den Menschen typischen Handkonstruktion, die darin besteht, dass der Daumen jedem anderen Finger gegenübergestellt werden kann
22. bis vor rund 10 000 Jahren waren die Menschen ..... und Jäger, danach wurden sie sesshaft, ernährten sich von Ackerbau und hielten Nutztiere
23. es nahm im Laufe der Entwicklung vom Vormenschen zum Jetztmenschen um das Dreifache auf jetzt 1400 bis 2000 ml zu
24. die ältesten bisher bekannten Kunstwerke der frühen Menschheit, wurden mit Erdfarben, Holzkohle und Pflanzensäften hergestellt; sie sind rund 15 000 Jahre alt und wurden in Südfrankreich (Lascaux) und Nordspanien (Altamira) entdeckt

Rätsel Biologie
Kommentierte Kopiervorlagen für S I und S II – Bestell-Nr. 12 845

SCHÜLERSEITE 2

34

Spurensuche

Eine Rätselspirale zur Stammesgeschichte des Menschen

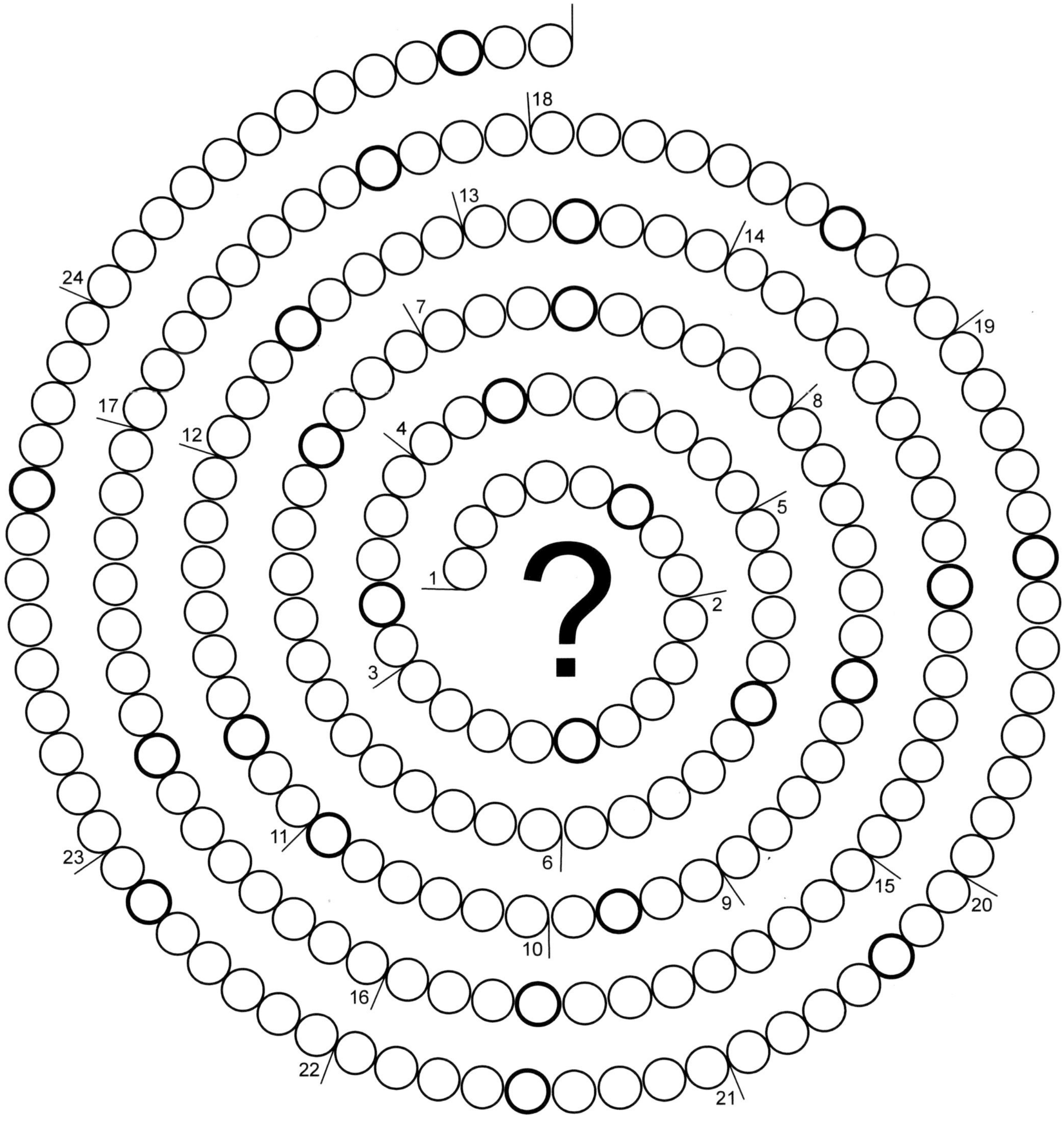

18
13
14
24
7
19
8
17
12
4
5
1
?
2
3
11
6
23
9
15
20
10
16
22
21

Das Lösungswort (aus den eingekreisten Buchstaben) heißt:

_ _ _ _ – _ _ _ _ _ _ – _ _ _ _ _ _ _ _ _ _ _ _ _ _

1 2 3 4 5 6 7 8 9 10 11 12 13 14 15 16 17 18 19 20 21 22 23 24

Rätsel Biologie
Kommentierte Kopiervorlagen für S I und S II – Bestell-Nr. 12 845

Spurensuche

Lösung und Hinweise zu Nr. 34

1. Primaten, 2. Fossilien, 3. Feuer, 4. Verhalten, 5. Schimpanse, 6. Australopithecus, 7. Standfuss, 8. Wirbelsaeule, 9. Lucy, 10. Mensch, 11. Faustkeil, 12. Urmensch, 13. Gebiss, 14. Werkzeuggebrauch, 15. Heidelberger, 16. Ueberaugenwulst, 17. Neandertaler, 18. Jetztmensch, 19. Beringstrasse, 20. Eiszeit, 21. Greifhand, 22. Sammler, 23. Gehirnvolumen, 24. Hoehlenbilder

Lösungswort: TIER - MENSCH - UEBERGANGSFELD

Klassenstufe: 10. – 13.
Schwierigkeitsgrad: ★★★
Zeitbedarf: 20 Minuten

Die **Stellung des Menschen im System der Lebewesen** bildet üblicherweise den Abschluss des Themas Evolution; hier lässt sich das Rätsel einsetzen.

Das Rätsel befasst sich mit der stammesgeschichtlichen Entwicklung der **Hominiden**; das spiegelt sich auch im Lösungswort wider. Das Lösungswort wird aufgrund der Umschreibung und auch wegen der Struktur des Worts (zwei Bindestriche sind vorgegeben) meist schnell gefunden – oft schon zu Beginn „erraten" – und liefert den Schülern dann wichtige Buchstaben für die einzelnen Antworten.

- Mit acht Fragen bilden diejenigen zu charakteristischen **morphologischen und anatomischen Befunden**, denen im Zuge der Hominisation besondere Bedeutung beigemessen wird, einen Schwerpunkt des Rätsels (Nr. 6, 7, 8, 13, 16, 20, 21, 23).
- Außerdem wird der **Verbreitung** der aufeinander folgenden Spezies der Gattung *Homo* ausführlich Rechnung getragen (Nr. 12, 15, 17, 19, 20).
- Jeweils erreichte **geistige Fähigkeiten und kulturelle Entwicklungen** werden hervorgehoben (Nr. 3, 11, 14, 22, 24).

Die genannten Facetten, von denen keine für sich allein betrachtet werden darf, da keine für sich allein aussagekräftig ist, lassen sich mit dem Rätsel in einer Art **Zwischenbilanz** bündeln, bevor weitere evolutionsbiologische Parallelen aus anderen Bio-Wissenschaften, z. B. aus Biochemie, Genetik und Ethologie, das bisher im Unterricht Erarbeitete ergänzen.
Obwohl für die Kursthemen der Sekundarstufe II konzipiert, erscheint eine Verwendung der Rätselspirale bei entsprechendem Stoffverteilungsplan durchaus auch schon in **Klasse 10** möglich – dann als methodisch wünschenswerte **Auflockerung** der Unterrichtsstunde und zugleich anspruchsvoller **Abschluss** der Thematik.

KOHL VERLAG Rätsel Biologie Kommentierte Kopiervorlagen für S I und S II – Bestell-Nr. 12 845

SCHÜLERSEITE 1

35 2x rund um den Wald

Zwei Rätselfiguren

In **Teil A** sind 12 Arten von Wald zu erraten. Alle Wörter **enden mit der Silbe „WALD“**; trage sie, bei den Ziffern beginnend, **von außen nach innen** in die obere Rätselfigur ein.

Die in **Teil B** gesuchten Begriffe haben ebenfalls mit Wald zu tun; sie **fangen mit der Silbe „WALD“** an und werden, bei den Ziffern endend, **von innen nach außen** eingetragen.

Wenn du die Buchstaben der eingerahmten Felder wie angegeben aneinanderreihst, erhältst du als **Lösung** des Rätsels **zwei Begriffe aus der Forstwirtschaft**.

A:
1. immergrüner Wald, der z. B. aus Fichten, Kiefern oder Tannen bestehen kann
2. er ist das Ergebnis langfristiger Planung und dient meist der Holzgewinnung, wird auch Wirtschaftswald genannt
3. flussbegleitender Feuchtwald in Savannen- und Steppengebieten
4. sommergrüner Wald der gemäßigten Breiten
5. immergrüner Wald im ganzjährig heißen und feuchten Klima der Tropen
6. vom Menschen völlig unbeeinflusster Wald
7. aus Keimlingen (nicht aus Stockausschlägen) hervorgegangener Wald, dessen hohe Baumstämme meist im Alter von 80 – 120 Jahren geschlagen werden
8. kühler, feuchter Hochgebirgswald der Tropen
9. in Mitteleuropa weit verbreiteter Waldtyp, benannt nach dem vorherrschenden (Laub)baum
10. er enthält verschiedene Arten von Bäumen
11. bei uns selten gewordene Lebensgemeinschaft im Überschwemmungsbereich von Flüssen
12. er darf wegen seiner Schutzfunktion (z. B. gegen Lawinenentstehung) nicht gefällt werden

B:
1. wichtiger Wasserspeicher, Lebensraum zahlreicher kleiner Tiere
2. würziges Kraut mit kleinen weißen Blüten, auch Maikraut genannt; wird zur Bereitung von Bowlen verwendet
3. sie entstehen als Folgen ungünstiger Einwirkungen auf den Wald, z. B. durch Trockenheit, sauren Regen, Schädlinge, Wildverbiss (Ä = AE)
4. sie sieht ungefähr aus wie ein „verkleinerter“ Uhu
5. einheimischer Nadelbaum mit jeweils zwei Nadeln in einem Büschel, heißt auch Föhre
6. dort hört infolge von Kälte oder Trockenheit der geschlossene Wald auf
7. mittelalterliche und noch bis ins 19. Jahrhundert gängige Art der Waldnutzung
8. es unterscheidet sich in Temperatur, relativer Feuchte, Luftzusammensetzung und weiteren Faktoren wesentlich vom umgebenden Freiland
9. er wird eigens für Schüler und andere wissensdurstige Personen angelegt
10. nützliches, staatenbildendes Insekt
11. er vernichtet jedes Jahr große Waldgebiete
12. leckere Frucht einer kleinen Waldpflanze

Rätsel Biologie
Kommentierte Kopiervorlagen für S I und S II – Bestell-Nr. 12 845

2x rund um den Wald

35

SCHÜLERSEITE 2

Zwei Rätselfiguren

A

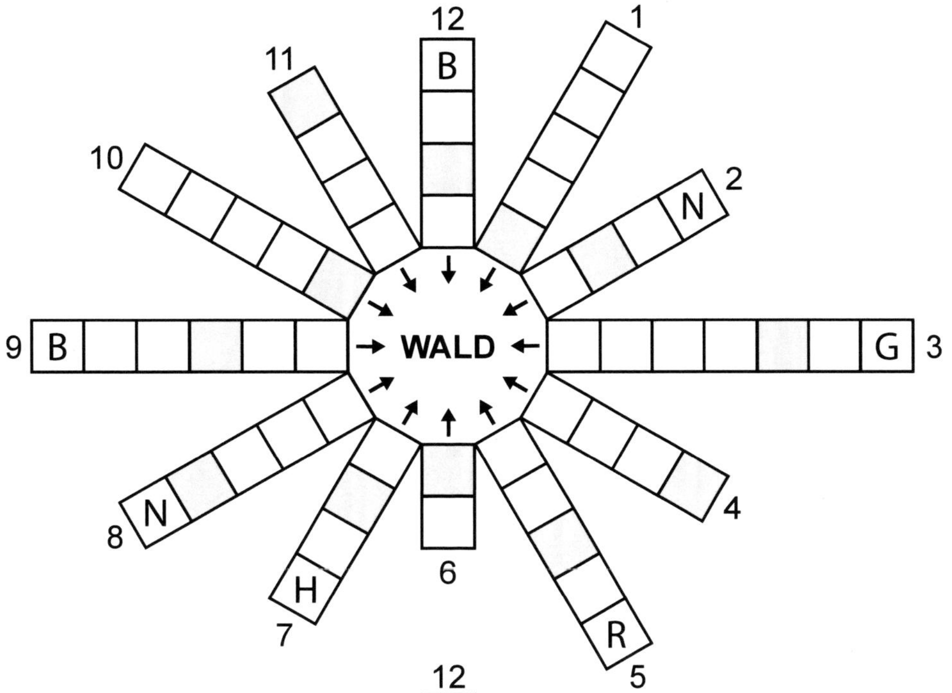

12 B
1
2 N
3 G
4
5 R
6
7 H
8 N
9 B
10
11

WALD

B

12 D
1
2 T
3 D
4 R
5
6 Z
7 D
8
9 H
10
11

WALD

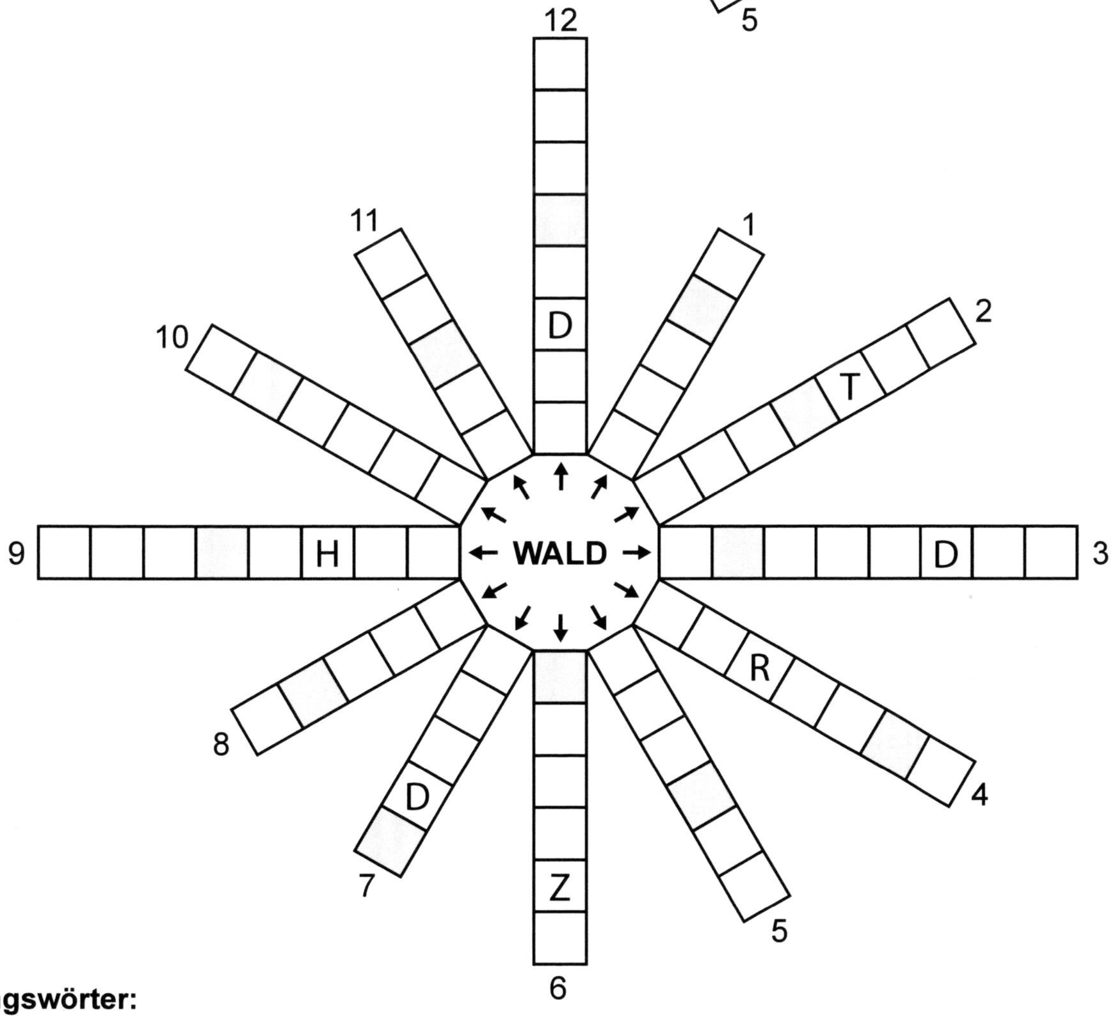

Lösungswörter:

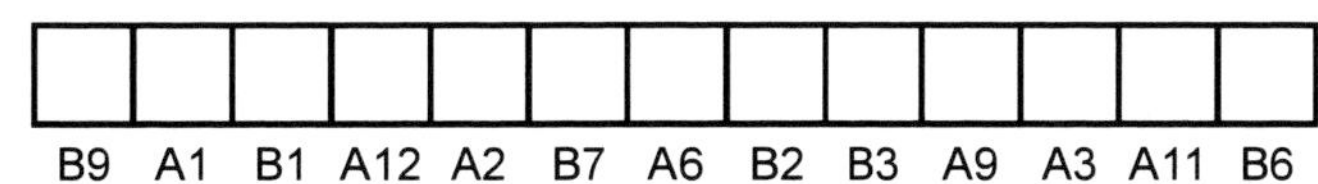

Rätsel Biologie
Kommentierte Kopiervorlagen für S I und S II – Bestell-Nr. 12 845
KOHL VERLAG

35 2x rund um den Wald

Lösung und Hinweise zu Nr. 35

A: 1. Nadel-, 2. Nutz-, 3. Galerie-, 4. Laub-, 5. Regen-, 6. Ur-, 7. Hoch-, 8. Nebel-, 9. Buchen-, 10. Misch-, 11. Auen-, 12. Bann- **WALD**
B: 1. **WALD** -boden, 2. -meister, 3. -schaeden, 4. -ohreule, 5. -kiefer, 6. -grenze, 7. -weide, 8. -klima, 9. -lehrpfad, 10. -ameise, 11. -brand, 12. -erdbeere

Lösungswörter: FEMELSCHLAG, PLENTERSCHLAG

Klassenstufe: 7. – 10.
Schwierigkeitsgrad: ★★
Zeitbedarf: 15 Minuten

In „2x rund um den Wald" geht es um **Waldarten** und ihre **Verbreitung** in Abhängigkeit von Klimazonen und anderen Standortfaktoren, um die **Bedeutung** des Walds sowie die weltweite **Gefährdung** der Wälder. Eine Reihe von Fragen lässt sich mit Allgemeinwissen beantworten, Teil B wird durch einige leicht zu findende Einzelbeispiele aufgelockert, sodass die Rätselfiguren im Rahmen einer Unterrichtsreihe zum Thema „Wald" an fast beliebiger Stelle zu verwenden sind.

Die **Lösungswörter** eignen sich, um den Grundsatz der **Nachhaltigkeit** für jegliche Art der Waldnutzung herauszuarbeiten. Bezogen auf die Holzwirtschaft heißt das: Es wird nur so viel Holz gefällt, wie nachwächst.

Anmerkungen zu den Lösungswörtern:

Femelschlag und Plenterschlag sind ressourcenverträgliche Betriebsarten der Waldwirtschaft.

I. Beim **Femelschlag** werden **kleine Gruppen** alter, starker Stämme geschlagen; dadurch entstehen örtlich begrenzte Lichtungen, auf denen neue Jungwuchsgruppen angelegt und so die Altersstufen auf der Bestandsfläche gruppenweise gemischt werden. Femelschlag ist geeignet für Bäume, die **von der Jungwuchsstufe an Sonne** zum Gedeihen benötigen (z. B. Eiche, Waldkiefer, Lärche).

II. Beim **Plenterschlag** erfolgt die Verjüngung des Hochwalds durch Schlagen jeweils **einzelner Bäume.** Der gesamte Wald wird laufend verjüngt, es findet ein unmerklicher, stetiger Wechsel auf kleinsten Flächen statt; die Bestandsfläche zeigt alle Entwicklungsstufen in ungeregelter Mischung. Plenterschlag eignet sich **nur für Schattenholzarten** (z. B. Tanne, Buche, Fichte).

In der Forstwirtschaft werden Bäume vor ihrem Maximalalter geschlagen. Splintholzbäume, z. B. Birke und Hainbuche, werden nicht so alt wie Kernholzbäume. Die Zeitspanne zwischen Pflanzung und Fällung heißt **Umtriebszeit**.

Umtriebszeiten und (in Klammern) maximales Alter einiger einheimischer Forstbäume in Jahren:

Bergahorn	120 – 140	(200)	Fichte	80 – 120	(1100)
Birke	60 – 80	(120)	Lärche	100 – 140	(600)
Eiche	180 – 300	(1300)	Kiefer	100 – 120	(500)
Hainbuche	60 – 100	(150)	Tanne	90 – 130	(500)
Rotbuche	120 – 140	(900)			
Spitzahorn	120 – 140	(600)			

(Anm.: Die gleiche Tabelle befindet sich auch auf Seite 96.)

Rätsel Biologie
Kommentierte Kopiervorlagen für S I und S II – Bestell-Nr. 12 845

Schonen und schützen

36

Ein Merksatz

Die Natur ist ein kostbares Gut, das es zu schonen und zu schützen gilt – der für seine hintergründigen Gedichte bekannte Münchener Schriftsteller Eugen Roth hat am Beispiel eines Baums darauf hingewiesen. Den **Wortlaut des Spruchs** erhält man, wenn man die falsch sortierten Aktenordner in die richtige Reihenfolge bringt; man kann ihn dann zeilenweise von links nach rechts ablesen.

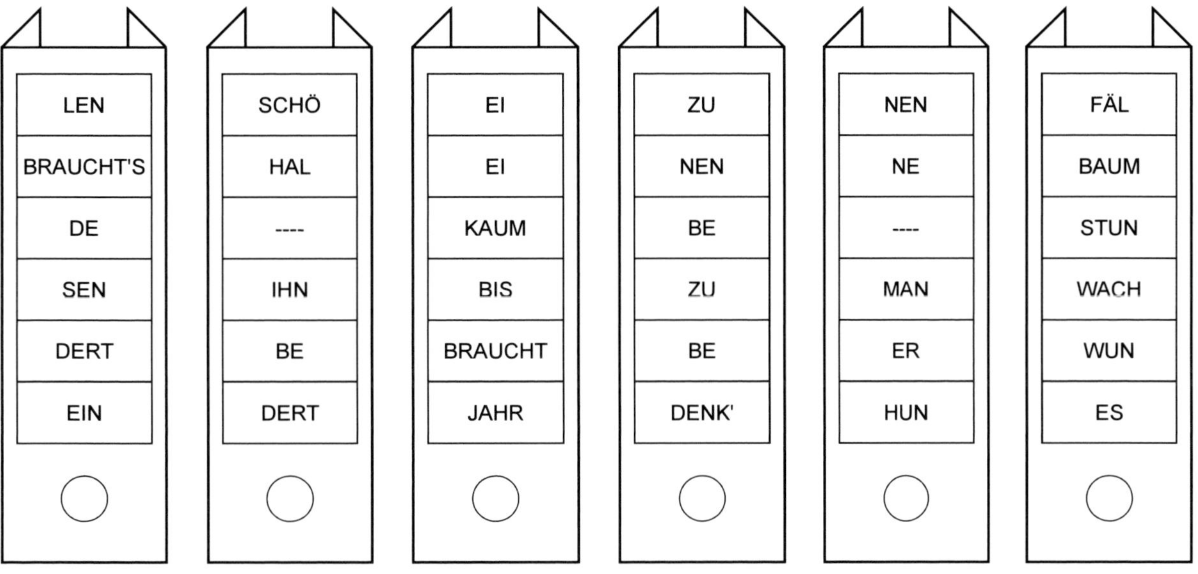

▲ Falsche Sortierung der Aktenordner

▼ **Lösung:** Richtige Reihenfolge der Ordner (Spruch ablesbar)

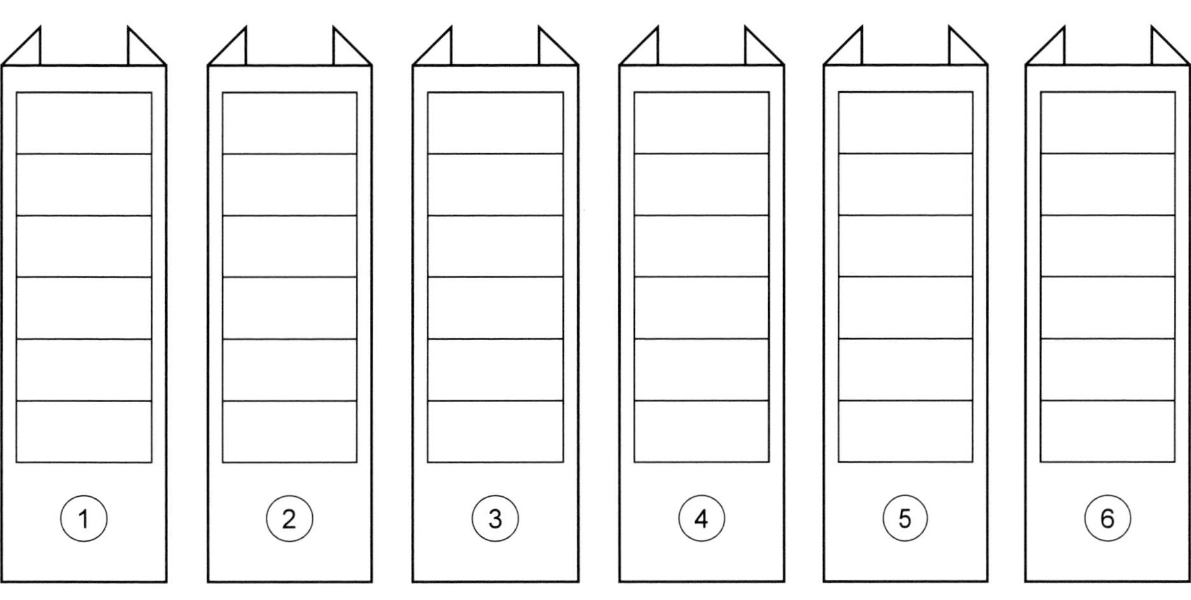

Rätsel Biologie
Kommentierte Kopiervorlagen für S I und S II – Bestell-Nr. 12 845
KOHL VERLAG

36 Schonen und schützen

Lösung und Hinweise zu Nr. 36

Wortlaut des Spruchs:

Zu fällen einen schönen Baum
braucht's eine halbe Stunde kaum.
Zu wachsen, bis man ihn bewundert,
braucht er, bedenk' es, ein Jahrhundert.

Richtige Reihenfolge der Ordner:

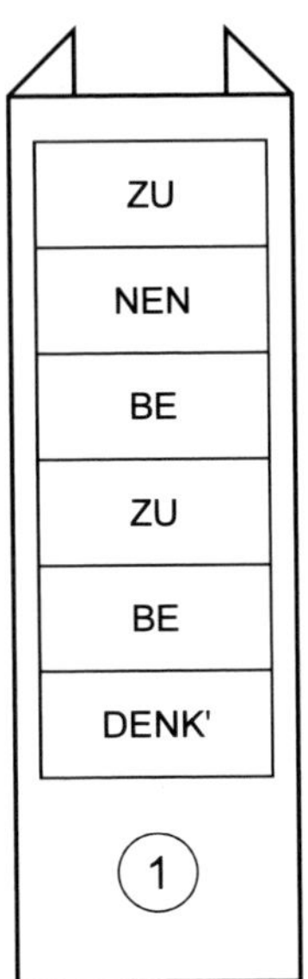

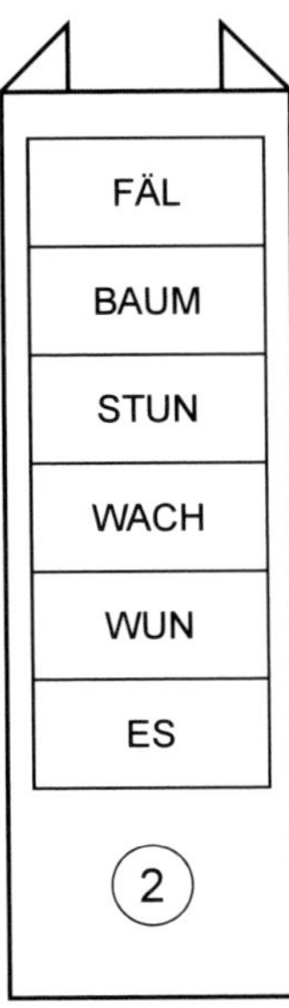

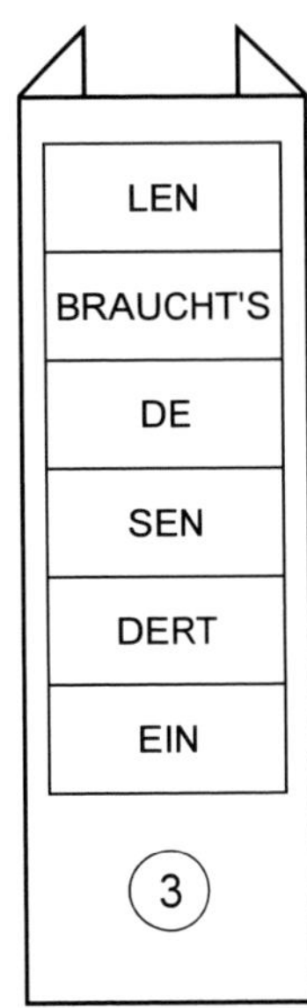

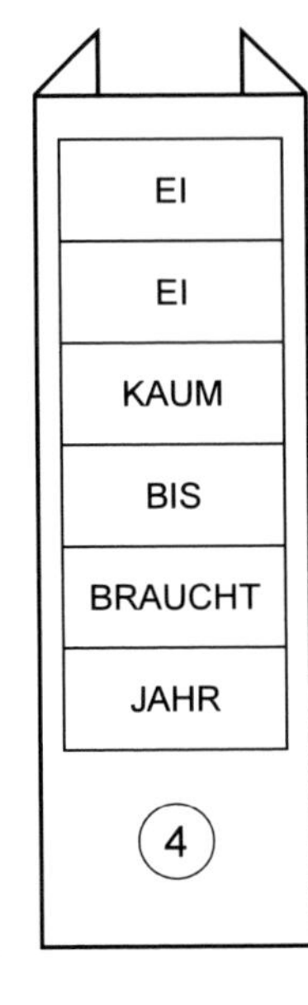

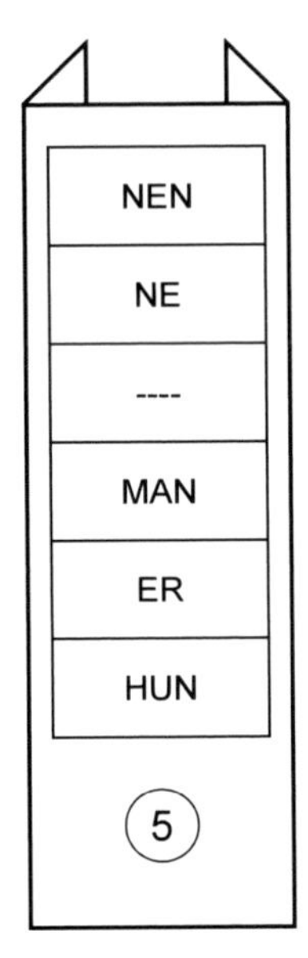

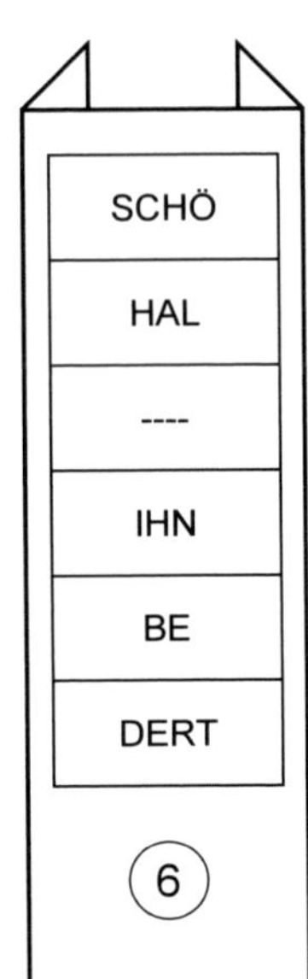

Klassenstufe: 5. – 13.
Schwierigkeitsgrad: ★★
Zeitbedarf: 10 Minuten

Den pfleglichen Umgang mit der Natur kann man in allen Klassenstufen und bei vielen Gelegenheiten thematisieren und je nach Alter der Schüler und Anforderungsniveau dafür unterschiedliche Beispiele sammeln. Der **Spruch ist einprägsam** und eignet sich deshalb gut als „Merksatz" (von allgemeiner Gültigkeit, weit über den biologischen Bereich hinaus). Naheliegend ist es, das Rätsel bei der Behandlung des Walds als Ökosystem oder im Rahmen des Naturschutzes unterrichtlich zu nutzen. Die folgende Tabelle kann dabei hilfreich sein; sie enthält Werte zu **Umtriebszeiten** und **maximalem Alter** einiger einheimischer Forstbäume. (In der Forstwirtschaft versteht man unter Umtriebszeit die Zeitspanne zwischen Pflanzung und Fällung eines Baums.)

Bergahorn	120 – 140	(200)	Fichte	80 – 120	(1100)
Birke	60 – 80	(120)	Lärche	100 – 140	(600)
Eiche	180 – 300	(1300)	Kiefer	100 – 120	(500)
Hainbuche	60 – 100	(150)	Tanne	90 – 130	(500)
Rotbuche	120 – 140	(900)			
Spitzahorn	120 – 140	(600)			

Umtriebszeiten und (in Klammern) maximales Alter einiger einheimischer Forstbäume in Jahren

Rätsel Biologie
Kommentierte Kopiervorlagen für S I und S II – Bestell-Nr. 12 845

Naturschutz von A bis Z

Eine Rätselspirale

Ergänze die folgenden Sätze durch die passenden Begriffe und trage sie der Reihe nach, bei A beginnend, in die Rätselspirale ein (Ä = AE, Ö = OE). In jedem Wort befindet sich ein stark eingekreister Buchstabe; diese Buchstaben ergeben, in die angegebene Reihenfolge gebracht, die **Lösung des Rätsels**.

Zahlreiche Tiere und Pflanzen sind vom **A.....** bedroht.

Die **B.....** ist ein einheimisches Reptil, aber keine Schlange.

Luft, Wasser und Boden können durch sehr verschiedenartige **C.....** verunreinigt werden.

Den tropischen Regenwald nennt man auch **D.....** .

Zum Schutz der Elefanten darf mit **E.....** kein Handel mehr betrieben werden.

F..... fliegen nachts und orientieren sich mit Ultraschall; sie gehören zu den bei uns am meisten bedrohten Tieren.

Orang-Utan, **G.....** und Schimpanse sind Menschenaffen; ihr Lebensraum ist der afrikanische und südostasiatische tropische Regenwald.

H..... und Büsche gehören bei uns zu den an Tierarten reichsten Lebensräumen.

Zu den **I.....** zählen z. B. Schmetterlinge, Libellen, Fliegen, Wespen, Bienen, Käfer und Ameisen.

Je älter ein Baum ist, desto mehr **J.....** hat sein Stamm.

Der **K.....** ist ein schlimmer Schädling für eines unserer Hauptnahrungsmittel.

Der bei uns am weitesten verbreitete Waldtyp ist der **L.....** .

Auf die Verwendung von **M.....** und anderem begehrten Tropenholz sollte zum Schutz tropischer Wälder verzichtet werden.

Großräumige Naturschutzgebiete, die vor allem der Erhaltung und Beobachtung der jeweils heimischen Tier- und Pflanzenwelt dienen, heißen **N.....** .

Immer wieder tritt in Küstengebieten die für Wassertiere oft tödliche **O.....** auf.

P..... sind in den Tropen beheimatete, oft sehr farbenprächtige Vögel, die größtenteils unter Naturschutz stehen.

Q..... schmeckt frisch und enthält meist noch keine Umweltgifte.

Die Larven der Schmetterlinge heißen **R.....** ; sie zählen teilweise zu den Schädlingen.

Bei den **S.....** handelt es sich um eine artenreiche, weit verbreitete Gruppe meist Panzer tragender, geschützter Reptilien.

Der **T.....** ist eine vom Aussterben bedrohte asiatische Raubkatze.

U..... haben im Unterschied zu Fröschen und Kröten eine bunte Unterseite.

Das Aufhängen von Nistkästen dient dem **V.....** .

Die **W.....** mit ihren vielen Blumen ist ein wichtiger Lebensraum z. B. für Bienen und Schmetterlinge.

Der **Z.....** ist einer der kleinsten einheimischen Vögel.

Rätsel Biologie
Kommentierte Kopiervorlagen für S I und S II – Bestell-Nr. 12 845

SCHÜLERSEITE 2

37 Naturschutz von A bis Z

Eine Rätselspirale

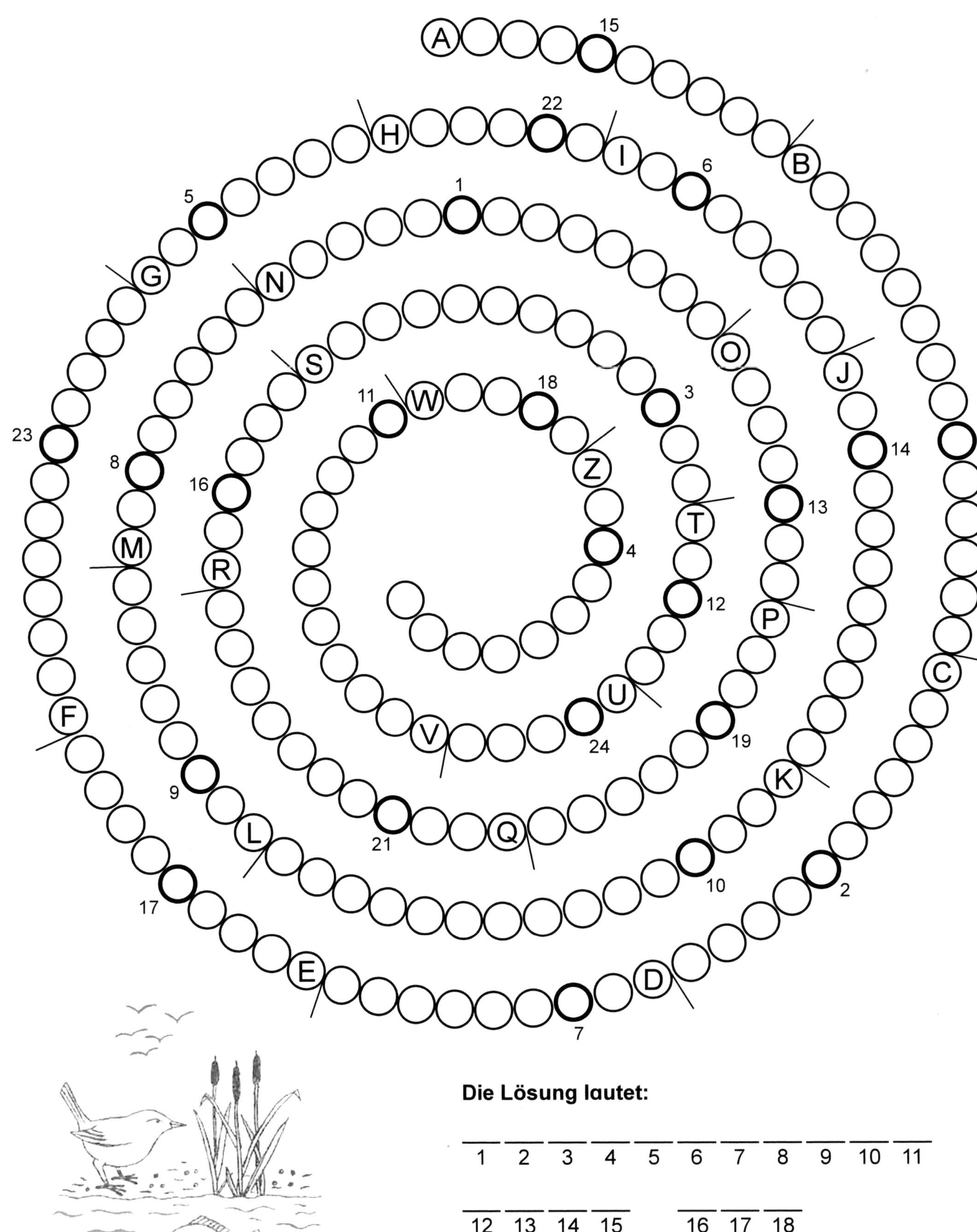

Die Lösung lautet:

___	___	___	___	___	___	___	___	___	___	___
1	2	3	4	5	6	7	8	9	10	11

___ ___ ___ ___   ___ ___ ___
12 13 14 15   16 17 18

___ ___ ___ ___   ___ ___
19 20 21 22   23 24

Rätsel Biologie
Kommentierte Kopiervorlagen für S I und S II – Bestell-Nr. 12 845
KOHL VERLAG

Naturschutz von A bis Z

37

Lösung und Hinweise zu Nr. 37

Aussterben, **B**lindschleiche, **C**hemikalien, **D**schungel, **E**lfenbein, **F**ledermaeuse, **G**orilla, **H**ecken, **I**nsekten, **J**ahresringe, **K**artoffelkaefer, **L**aubwald, **M**ahagoni, **N**ationalparks, **O**elpest, **P**apageien, **Q**uellwasser, **R**aupen, **S**childkroeten, **T**iger, **U**nken, **V**ogelschutz, **W**iese, **Z**aunkoenig

Die Lösung lautet: NATURSCHUTZ GEHT UNS ALLE AN.

Klassenstufe: 5. – 8.
Schwierigkeitsgrad: ★
Zeitbedarf: 15 Minuten

Das Rätsel enthält eine abwechslungsreiche Mischung von Beispielen, die sich **in ihrer Gesamtheit** dazu eignen, den Schülern der genannten Jahrgänge das Thema **„Natur- und Umweltschutz"** näher zu bringen. Das Rätsel bietet vor allem eine Möglichkeit des **Einstiegs** in die Thematik; spezielle Kenntnisse werden kaum vorausgesetzt, die Vorgabe der Anfangsbuchstaben lässt die Schüler die meisten Antworten schnell finden. Da keine Fragen im herkömmlichen Sinne gestellt werden, sondern eine Art Lückentext angeboten wird, den es zu vervollständigen gilt, wird Abwechslung in die sonst übliche Weise des Fragens und Antwortens gebracht.

Auch zu **Vertretungsstunden** bei fremden Schülern eignet sich das Rätsel, ebenso (für eigene Schüler) in der **letzten Stunde vor Ferienbeginn** – hier kann man sie „hellhörig" machen für ein naturverträgliches Verhalten in Freizeit und Urlaub (s. weiter unten).

Die Lösung soll die Schüler in jedem Fall dazu anregen, sich Gedanken darüber zu machen, wie der Einzelne **auf direkte oder indirekte Weise** einen Beitrag zum Natur- und Umweltschutz leisten kann, welche **Verhaltensweisen oder Maßnahmen** also geeignet sind, das kostbare Gut „Natur" **zu schonen und zu schützen**. (Diesbezügliches Fehlverhalten geschieht ja in aller Regel aus Unbekümmertheit, Unachtsamkeit oder Unwissen und lässt sich daher in vielen Fällen leicht korrigieren, wenn es erst einmal als solches erkannt ist.)

Einige Beispiele natur- und umweltverträglichen Verhaltens:

- in der freien Natur auf den Spazier- und Wanderwegen bleiben
- keine Wiesen zertrampeln
- Hunde im Wald an der Leine lassen (auch wo es noch nicht vorgeschrieben ist)
- mit dem Mountainbike nicht querfeldein fahren
- keinen Abfall (Trinktüten, Dosen, Sonnenölflaschen, ...) in der Natur / am Strand zurücklassen
- keine Chemikalien wie Öl und Benzin ins Wasser gießen
- Müll sortiert sammeln (Altglas, Altpapier, Biomüll, Verpackungsmüll, ...)
- beim Wassersport, auch z. B. beim Rudern, Abstand von naturnahen Uferregionen halten (Brutbereiche!)
- Vogelnistkästen und „Insektenhotels" (z. B. für Solitärbienen) aufhängen
- beim Kauf von Tieren geschützter Arten auf gültige Papiere achten
- kein Wasser verschwenden, z. B. Spül- und Waschmaschine gut füllen (kommt dem Grundwasser zugute)
- beim Beleuchten und Heizen den Energiebedarf senken (zur Minderung des CO_2- Ausstoßes)

SCHÜLERSEITE 1

38 Rund um das Wasser

Eine Rätselfigur

Ergänze die folgenden 16 Aussagen durch die passenden Begriffe; die ersten acht Begriffe **enden auf „WASSER“ (Nr. 1 – 8)**, die anschließenden acht **beginnen mit „WASSER“ (Nr. 9 – 16)**. Trage die gefundenen Begriffe entsprechend den Pfeilrichtungen in die Rätselfigur ein und beachte: Ä = AE, Ü = UE, ß = SS.
Das **Lösungswort** ergibt sich, wenn du die markierten Buchstaben wie angegeben sortierst; es benennt eine wichtige Fähigkeit von Gewässern.

1. Der durchschnittliche Salzgehalt von **.....**WASSER liegt bei 3,5 %.
2. **.....**WASSER muss farblos und klar, geruchlos, geschmacklos und vor allem frei von Krankheitserregern und gesundheitsgefährdenden Substanzen sein.
3. An das in Gewerbe und Industrie in großem Umfang benötigte **.....**WASSER werden wesentlich geringere Anforderungen gestellt als an Nr. 2.
4. In südlichen Ländern, vor allem in den Tropen, sollte man **.....**WASSER nur trinken, wenn es abgekocht worden ist.
5. Beim Wasser von Flüssen und Seen und bei Nr. 7 handelt es sich um **.....**WASSER.
6. **.....**WASSER ist durch die Aufnahme von Schadstoffen aus der Luft oft sauer.
7. Unser **.....**WASSER reicht schon lange nicht mehr aus, um die Bevölkerung mit Nr. 2 zu versorgen.
8. Bei **.....**WASSER lässt der Lebensraum Watt seine reiche Tierwelt erkennen.

---

9. Der WASSER**.....** des menschlichen Organismus beträgt ca. 60 %.
10. Für den Menschen ist eine tägliche WASSER**.....** von mindestens 3 Litern erforderlich.
11. Der WASSER**.....** in der Natur ist ein in sich geschlossenes System, in das der Mensch jedoch vielfältig eingreift.
12. Ein WASSER**.....** wird durch Hinweisschilder kenntlich gemacht und unterliegt Nutzungsbeschränkungen.
13. Da die WASSER**.....** am Grund stehender, nicht allzu flacher Gewässer das ganze Jahr über weitgehend konstant bei +4 °C liegt, können Tiere (Fische, Frösche, ...) hier überwintern.
14. Kommunale WASSER**.....** umfassen Anlagen zum Gewinnen, Aufbereiten, Speichern und Verteilen von Trinkwasser.
15. Die WASSER**.....** wird durch im Wasser gelöste Calcium- und Magnesiumsalze hervorgerufen.
16. Nimmt die Menge der WASSER**.....** in Flüssen und Seen zu stark zu, entsteht bei ihrem Abbau ein für die Lebewesen gefährlicher Sauerstoffmangel.

Rätsel Biologie
Kommentierte Kopiervorlagen für S I und S II – Bestell-Nr. 12 845

Rund um das Wasser

Eine Rätselfigur

Trage hier die 16 Begriffe ein: Nr. 1 – 8 von außen nach innen, Nr. 9 – 16 umgekehrt.

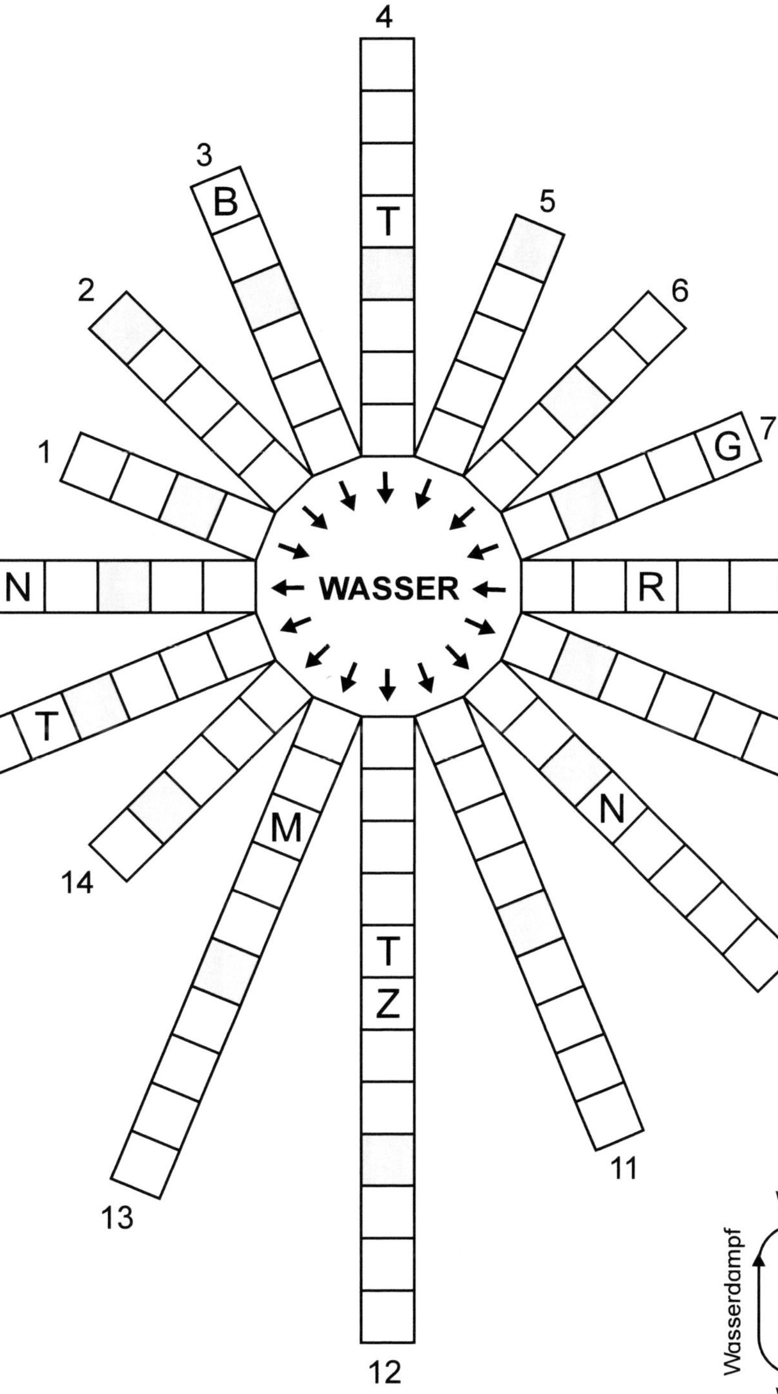

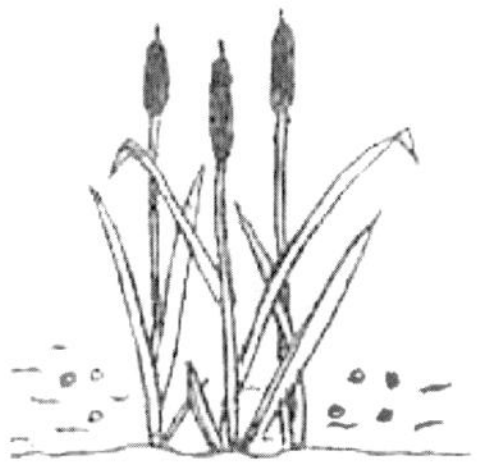

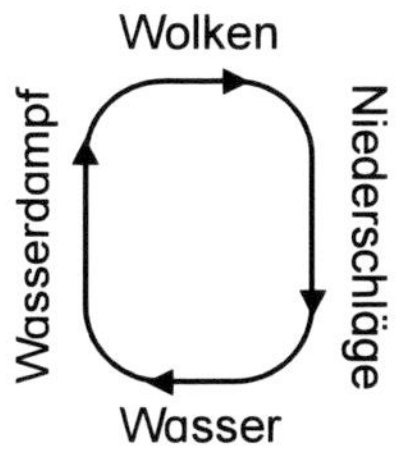

4

3 B

T

5

2

6

1

G 7

16 N ← WASSER ← R 8

T

15

9

N

M

14

T

Z

10

11

13

12

Wolken

Niederschläge

Wasser

Wasserdampf

Lösungswort:

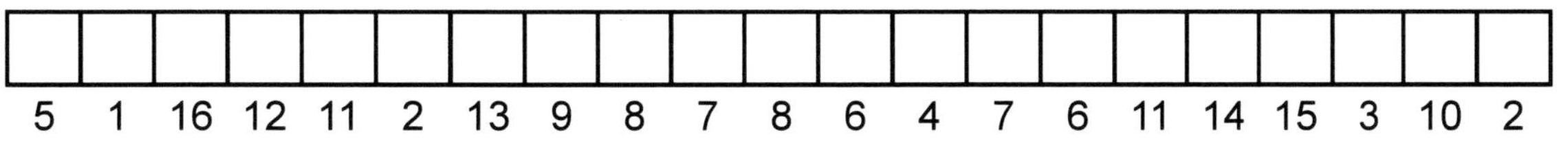

5 1 16 12 11 2 13 9 8 7 8 6 4 7 6 11 14 15 3 10 2

Rätsel Biologie
Kommentierte Kopiervorlagen für S I und S II – Bestell-Nr. 12 845

L E H R E R S E I T E

38 Rund um das Wasser

Lösung und Hinweise zu Nr. 38

1. Meer- WASSER	5. Suess- WASSER	9. WASSER -gehalt	13. WASSER -temperatur
2. Trink- WASSER	6. Regen- WASSER	10. WASSER -aufnahme	14. WASSER -werke
3. Brauch- WASSER	7. Grund- WASSER	11. WASSER -kreislauf	15. WASSER -haerte
4. Leitungs- WASSER	8. Niedrig- WASSER	12. WASSER -schutzgebiet	16. WASSER -pflanzen

Lösungswort: SELBSTREINIGUNGSKRAFT

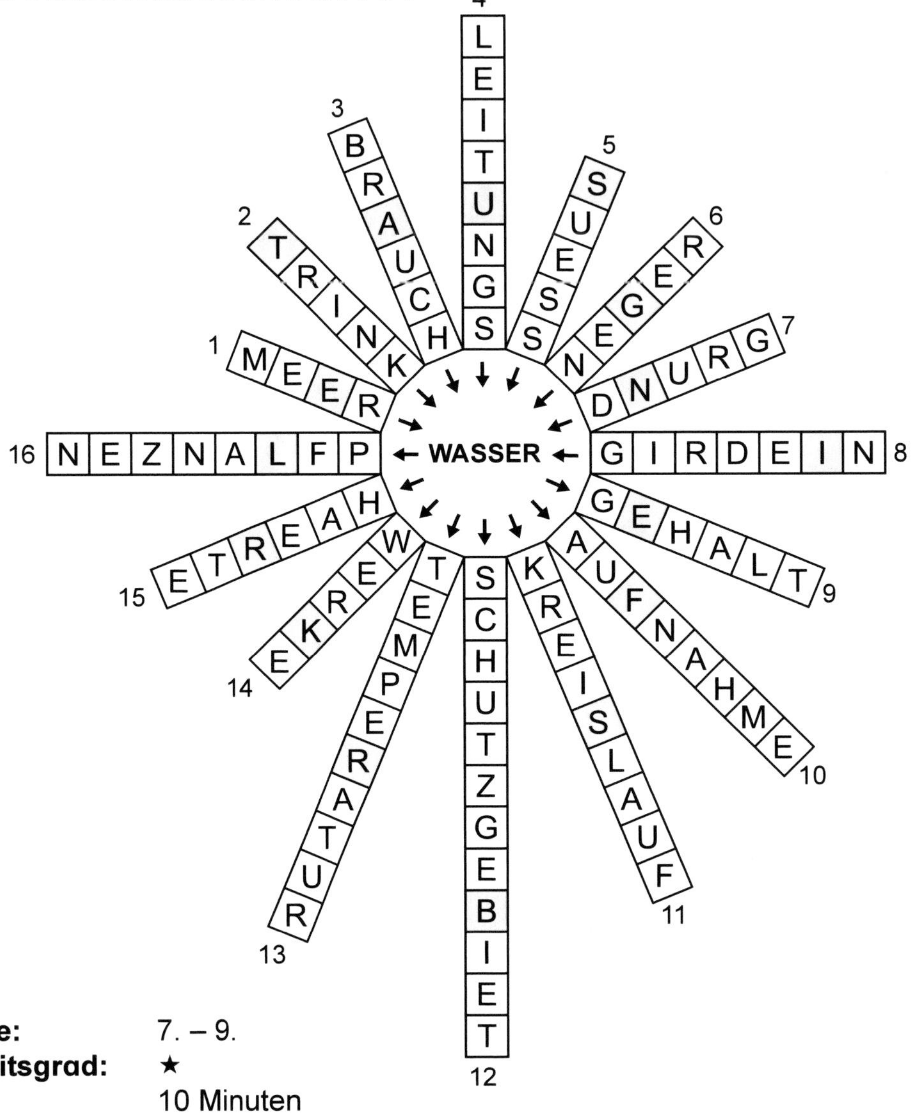

4 LEITUNGS
3 BRAUCH
5 SUESS
2 TRINK
6 REGEN
1 MEER
7 GRUND
16 NEZNALFP ← WASSER ← GIRDEIN 8
15 ETREAH
9 GEHALT
14 EKREW
10 AUFNAHME
13 TEMPERATUR
11 KREISLAUF
12 SCHUTZGEBIET

Klassenstufe: 7. – 9.
Schwierigkeitsgrad: ★
Zeitbedarf: 10 Minuten

Das **Ausfüllen der Rätselkaros** erfordert viel Konzentration, damit die Begriffsergänzungen in der jeweils richtigen Richtung eingetragen werden (die ersten acht Wortanteile von außen nach innen, die folgenden acht von innen nach außen); nur dann liefern sie auch die richtigen Buchstaben für das Lösungswort (siehe obige Abbildung).

„Wasser" eignet sich wie kaum ein anderes Thema für einen **fächerübergreifenden, projektartigen Unterricht**; das spiegelt sich auch in den zu ergänzenden Aussagen wider. Nicht alle Aussagen haben einen biologischen Inhalt, einige sind rein informativ oder fragen nach Fachbegriffen (Nr. 1, 3, 5), Nr. 13 hat einen physikalischen Hintergrund, Nr. 15 ist der Chemie zuzurechnen, Nr. 7 und 14 gehen über den naturwissenschaftlichen Bereich hinaus. Im Prinzip kann jede Aussage weiter ausgebaut werden, am besten im Bereich Natur- und Umweltschutz.

Rätsel Biologie
Kommentierte Kopiervorlagen für S I und S II – Bestell-Nr. 12 845

Düngemittel und Ackerboden

Ein Silbenrätsel

Der Boden muss einer Pflanze Wurzelraum bieten, die Sauerstoffversorgung der Wurzel sichern, die Wasseraufnahme ermöglichen und Nährstoffe bereitstellen; mit Düngemitteln führt man dem Ackerboden die durch die Ernte entzogenen Nährstoffe wieder zu. Das gezielte Einsetzen von Pflanzennährstoffen zur Sicherung der Ernteerträge geht auf den Chemiker *Justus von Liebig* (1803 – 1873) zurück; die von ihm entwickelte Methode hat die gesamte damalige .... **(Lösungswort)** revolutioniert.

Beantworte die Fragen mithilfe der angegebenen Silben (alle Silben müssen verwendet werden) und lies dann die bezifferten Buchstaben von oben nach unten; sie ergeben das gesuchte Lösungswort.

---

ab ak am ana bak bo chen den dün dün dün dün en ent
ge ge ger ger grün gung gung haar hu keit knöll lich lös lu ly
mas mehl men mi mi mo mum mus nähr ne ne ni ni po ral raum ren ri
sal se se ser setz stoff syn te ter the tho über vo voll was wit wur ze zel zo zug

---

1. Eigenschaft von Düngemitteln, Voraussetzung für die Aufnahme durch die Pflanzenwurzel .... 2 = ...
2. Düngemethode, bei der speziell dafür angebaute Pflanzen untergepflügt werden .... 1 = ...
3. negative Auswirkung jeder Ernte auf den Boden, muss ausgeglichen werden .... 4 = ...
4. allgemeine Bezeichnung für anorganischen Handelsdünger .... 2 = ...
5. großtechnisches Verfahren zur Bindung von Luftstickstoff, wichtige Grundlage für die Düngemittelproduktion .... 8 = ...
6. Wurzelbereich, in dem das Bodenwasser mit den darin gelösten Mineralstoffen aufgenommen wird .... 2 = ...
7. enthält „N + P + K“ in einem ausgewogenen Verhältnis .... 3 = ...
8. Dünger aus gemahlener Schlacke, die bei der Verhüttung phosphathaltiger Eisenerze entsteht .... 1 = ...
9. bilden die obere Schicht von Salzlagerstätten, werden zur Herstellung K- und Mg-haltiger Düngemittel verwendet .... 5 = ...
10. muss zum Schutz unserer Umwelt vermieden werden, kann sich ungünstig auf den Ernteertrag auswirken .... 4 = ...
11. Bakterien, die in Symbiose mit Schmetterlingsblütlern Luftstickstoff binden können .... 6 = ...
12. nährstoffreiche obere Bodenschicht, durch mikrobielle Zersetzung tierischer und pflanzlicher Stoffe entstanden .... 1 = ...
13. sollte jeder künstlichen Düngung vorausgehen, ist unabdingbar für die exakte Ermittlung des Düngemittelbedarfs .... 4 = ...
14. von *Justus v. Liebig* entdeckter Zusammenhang zwischen Pflanzenwachstum und Nährstoffgehalt eines Bodens .... 1 = ...
15. Naturerscheinung, durch die in der Luft große Mengen von Stickstoffoxiden gebildet (und ausgeregnet) werden .... 4 = ...
16. freier Raum zwischen den Bodenteilchen, für den Wasser- und Lufthaushalt wichtig (hängt z. B. von der Bodenart ab) .... 4 = ...

Rätsel Biologie
Kommentierte Kopiervorlagen für S I und S II – Bestell-Nr. 12 845
KOHL VERLAG

Düngemittel und Ackerboden

Lösung und Hinweise zu Nr. 39

1. W**a**sserlöslichkeit, 2. **G**ründüngung, 3. Näh**r**stoffentzug, 4. M**i**neraldünger, 5. Ammonia**k**synthese, 6. W**u**rzelhaarzone, 7. Vo**l**ldünger, 8. **T**homasmehl, 9. Abra**u**msalze, 10. Übe**r**düngung, 11. Knöll**c**henbakterien, 12. **H**umus, 13. Bod**e**nanalyse, 14. **M**inimumgesetz, 15. Gew**i**tter, 16. Por**e**nvolumen

Lösungswort: AGRIKULTURCHEMIE

Klassenstufe: 9. – 11.
Schwierigkeitsgrad: ★★★
Zeitbedarf: 15 Minuten

Düngemittel werden sowohl im Biologie- als auch im Chemieunterricht besprochen, das Rätsel enthält Fragen aus beiden Fächern; es werden auch großtechnische Verzahnungen mit der Düngemittelindustrie erwähnt und Aspekte der Bodenkunde angedeutet. Ein großer Teil der erfragten Lerninhalte muss den Schülern bekannt sein, um das Rätsel lösen zu können. Wenn die Schüler die verwendeten Silben konsequent ausstreichen (darauf hinweisen!), können sie die Antworten zu den bis zum Schluss offenen Fragen aus den restlichen Silben kombinieren.

Das **Lösungswort** bietet die Möglichkeit, die **Bedeutung von Liebigs Düngelehre** aus historischer Sicht zu würdigen. Missernten, Hungersnöte, Bevölkerungszunahme, Landflucht, Auswanderung seien als Stichpunkte zur Charakterisierung der damaligen Lebensbedingungen der Bevölkerung genannt. Seit ab Mitte des 19. Jahrhunderts *Liebigs* Erkenntnisse über die Notwendigkeit des Düngens von Ackerböden mit Pflanzennährstoffen (nach zunächst heftigen Widerständen und Rückschlägen) schließlich von der Wissenschaft anerkannt und von den Landwirten akzeptiert waren, setzte sich die Mineraldüngung schnell durch. Die ersten Düngemittelfabriken entstanden, die Hektarerträge der Felder konnten gesteigert werden. Die Hungersnöte nahmen ein Ende, die Auswanderungszahlen gingen zurück. *Liebigs* Werk „Die organische Chemie in ihrer Anwendung auf Agricultur und Physiologie" (1840) kann als Meilenstein in der Geschichte der Landwirtschaft bezeichnet werden.

Allerdings führen immer höhere Düngemittelgaben nicht zu immer höheren Ernteerträgen; vielmehr geht der Mehrertrag nach und nach sogar zurück (zuerst langsam, dann schneller). Dass das **Gesetz des abnehmenden Ertragszuwachses**, ein allgemeingültiger produktionstheoretischer Zusammenhang, auch für landwirtschaftliche Erträge gilt, hat der Agrarwissenschaftler **E. A. Mitscherlich** Anfang des 20. Jahrhunderts erkannt.

Beispiel:

Gefäßversuche nach <u>Künzler</u>:
Die Darstellung zeigt den Einfluss steigender Stickstoffgaben auf den Ertrag von Sommerweizen. (Abb. nach: „Pflanzenernährung", Verlagsgesellschaft für Ackerbau, Kassel 1980; verändert)

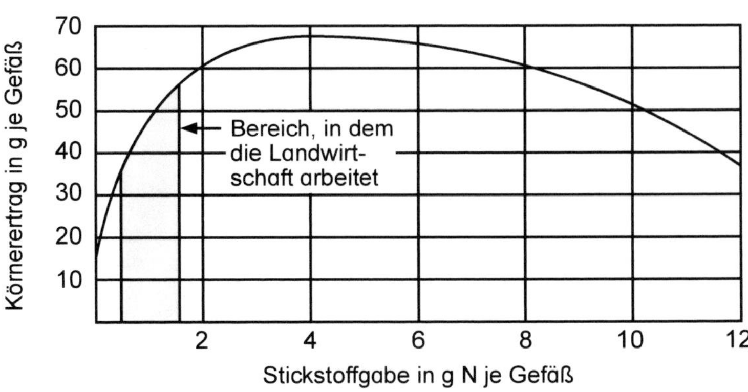

Rätsel Biologie
Kommentierte Kopiervorlagen für S I und S II – Bestell-Nr. 12 845

Bodenbiologie

40

SCHÜLERSEITE

Ein Suchwort-Puzzle

34 zum Thema „Bodenbiologie“ passende Begriffe sind in dem Buchstabenfeld versteckt; sie sind waagrecht (vorwärts, rückwärts) oder senkrecht (abwärts, aufwärts) angeordnet. **Suche** diese Begriffe heraus (beispielsweise Namen von Bodenlebewesen, Bodenarten, Düngemitteln), **rahme** sie ein und **notiere** sie (Ö = OE, Ü = UE); themenfremde Begriffe (z. B. DNA, Hut, Kahn, Wels) werden nicht berücksichtigt. Wichtig: Markiere stets das längstmögliche Wort (z. B. Kalisalze, nicht Salze) und den Plural, wo vorhanden.
Viele Buchstaben werden mehrfach genutzt, **20 Buchstaben** bleiben übrig; sie ergeben, in waagrechter Reihenfolge gelesen, ein **Lösungswort**. Was versteht man darunter?

Lösungswort: ________________________________

N	E	Z	N	A	L	F	P	R	E	G	I	E	Z	R
D	R	F	R	U	W	L	U	A	M	D	N	A	S	E
B	O	D	E	N	A	N	A	L	Y	S	E	M	S	S
E	E	N	G	E	R	L	I	N	G	I	I	E	U	S
F	A	D	E	N	W	U	E	R	M	E	R	I	M	A
G	R	F	N	R	E	G	N	E	U	D	E	S	U	W
N	E	E	W	N	E	B	L	I	M	L	T	E	H	R
U	S	D	U	E	I	R	E	K	A	L	K	N	E	E
T	S	P	R	I	N	G	S	C	H	W	A	N	Z	K
T	A	H	M	W	Z	S	S	E	O	L	B	E	L	C
O	W	O	F	I	E	T	A	R	T	I	N	Z	A	I
R	T	S	R	N	L	E	Z	R	U	W	E	L	S	S
R	F	P	O	R	L	T	S	T	O	N	D	I	I	L
E	A	H	T	L	E	H	M	N	E	R	O	P	L	I
V	H	A	E	D	R	E	N	U	A	R	B	C	A	E
M	U	T	T	E	R	B	O	D	E	N	H	A	K	B
Z	T	E	S	E	G	M	U	M	I	N	I	M	F	I
T	G	N	U	T	F	E	U	L	H	C	R	U	D	G

Rätsel Biologie
Kommentierte Kopiervorlagen für S I und S II – Bestell-Nr. 12 845

LEHRERSEITE

40 Bodenbiologie

Lösung und Hinweise zu Nr. 40

Waagerecht (20 Begriffe):

Zeigerpflanzen
Maulwurf
Sand
Bodenanalyse
Engerling
Fadenwuermer
Duenger
Milben
Kalk
Springschwanz
Loess
Nitrate
Wurzeln
Ton
Lehm
Poren
Braunerde
Mutterboden
Minimumgesetz
Durchlueftung

Senkrecht (14 Begriffe):

Verrottung
Haftwasser
Phosphate
Regenwurm
Torf
Einzeller
Asseln
Bodenbakterien
Ameisen
Pilze
Humus
Kalisalze
Sickerwasser
Liebig

N	E	Z	N	A	L	F	P	R	E	G	I	E	Z	R
D	R	F	R	U	W	L	U	A	M	D	N	A	S	E
B	O	D	E	N	A	N	A	L	Y	S	E	M	S	S
E	E	N	G	E	R	L	I	N	G	I	I	E	U	S
F	A	D	E	N	W	U	E	R	M	E	R	I	M	A
G	R	F	N	R	E	G	N	E	U	D	E	S	U	W
N	E	E	W	N	E	B	L	I	M	L	T	E	H	R
U	S	D	U	E	I	R	E	K	A	L	K	N	E	E
T	S	P	R	I	N	G	S	C	H	W	A	N	Z	K
T	A	H	M	W	Z	S	S	E	O	L	B	E	L	C
O	W	O	F	I	E	T	A	R	T	I	N	Z	A	I
R	T	S	R	N	L	E	Z	R	U	W	E	L	S	S
R	F	P	O	R	L	T	S	T	O	N	D	I	I	L
E	A	H	T	L	E	H	M	N	E	R	O	P	L	I
V	H	A	E	D	R	E	N	U	A	R	B	C	A	E
M	U	T	T	E	R	B	O	D	E	N	H	A	K	B
Z	T	E	S	E	G	M	U	M	I	N	I	M	F	I
T	G	N	U	T	F	E	U	L	H	C	R	U	D	G

Lösungswort: DREIFELDERWIRTSCHAFT

Klassenstufe: 9. – 11.
Schwierigkeitsgrad: ★
Zeitbedarf: 15 Minuten

Das Puzzle enthält 34 fachbezogene Begriffe, die in ihrer Gesamtheit das **breite inhaltliche Spektrum** des facettenreichen Themenkomplexes der Bodenbiologie stichpunktartig repräsentieren (fachfremde Begriffe zählen nicht mit). Ist eine entsprechende Unterrichtsreihe vorangegangen, dürften die Schüler die gesuchten Begriffe und Zusammenhänge weitgehend kennen. Mithilfe des Puzzles können Schüler höherer Klassenstufen daher die zuvor im Unterricht erarbeiteten Lerninhalte spielerisch wiederholen. Auch an Projekttagen mit entsprechendem Thema kann man das Suchwort-Puzzle gut nutzen. Zur besseren Übersicht kann man die einzelnen Begriffe zu Sachgruppen bündeln lassen.

Die zu findenden Begriffe beziehen sich im Wesentlichen auf folgende Aspekte:

- Arten, Typen, Entstehung und Eigenschaften von **Böden** (z. B. Sand, Ton, Braunerde, Humus, Durchlüftung, Poren, Haftwasser),
- **Bodenlebewesen** mit unterschiedlicher Funktion (z. B. Regenwurm, Ameisen, Springschwanz, Bodenbakterien, Pilze, Engerling),
- **Nährsalze** und ihre Notwendigkeit für guten Pflanzenwuchs (z. B. Nitrate, Phosphate, Kalk, Minimumgesetz).

Das **Lösungswort** sollte von den Schülern erläutert werden können, etwa so: Die Dreifelderwirtschaft ist eine Bewirtschaftungsform von Ackerland, die jahrhundertelang (bis um 1700) vorherrschend in Mitteleuropa war: Auf einem Acker wechselten in dreijährigem Rhythmus Wintergetreide, Sommergetreide und Brache, um den Boden vor einseitigem Mineralstoffentzug zu bewahren. Die spätere Fruchtwechselwirtschaft verzichtete auf eine Brache; es wurden nun auf einem Feld im Wechsel Flachwurzler (Getreide) und Tiefwurzler (Hackfrüchte, Erbsen) angebaut.

Ökologie im Überblick

41

SCHÜLERSEITE 1

Ein Silbenrätsel

Wenn man die 52 Begriffe gefunden hat (benutzte Silben ausstreichen – es darf keine Silbe übrig bleiben) und die bezifferten Buchstaben einträgt, erhält man **als Lösung** des Rätsels **mehrere Gesichtspunkte zur Bedeutung des Walds**. (Die Buchstaben werden jeweils von oben nach unten gelesen, zuerst die der beiden linken Spalten, dann die der beiden rechten.)

ab ae au au bak be be be bens bi bio bio bio bio blü bor brand
co de de de de de de den di di di du dung dung dung
ef en en en er eu faul faul fekt fel fer fi flech früh fung
ga ge ge ge ge gen gü gung halt haus he her in in
ka ka kä kämp ken ket kip klas koh kom kon kor kraut kul kul
lan land land lärm läs le le le len li lings luft
mas me mein men misch mo my na nah ni nie no
ode on ons ont oxi oxid oxid pa pe pen phie plank po pos pro
ra re reich rhi ri ri ro ro ro rung rung rungs
salz sau schä schäd schaft schaft schaft schlamm schmut schwe schwer se se
sek sen ser sit so sphä stick stoff stoff streu stru su sym
ta tal te te te te ten ten ten ten ter ti ti ti ti tie to to
ton top tor treib tri tro troph troph tur tur tur turm
ufer um un ve ver ver ver wal wald wald wäs za zen zi zi zung

Die Lösung lautet:

Der Wald • 

• ________ ________,

• ________ ____ ________,

• ____ ________ – ____ ________.

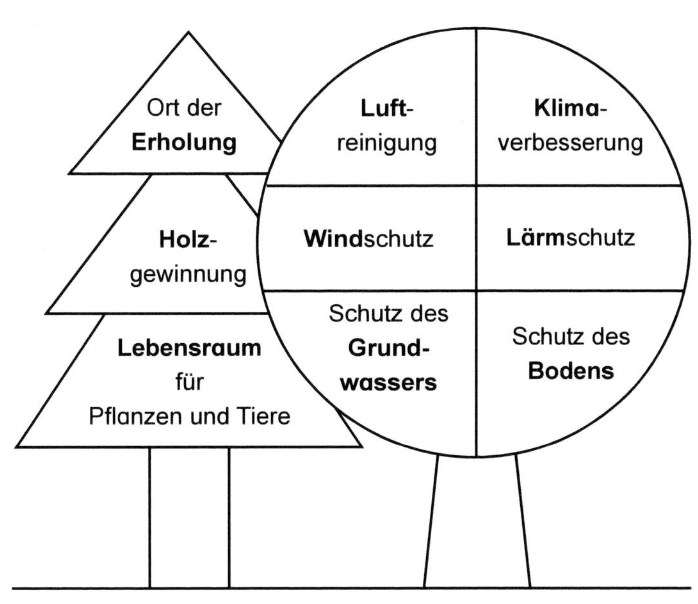

Rätsel Biologie
Kommentierte Kopiervorlagen für S I und S II – Bestell-Nr. 12 845

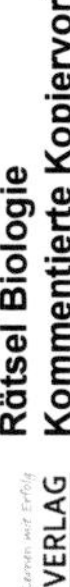

Ökologie im Überblick

Ein Silbenrätsel

1. natürliche Veränderung der mitteleuropäischen offenen Landschaft, wenn der Mensch nicht eingreift .... 6 = ... 1 = ...
2. der gesamte Bereich der Erde, der von Organismen bewohnt ist .... 2 = ... 9 = ...
3. Ernährungsweise, zur Energiegewinnung andere Lebewesen ganz oder teilweise zu (fr)essen .... 2 = ... 5 = ...
4. Teil von Kläranlagen, in dem das Volumen des Klärschlamms stark verringert wird .... 1 = ... 8 = ...
5. umweltschädliche Substanzen, die wir zu vielerlei Reinigungszwecken benötigen .... 2 = ... 4 = ...
6. Reihenfolge der Lebewesen aufgrund ihrer Nahrungsbeziehung .... 4 = ... 3 = ...
7. die vom Menschen nicht beeinflusste Landschaft .... 3 = ... 5 = ...
8. für die Umwelt schädliche gasförmige Verbindungen, die bei hohen Temperaturen aus Luft entstehen (Kurzform) .... 1 = ... 2 = ...
9. die durch den Menschen gestaltete Landschaft .... 4 = ... 10 = ...
10. er lebt auf Kosten eines anderen, ohne ihn umzubringen .... 2 = ... 4 = ...
11. Substanz, deren Verwendung im Winter leider mitunter notwendig ist .... 5 = ... 1 = ...
12. sie enthalten zahlreiche Schadstoffe, unter anderem CO, CO_2 und NO_X .... 6 = ... 7 = ...
13. Sammelbezeichnung für die ersten Blütenpflanzen, die uns im Jahr erfreuen .... 1 = ... 2 = ...
14. (unerwünschte) Erhöhung des Nährstoffgehalts von Gewässern .... 4 = ... 2 = ...
15. dorthin kommt der größte Anteil unseres Abfalls .... 2 = ... 5 = ...
16. Reduktion von Nitraten und Nitriten durch bestimmte Bakterien in schlecht durchlüfteten Böden .... 4 = ... 1 = ...
17. Gruppe von Stoffen, deren Ionen durch Zerstörung von Eiweißstrukturen sehr gefährlich sein können .... 5 = ... 4 = ...
18. Ernährungsweise der meisten grünen Pflanzen und auch einiger Bakterien .... 2 = ... 1 = ...
19. notwendige Maßnahme, die als integrierte Methode langfristig bessere Ergebnisse zeigt als die allein eingesetzte „chemische Keule" .... 8 = ... 1 = ...
20. Mitverursacher des sauren Regens .... 9 = ... 1 = ...
21. schädliches Insekt, das hauptsächlich vorgeschädigte Bäume befällt .... 4 = ... 5 = ...
22. Beispiel eines Feuchtbiotops .... 1 = ... 4 = ...
23. pflanzliche Mischwesen aus Algen und Pilzen .... 3 = ... 5 = ...
24. typische Waldformation der kühltemperierten Gebiete .... 5 = ... 7 = ...
25. Gesamtheit der Lebewesen, die nicht aktiv gegen Strömungen schwimmen können, sondern im Wasser treiben .... 2 = ... 6 = ...
26. sie entstehen als Folgen ungünstiger Einwirkungen auf den Wald, z. B. durch Trockenheit, sauren Regen, Schädlinge, Wildverbiss ....10 = ... 1 = ...

Rätsel Biologie
Kommentierte Kopiervorlagen für S I und S II – Bestell-Nr. 12 845

Ökologie im Überblick

Ein Silbenrätsel

27. ihr Vorkommen in Gewässern lässt auf Verunreinigung mit Fäkalien schließen .... 3 = ... 4 = ...
28. Pflanze „am falschen Fleck" .... 1 = ... 4 = ...
29. ein Qualitätskriterium für Gewässer .... 9 = ... 7 = ...
30. Gruppe von Bioziden .... 6 = ... 3 = ...
31. ihre Hauptverursacher sind Feuerungsanlagen, Verkehr und Industrie .... 5 = ... 9 = ...
32. für uns lebensnotwendiger Effekt; ein Anstieg muss jedoch dringendst vermieden werden .... 3 = ... 6 = ...
33. Systeme aus Luft und in ihr schwebenden kleinsten, festen oder flüssigen Teilchen .... 3 = ... 1 = ...
34. meist übel riechendes Sediment, das bei der Zersetzung organischer Substanz unter Sauerstoffabschluss in Gewässern entsteht .... 7 = ... 1 = ...
35. Fachausdruck für Lebensraum .... 2 = ... 4 = ...
36. sie ernähren sich durch vollständigen Abbau (Mineralisierung) organischer Substanz .... 8 = ... 3 = ...
37. das natürliche Ende eines Sees oder Teichs .... 7 = ... 8 = ...
38. gefährlicher Vorgang in (nährstoffreichen) Gewässern bei Sauerstoffmangel .... 7 = ... 8 = ...
39. sie bauen organische Substanz aus anorganischem Material auf .... 2 = ... 4 = ...
40. Zeitraum des Wachstums von Pflanzen .... 5 = ... 2 = ...
41. im Übermaß führt sie zu gesundheitlichen Schäden nicht nur des Hörorgans .... 5 = ... 3 = ...
42. mit derzeit ca. 0,04 % in der Luft enthaltenes Gas; spielt eine wichtige Rolle bei Nr. 32 .... 2 = ... 3 = ...
43. allgemeine Bezeichnung für ein Lebewesen, das typisch für einen bestimmten Umweltfaktor ist .... 6 = ... 3 = ...
44. deutsches Wort für Biozönose .... 2 = ... 1 = ...
45. Anbaugebiet von Pflanzen nur einer Art .... 3 = ... 6 = ...
46. sie benötigen organische Substanz zur Energiegewinnung, bauen sie aber nicht vollständig ab .... 7 = ... 8 = ...
47. eine sehr schädliche Art der Bewirtschaftung von Wäldern .... 2 = ...11 = ...
48. Beseitigung von Gartenabfällen durch Verrottung .... 2 = ... 6 = ...
49. Einteilung von Gewässern nach Art und Menge ihrer Inhaltsstoffe .... 5 = ... 3 = ...
50. die Gesamtheit der biogenen organischen Substanzen .... 2 = ... 8 = ...
51. Partnerschaft zwischen Baum und Pilz .... 4 = ... 5 = ...
52. er lebt mit einem andersartigen Lebewesen zu beider Vorteil zusammen .... 7 = ... 8 = ...

Rätsel Biologie
Kommentierte Kopiervorlagen für S I und S II – Bestell-Nr. 12 845
KOHL VERLAG

L E H R E R S E I T E

41 Ökologie im Überblick

Lösung und Hinweise zu Nr. 41

	links	rechts		links	rechts
1. Verwaldung	6 = L	1 = V	27. Colibakterien	3 = L	4 = I
2. Biosphäre	2 = I	9 = E	28. Unkraut	1 = U	4 = R
3. heterotroph	2 = E	5 = R	29. Sauerstoffgehalt	9 = F	7 = T
4. Faulturm	1 = F	8 = M	30. Insektizide	6 = T	3 = S
5. Detergenzien	2 = E	4 = E	31. Luftverschmutzung	5 = V	9 = C
6. Nahrungskette	4 = R	3 = H	32. Treibhauseffekt	3 = E	6 = H
7. Naturlandschaft	3 = T	5 = R	33. Aerosole	3 = R	1 = A
8. Stickoxide	1 = S	2 = T	34. Faulschlamm	7 = H	1 = F
9. Kulturlandschaft	4 = T	10 = D	35. Biotop	2 = I	4 = T
10. Parasit	2 = A	4 = A	36. Destruenten	8 = N	3 = S
11. Streusalz	5 = U	1 = S	37. Verlandung	7 = D	8 = U
12. Autoabgase	6 = B	7 = G	38. Umkippen	7 = E	8 = N
13. Frühblüher	1 = F	2 = R	39. Produzenten	2 = R	4 = D
14. Eutrophierung	4 = R	2 = U	40. Vegetationsperiode	5 = T	2 = E
15. Deponie	2 = E	5 = N	41. Lärmbelästigung	5 = B	3 = R
16. Denitrifikation	4 = I	1 = D	42. Kohlenstoffdioxid	2 = O	3 = H
17. Schwermetalle	5 = E	4 = W	43. Bioindikator	6 = D	3 = O
18. autotroph	2 = U	1 = A	44. Lebensgemeinschaft	2 = E	1 = L
19. Schädlingsbekämpfung	8 = N	1 = S	45. Monokultur	3 = N	6 = U
20. Schwefeldioxid	9 = D	1 = S	46. Konsumenten	7 = E	8 = N
21. Borkenkäfer	4 = K	5 = E	47. Brandrodung	2 = R	11 = G
22. Uferbereich	1 = U	4 = R	48. Kompostierung	2 = O	6 = S
23. Flechten	3 = E	5 = H	49. Gewässergüteklassen	5 = S	3 = W
24. Mischwald	5 = H	7 = A	50. Biomasse	2 = I	8 = E
25. Plankton	2 = L	6 = T	51. Mykorrhiza	4 = O	5 = R
26. Waldschäden	10 = E	1 = W	52. Symbiont	7 = N	8 = T

Der Wald
- liefert staubfreie und kuehle Luft,
- verhindert Bodenerosion,

} linke Spalten (Nr. 1 – 52)

- vermehrt das Grundwasser,
- hat Wirtschafts- und Erholungswert.

} rechte Spalten (Nr. 1 – 52)

Klassenstufe: 11. – 13.
Schwierigkeitsgrad: ★★★
Zeitbedarf: 40 Minuten

Die erfragten Begriffe und Zusammenhänge spiegeln das Thema Ökologie in seiner Vielseitigkeit und Vielschichtigkeit wider; sie bieten einen **Querschnitt** durch die Thematik, der geeignet ist, das (Kurs)thema **zusammenzufassen** und **abschließend darzustellen**. Wegen seines erheblichen Umfangs und Schwierigkeitsgrads lässt man das Rätsel zu Hause lösen, es kann den Schülern auch als Stichpunktgeber für die **Vorbereitung auf eine Klausur** dienen.

Die **Lösung**, die wichtige Funktionen des Walds nennt, kann man zudem in Fällen, in denen ein anderes Ökosystem als der Wald exemplarisch erarbeitet wurde, zum Anlass nehmen, um ergänzende Bemerkungen unterschiedlicher Art und Ausführlichkeit zu diesem Ökosystem anzufügen.

Rätsel Biologie
Kommentierte Kopiervorlagen für S I und S II – Bestell-Nr. 12 845

Biochemie für Einsteiger

Ein Kammrätsel zu biologisch wichtigen Molekülen

Wie heißen die organischen Verbindungen, die im Folgenden beschrieben werden? Die zugehörigen Formeln sind, weitgehend nach Stoffgruppen sortiert, rund um das Rätselgitter angeordnet. Wenn alle Antworten eingetragen sind, kann man in der mittleren, senkrechten Spalte als **Lösungswort** den Namen der Verbindung ablesen, deren Formel unten auf dieser Seite steht. Welche **Funktion** im Zellstoffwechsel hat die Substanz?

1. eine der verbreitetsten gesättigten Fettsäuren, in allen tierischen und pflanzlichen Fetten enthalten
2. eine der vier Basen der DNA, bindet komplementär mit der Base Thymin
3. die alkoholische Komponente der Fettmoleküle (Trivialname); der einfachste dreiwertige Alkohol, heißt in der chemischen Fachsprache Propan-1,2,3-triol
4. das Monomer, aus dem die Proteine aufgebaut sind
5. das bekannteste Monosaccharid, Aldehydzucker, Hexose
6. eine der beiden schwefelhaltigen Aminosäuren in Eiweißen, kann mit einem zweiten Molekül derselben Sorte Disulfidbrücken ausbilden und dadurch Eiweißstrukturen stabilisieren
7. das in der DNA enthaltene Monosaccharid, Pentose
8. Tricarbonsäure, C6-Verbindung, tritt an zentraler Stelle des aeroben Zucker- und Fettsäureabbaus auf
9. aus α-D-Glucose aufgebautes Polysaccharid mit oder ohne Verzweigungen, neigt zur Spiralisierung, der wichtigste Energiespeicher der Pflanzen
10. die einfachste Keto(carbon)säure, tritt bei der aeroben und der anaeroben Dissimilation als Abbauprodukt von Glucose auf
11. die Base, die in der RNA anstelle von Thymin auftritt
12. Bezeichnung eines aus drei beliebigen Aminosäuren aufgebauten Moleküls
13. das aus β-D-Galaktose und α-D-Glucose aufgebaute Disaccharid, schmeckt schwach süß, heißt fachsprachlich Lactose
14. aus β-D-Glucose aufgebautes unverzweigtes Polysaccharid, die häufigste organische Substanz
15. die in der Natur am weitesten verbreitete ungesättigte Fettsäure
16. Komplexverbindung mit einem ausgedehnten, geschlossenen System konjugierter Doppelbindungen und einem Magnesiumion im Zentrum, Pigmentfarbstoff in den Chloroplasten, kann die Energie roten Lichts in chemische Energie umwandeln, überträgt die durch Lichtabsorption angeregten Elektronen auf ein Redoxsystem und startet auf diese Weise die Fotosynthese
17. Hydroxy(carbon)säure, die bei der anaeroben Dissimilation durch Reduktion der Brenztraubensäure entstehen kann, wird beim Sauerwerden der Milch und bei der Herstellung von Sauerkraut von bestimmten Bakterien gebildet, entsteht bei Sauerstoffmangel im Muskel
18. Verbindung mit einem ausgedehnten System konjugierter Doppelbindungen, Farbstoff z. B. von Tomate und Karotte, zählt als Begleiter von Chlorophyll zu den häufigsten Pflanzenfarbstoffen, wird als Lebensmittelfarbstoff verwendet, als Provitamin A von besonderer physiologischer Bedeutung
19. stickstoffhaltiges Ausscheidungsprodukt von Säugetieren, die erste organische Verbindung, die aus einer anorganischer, dem Satz Ammoniumcyanat, hergestellt wurde (1828 von Wöhler)

Lösungswort: ....

Funktion: ....

Formel zum Lösungswort:

SCHÜLERSEITE 2

42

Biochemie für Einsteiger

Ein Kammrätsel zu biologisch wichtigen Molekülen

Wie heißen die Formeln (1) bis (19)? (Umlaute werden als *ein* Buchstabe geschrieben.)

(5) (9) (14) (7)

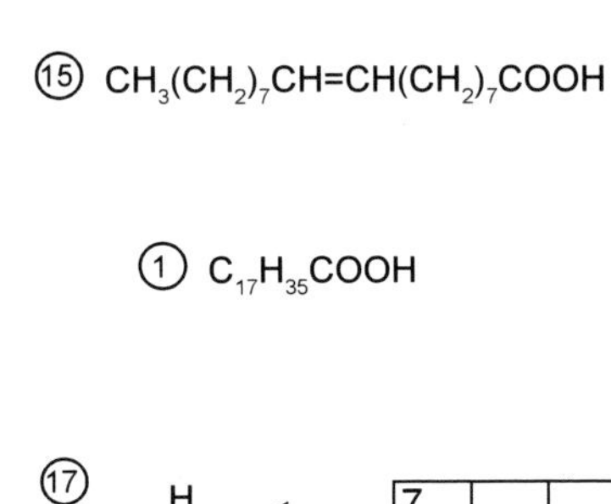

(15) $CH_3(CH_2)_7CH{=}CH(CH_2)_7COOH$

(1) $C_{17}H_{35}COOH$

(13)

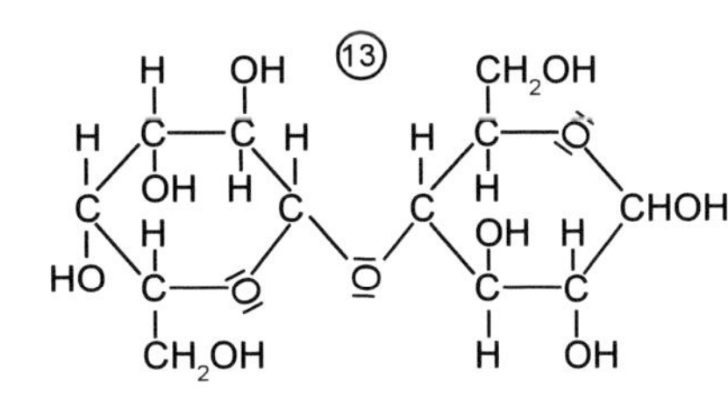

(17)

(3)

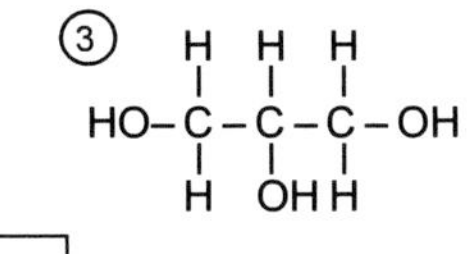

(8)

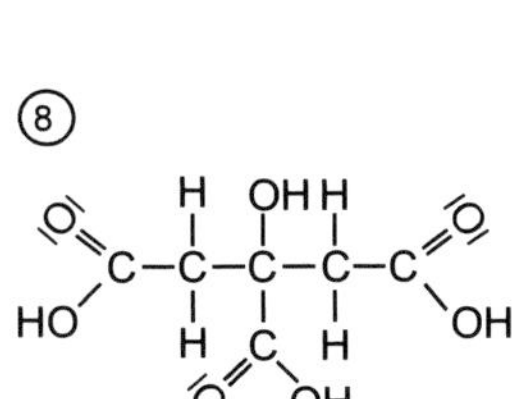

(19) $H_2N-C(=O)-NH_2$

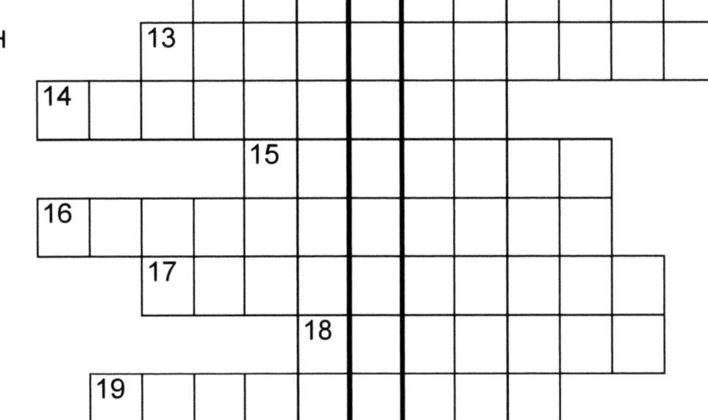

1 2 3 4 5 6 7 8 9 10 11 12 13 14 15 16 17 18 19

(2) (11)

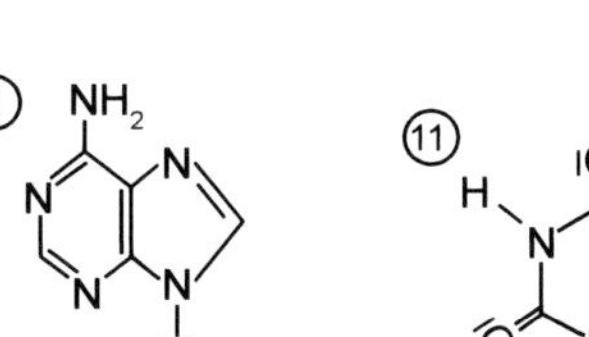

(10) $H_3C-C(=O)-COOH$

(4)

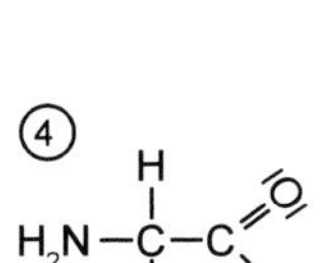

(12)

(16)

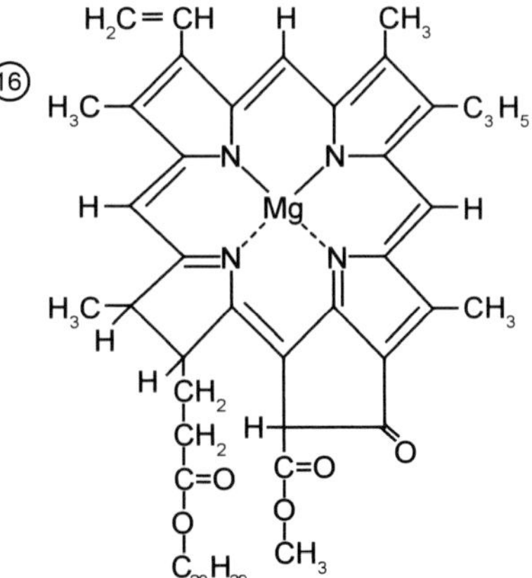

(6)

(18)

Rätsel Biologie
Kommentierte Kopiervorlagen für S I und S II – Bestell-Nr. 12 845
KOHL VERLAG

Biochemie für Einsteiger

Lösung und Hinweise zu Nr. 42

1. Stearinsäure, 2. Adenin, 3. Glycerin, 4. Aminosäure, 5. Glucose, 6. Cystein, 7. Desoxyribose, 8. Citronensäure, 9. Stärke, 10. Brenztraubensäure, 11. Uracil, 12. Tripeptid, 13. Milchzucker, 14. Cellulose, 15. Ölsäure, 16. Chlorophyll, 17. Milchsäure, 18. Carotin, 19. Harnstoff

Lösungswort: ADENOSINTRIPHOSPHAT
Funktion: wichtigster Energieüberträger in der Zelle

Klassenstufe: 11. – 13.
Schwierigkeitsgrad: ★★★
Zeitbedarf: 25 Minuten

Zu Beginn eines Kurses zur Stoffwechselphysiologie kann die Fähigkeit zum (Er)kennen und Benennen entsprechender chemischer Formeln von Vorteil sein – dazu dient das Rätsel. Die um das Rätselgitter angeordneten **Formeln sind weitgehend nach Stoffgruppen sortiert**: im oberen Bereich Kohlenhydrate, links Säuren, rechts und unten N-haltige Verbindungen. Die **Fragen und Formeln ergänzen einander**; Schülern mit guten Biologiekenntnissen fällt das Beantworten der Fragen leichter, chemisch versierten Schülern das Benennen der Formeln.

Einige Anmerkungen chemischer Art zum Lösungswort (für Schüler geeignet)

Zur Formel: ATP ist ein **aus einem Molekül Adenin, einem Molekül β-D-Ribose und drei Molekülen Phosphorsäure aufgebautes Nucleotid**; unter zelltypischen Bedingungen (pH-Wert um 7) liegt ATP dissoziiert vor. Jedes ATP-Teilchen besitzt vier negative Ladungen, die sich gegenseitig abstoßen und ihm einen „gespannten“, energiereichen Zustand verleihen. Elektronenpaarbindungen an besonders reaktionsfähigen Stellen werden in der Biochemie durch ein **gewelltes Symbol** dargestellt und als **energiereiche Bindungen** bezeichnet. (Diese Bezeichnung hat nichts mit Bindungsenergie im chemischen Sinn zu tun.) Im ATP-Teilchen befinden sich zwei derartige energiereiche Bindungen; ATP besitzt, biochemisch ausgedrückt, ein **hohes Gruppenübertragungspotenzial**.

Zur Wirkungsweise: ATP ist der **wichtigste Energieüberträger chemischer Energie** sowohl in pflanzlichen als auch in tierischen Zellen. Endergonische Reaktionen in der Zelle (z. B. der Proteinaufbau) können nur ablaufen, weil sie mit exergonischen Reaktionen (z. B. dem Glucoseabbau) **energetisch gekoppelt** sind. Da sie aber an verschiedenen Stellen vor sich gehen, müssen bei exergonischen Reaktionen **bewegliche, energiereiche Zwischenprodukte** entstehen, die an den Ort des Bedarfs gelangen können und dort die in ihnen gespeicherte Energie wieder abgeben. Derartige Kopplungen werden **meist durch ATP bewirkt**. ATP überträgt Energie auf eine Substanz, indem es sie phosphoryliert (z. B. an einer Hydroxyl- oder einer Aminogruppe). Dabei geht ATP seinerseits in das energieärmere ADP (seltener in AMP) über. Durch Energie liefernde Vorgänge (z. B. bei der Glykolyse oder dem Fettabbau) wird ATP wieder aufgebaut.

Die **Existenzdauer** eines ATP-Teilchens ist sehr kurz, die **Umsatzrate** des ATP im menschlichen Körper jedoch hoch. Zu jedem Zeitpunkt enthält der menschliche Körper ca. 35 g ATP, täglich werden etwa 70 kg ATP verbraucht und durch Energie liefernde Vorgänge aus ADP (und phosphorylierten Verbindungen oder anorganischem Phosphat) wieder aufgebaut. Jedes ATP-Teilchen durchläuft diesen Zyklus ca. 2000 mal pro Tag.

Rätsel Biologie
Kommentierte Kopiervorlagen für S I und S II – Bestell-Nr. 12 845

SCHÜLERSEITE 1

43 Biologie und Radioaktivität

Ein Kammrätsel

Wenn alle Begriffe gefunden und eingetragen sind (Ä = AE, Ö = OE, Ü = UE), erhält man senkrecht als **Lösungswort** eine **Eigenschaft radioaktiver Strahlen**, die je nach Strahlungsart sehr unterschiedlich ist.

1. allgemeine Bezeichnung für instabile (= radioaktive) Atomkerne
2. paariges Organ, das infolge eingeatmeten Radons einer deutlich höheren Strahlenbelastung ausgesetzt ist, als es der mittleren jährlichen Ganzkörperexposition entspricht
3. die energiereichsten radioaktiven Strahlen, werden u. a. zu therapeutischen Zwecken eingesetzt
4. nach dem Entdecker der Radioaktivität benannte Einheit für die Aktivität einer Strahlungsquelle (Bedeutung der Einheit: 1 Zerfall pro Sekunde)
5. aus Heliumkernen bestehende radioaktive Strahlen von geringer Reichweite und hoher biologischer Wirksamkeit
6. Organ, dessen Funktion mit dem Iodisotop ^{131}I („Radioiod") untersucht werden kann
7. den Gammastrahlen vergleichbare, aber weniger energiereiche Strahlen, spielen in der medizinischen Diagnostik eine große Rolle
8. Veränderungen der Erbanlagen, können u. a. durch radioaktive Strahlen verursacht werden
9. Maß für die biologische Strahlenwirkung
10. optische Darstellung, wird mit Hilfe von Radionukliden zu diagnostischen Zwecken erstellt
11. dem Calcium chemisch ähnliches Element, kann bei Calciummangel in die Knochensubstanz eingebaut werden – auch sein radioaktives Isotop ^{90}Sr
12. Fachausdruck für Verunreinigung / Verseuchung mit radioaktiven Stoffen
13. Zellstadium, in dem Zellen besonders empfindlich auf radioaktive Strahlung reagieren
14. experimentell ermittelter Erfahrungswert, ist für α-Strahlen 20-mal so groß wie für β-Strahlen und γ-Strahlen
15. Maßeinheit für die Äquivalentdosis
16. körpereigene Substanz, kann (in gewissen Grenzen) geschädigte Erbsubstanz – auch durch Bestrahlung geschädigte – reparieren
17. aus Elektronen bestehende radioaktive Strahlen; entstehen, wenn in instabilen Atomkernen spontane Umwandlungen von Neutronen in Protonen stattfinden
18. allgemeine Bezeichnung für Strahlenmessgerät(e)
19. Transuran, Element 94, dessen eines Isotop (^{239}Pu) spaltbare Atomkerne besitzt und somit wie das Uranisotop ^{235}U als Kernbrennstoff eingesetzt werden kann
20. Bezeichnung des Werts, unterhalb dessen keine auf radioaktive Bestrahlung zurückzuführenden Schäden nachweisbar sind; liegt für den Menschen (im Falle einer Ganzkörperbestrahlung) bei 0,25 Sv
21. Problem, das für stark radioaktive Abfälle weltweit noch nicht gelöst ist
22. „effektive" ... = Zeitspanne, innerhalb derer eine vom Körper aufgenommene radioaktive Substanz durch radioaktiven Zerfall und natürliche Ausscheidung auf 50 % ihrer ursprünglichen Konzentration zurückgegangen ist
23. Verfahren zur Altersbestimmung von (bis zu ca. 50 000 Jahren alten) Fossilien und anderen abgestorbenen organischen Substanzen mittels der β-Strahlung von ^{14}C

Rätsel Biologie
Kommentierte Kopiervorlagen für S I und S II – Bestell-Nr. 12 845

Biologie und Radioaktivität

Ein Kammrätsel

Rätselkaros zum Eintragen der gesuchten Begriffe:

1. R
2.
3. R
4. R
5. R
6. R
7. R R
8.
9.
10. R
11. R
12.
13.
14. R
15. R
16. R R R
17. R
18. R
19.
20.
21. R
22. R
23. R R

Lösungswort: ______________________________

Rätsel Biologie
Kommentierte Kopiervorlagen für S I und S II – Bestell-Nr. 12 845

43 Biologie und Radioaktivität

Lösung und Hinweise zu Nr. 43

1. Ra**d**ionuklide, 2. L**u**ngen, 3. Gammast**r**ahlen, 4. Be**c**querel, 5. Alphastra**h**len, 6. Schild**d**ruese, 7. Roentgenst**r**ahlen, 8. Mutat**i**onen, 9. Aequivale**n**tdosis, 10. Szinti**g**ramm, 11. Stronti**u**m, 12. Kontami**n**ation, 13. Teilun**g**sstadium, 14. Qualitaet**s**faktor, 15. Sie**v**ert, 16. Reparatur**e**nzym, 17. Betast**r**ahlen, 18. Dosi**m**eter, 19. Plut**o**nium, 20. Schw**e**llendosis, 21. Entsor**g**ung, 22. Halbw**e**rtszeit, 23. Radiokarbo**n**methode

Lösungswort: DURCHDRINGUNGSVERMOEGEN

Klassenstufe: 11. – 13.
Schwierigkeitsgrad: ★★
Zeitbedarf: 15 Minuten

Die für das Rätsel ausgewählten Begriffe zur Radioaktivität sind weitgehend von **biologischer Relevanz** oder die Umschreibungen wurden in einen **biologischen Zusammenhang** gebracht. Daraus ergibt sich, dass den Schülern die Grundbegriffe der Radioaktivität (vom Physik- oder Chemieunterricht her) bekannt sein müssen, um das Rätsel lösen zu können.

Zum Lösungswort:
Das Durchdringungsvermögen der drei Strahlungsarten hängt von Art und Energie der Strahlung ab und ist für jedes Material spezifisch. Für alle Strahlungsarten gilt das **Absorptionsgesetz**. Die charakteristische Größe für das Durchdringungsvermögen einer Strahlung ist die sog. **Halbwertsdicke** (Halbwertsschicht) des betreffenden Materials; der Wert gibt an, bei welcher Schichtdicke eine anfangs vorhandene Strahlungsintensität (Impulse pro Zeiteinheit) durch Absorption und Streuung jeweils auf die Hälfte zurückgeht. Dieser Zusammenhang entspricht einem exponentiellen Kurvenverlauf, was bedeutet, dass eine Strahlung **durch noch so dicke Abschirmungen nie vollständig abgeschirmt** werden kann; sie geht also prinzipiell nie auf Null zurück, wird aber schließlich vernachlässigbar gering.

Die folgende Tabelle zeigt praxisrelevante Werte von Abschirmungen.

Strahlungsart	Ionisations-vermögen	Qualitäts-faktor	Reichweite in Luft	Abschirmung durch
Alphastrahlung (Teilchenstrahlung aus $^{4}_{2}He$)	dicht ionisierend	20 *)	ca. 4 cm	1 Blatt Papier, Kleidung, < 1 mm Körpergewebe
Betastrahlung (Teilchenstrahlung aus $^{0}_{-1}e$)	locker ionisierend, energieabhängig	1	ca. 3 m	5 cm dickes Buch, einige mm bis cm Gewebe, 4 mm Aluminiumplatte
Gammastrahlung (elektromagnetische Strahlung)	locker ionisierend, energieabhängig	1	ca. 700 m	10 – 20 cm Bleiwand, 0,5 – 1 m Betonwand

*) Da **Alphateilchen** ihre Energie innerhalb einer sehr kurzen Reichweite an die umgebende Materie abgeben („dicht ionisierend"), kann ein in einen Organismus gelangter α-Strahler **große Schäden** in seiner unmittelbaren Umgebung verursachen. Das gilt z. B. für die **Inhalation von Radon $^{222}_{86}Rn$**, einem α-Strahler, der als Glied der Uran-Radium-Zerfallsreihe je nach geologischem Untergrund mehr oder weniger in allen Böden vorkommt (besonders in Granit). Radon entweicht durch Spalten in die Luft, sammelt sich auch in Gebäuden an und wird samt seiner ebenfalls radioaktiven Folgeprodukte eingeatmet. Die **Lunge** kann daher um ein Vielfaches höher belastet sein, als es der durchschnittlichen natürlichen Strahlenbelastung entspricht (vgl. dazu die Fragen Nr. 2 und Nr. 5).

Rätsel Biologie
Kommentierte Kopiervorlagen für S I und S II – Bestell-Nr. 12 845

Bionik

Ein Rösselsprung

Die Bionik ist eine vielseitige, noch junge Wissenschaftsdisziplin. Wie *Werner Nachtigall*, einer ihrer Pioniere, sie charakterisiert hat, erfährt man, wenn man sich wie ein Springer auf dem Schachbrett fortbewegt. Gestartet wird oben links, jedes Feld darf nur einmal benutzt werden.

B	BIO-	NE	DER	**I**
EI-	LER-	GEN.	NIK	TECH-
MOR-	**O**	NA-	**N**	VON
TET	FÜR	NEN	NIK	BE-
I	VON	DEU-	TUR	**K**

Der Merksatz heißt:

__________ __________

__________ __________ __________ __________

__________ __________ __________

__________ __________

KOHL VERLAG Rätsel Biologie Kommentierte Kopiervorlagen für S I und S II – Bestell-Nr. 12 845

LEHRERSEITE

44 Bionik

Lösung und Hinweise zu Nr. 44

Der Merksatz heißt:

Bionik bedeutet
Lernen von der Natur
für eine Technik
von morgen.

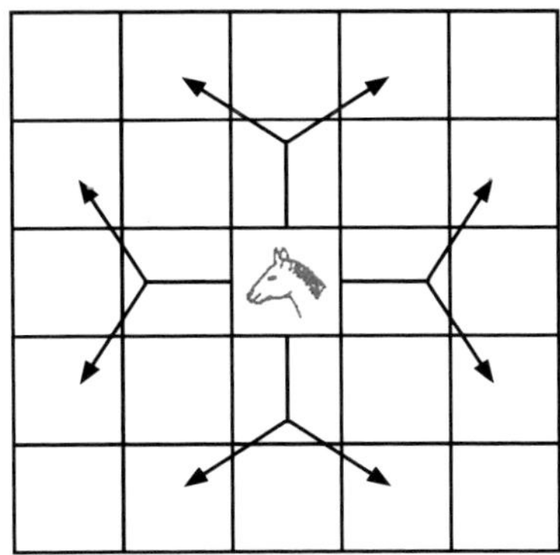

Abb. 1

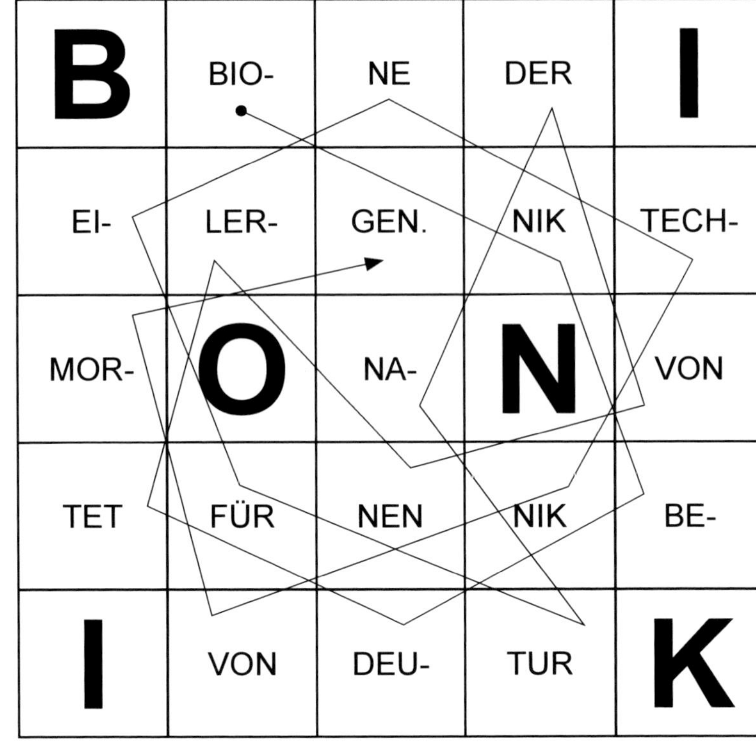

Abb. 2

Klassenstufe: 5. – 13.
Schwierigkeitsgrad: ★
Zeitbedarf: 10 Minuten

Die Bionik ist eine **fächerübergreifende Wissenschaft** par excellence. Die noch vergleichsweise junge Wissenschaftsdisziplin wurde 1993 auf einem **Symposium des VDI** so definiert: „Bionik ist eine wissenschaftliche Disziplin, die sich mit der technischen Umsetzung und Anwendung von Konstruktions- Verfahrens- und Entwicklungsprinzipien biologischer Systeme befasst." (aus: PdN/BioS Heft 5, 2003). In Rätselform (als Rösselsprung) wird hier eine auf W. Nachtigall zurückgehende, noch knappere Formulierung gesucht. Wie sich ein Springer auf dem Schachbrett fortbewegt, wird man jüngeren Schülern eventuell erklären müssen (Abb. 1). Entlang der Verbindungslinien lässt sich die Lösung ablesen (Abb. 2).

Ein **Klassiker früher Bionikforschung** ist Otto Lilienthals „Der Vogelflug als Grundlage der Fliegekunst" – so der Titel seines 1889 erschienenen Werks mit systematischen Studien zu Wölbflügel und Anstellwinkel, abgespreiztem Daumenfittich und aufgefächerten Handschwingen. Biologiebücher der Klassen 5/6 enthalten einfache physikalische Versuche zum **Vogelflug**, die sich zum Vorstellen der Sicht- und Forschungsweise der Bionik eignen. Im Verlauf des Biologieunterrichts bieten **weitere Beispiele** Gelegenheit, auf die Bionik als fächerübergreifende Disziplin hinzuweisen, etwa der Haltemechanismus von **Klettfrüchten** (Anwendung beim Klettverschluss), die Struktur der Schuppen von **Haien** (zur Verringerung des Strömungswiderstands bei Flugzeugen, Schwimmanzügen), die genoppte Oberfläche beim **Lotusblatt** (für selbstreinigende Fassadenlacke), das **Eisbärfell** (als Prinzip für Wärme absorbierende Hauswände).

Meilensteine

45

SCHÜLERSEITE

Eine Pinnwand zur Geschichte der Biologie

In alphabetischer Reihenfolge zeigt die Pinnwand die Namen von zehn bedeutenden Forschern aus dem Bereich der Biowissenschaften; die Forscher haben Bahnbrechendes erkannt, entdeckt, erfunden. Sobald ihre Namen den kurzen Steckbriefen zugeordnet sind, kann man entlang der eingerahmten Buchstaben ein **Lösungswort** ablesen. Einige der Wissenschaftler haben es erhalten; warum nicht alle?

Emil v. BEHRING 1854 – 1918

Francis H. CRICK 1916 – 2004

Charles DARWIN 1809 – 1882

Sir Alexander FLEMING 1881 – 1955

Robert KOCH 1843 – 1910

Justus v. LIEBIG 1803 – 1873

Konrad LORENZ 1903 – 1989

Gregor MENDEL 1822 – 1884

Louis PASTEUR 1822 – 1895

Iwan PAWLOW 1849 – 1936

1. Biologe, begründete die heute allgemein anerkannte Evolutionstheorie — _ _ _ _ _ ☐
2. Arzt, Hauptbegründer der modernen Bakteriologie, entdeckte u. a. die Krankheitserreger von Cholera, Malaria und Tuberkulose — _ ☐ _ _
3. Serologe, entdeckte u. a. das Diphtherie- und das Tetanus-Antitoxin — ☐ _ _ _ _ _ _
4. Chemiker, erkannte die Notwendigkeit der Mineraldüngung abgeernteter Böden, fand das Minimumgesetz — _ _ ☐ _ _ _
5. Bakteriologe, entdeckte das Penicillin, hat dadurch die Antibiotikaforschung und -therapie eingeleitet — _ ☐ _ _ _ _ _
6. Physiologe, arbeitete u. a. über die Arbeitsweise der Verdauungsorgane, entdeckte an Hunden den sog. bedingten Reflex — ☐ _ _ _ _ _
7. Zoologe, Mitbegründer der vergleichenden Verhaltensforschung, untersuchte besonders Graugänse, führte die Begriffe „Schlüsselreiz“ und „Prägung“ ein — _ _ ☐ _ _ _
8. Mönch, Begründer der klassischen Vererbungslehre, führte Kreuzungsversuche vor allem an Erbsen durch — _ ☐ _ _ _ _
9. Molekulargenetiker, erkannte zusammen mit einem weiteren Forscher die Doppelhelix-Struktur der Erbsubstanz, der DNA (Desoxyribonukleinsäure) — _ _ ☐ _ _
10. Chemiker und Bakteriologe, fand die keimtötende Wirkung von Hitze und damit ein Verfahren zum Haltbarmachen von Lebensmitteln — _ _ ☐ _ _ _ _

Beantwortung der Zusatzfrage: ....

Rätsel Biologie
Kommentierte Kopiervorlagen für S I und S II – Bestell-Nr. 12 845
KOHL VERLAG

LEHRERSEITE

45 **Meilensteine**

Lösung und Hinweise zu Nr. 45

Antworten	nach Geburtsjahren sortiert		Nobelpreise
1. DARWIN (N)	4. Liebig, Justus Frhr. v.	(1803 – 1873)	--
2. KOCH (O)	1. Darwin, Charles	(1809 – 1882)	--
3. BEHRING (B)	8. Mendel, Gregor	(1822 – 1884)	--
4. LIEBIG (E)	10. Pasteur, Louis	(1822 – 1895)	--
5. FLEMING (L)	2. Koch, Robert	(1843 – 1910)	1905
6. PAWLOW (P)	6. Pawlow, Iwan	(1849 – 1936)	1904
7. LORENZ (R)	3. Behring, Emil v.	(1854 – 1918)	1901
8. MENDEL (E)	5. Fleming, Sir Alexander	(1881 – 1955)	1945
9. CRICK (I)	7. Lorenz, Konrad	(1903 – 1989)	1973
10. PASTEUR (S)	9. Crick, Francis H.	(1916 – 2004)	1962

Lösungswort: NOBELPREIS

Beantwortung der Zusatzfrage: Nobelpreise gibt es ab 1901, sie werden nur an Lebende verliehen.

Klassenstufe: 9. – 13.
Schwierigkeitsgrad: ★
Zeitbedarf: 10 Minuten

Das Rätsel eignet sich genauso für Vertretungsstunden in fremden Klassen wie für den eigenen Biologieunterricht – für den Rest einer inhaltlich geeigneten Unterrichtsstunde, für letzte Stunden vor Ferienbeginn und ähnliche Anlässe. **Vorwissen ist wünschenswert**, zum Lösen aber nicht zwingend erforderlich. Die vorgegebenen Buchstabenanzahlen begrenzen die Antwortmöglichkeiten und sind somit wesentliche Lösungshilfen. Das Lösungswort finden (erraten) Schüler oft frühzeitig, sodass letztlich alle Forschernamen den kurzen Steckbriefen eindeutig und fehlerfrei zugeordnet werden können.

Sortiert man die Forscher **nach Geburtsdaten** (rechte Tabelle), so kann man Forschungsschwerpunkte und -verschiebungen zu bestimmten Zeiten erkennen. Diese Reihenfolge zeigt auch deutlich, dass **nur die sechs jüngsten Forscher** durch einen Nobelpreis ausgezeichnet wurden; Emil v. Behring war der erste Preisträger in der Kategorie „Physiologie oder Medizin".

Schüler der **Sekundarstufe II** können den Bedeutungsinhalt der in den Steckbriefen erwähnten außergewöhnlichen wissenschaftlichen Leistungen voll erfassen; sie können nachvollziehen, dass es in dem Rätsel in der Tat um „Meilensteine" der Bio-Wissenschaften geht. Schüler der **Sekundarstufe I** wird man zu Pawlow (Nr. 6), Lorenz (Nr. 7) und Crick (Nr. 9) Erläuterungen geben müssen; die Namen und Forschungsbereiche der übrigen Wissenschaftler dürften ihnen vom Unterricht her bekannt sein.

Die von **Alfred Nobel** (1833 – 1896), schwedischem Chemiker und Industriellen, eingerichtete Stiftung verleiht aus dem Zinsertrag eines großen Teils seines Vermögens (das hauptsächlich auf seinen Sprengstofferfindungen und -fabriken beruht) ab 1901 jährlich am 10.12., seinem Todestag, fünf Preise für besonders bedeutende Leistungen auf den Gebieten der Physik, der Chemie, der Physiologie oder Medizin, der Literatur und der Friedensbemühungen. Mit Ausnahme des Friedensnobelpreises, der in Norwegen verliehen wird, werden die Nobelpreise in Schweden verliehen, auch der von der Schwedischen Reichsbank 1968 gestiftete (und ab 1969 verliehene) für Wirtschaftswissenschaften.

Rätsel Biologie
Kommentierte Kopiervorlagen für S I und S II – Bestell-Nr. 12 845